The Fall Of Hitler's Third Reich

第三帝国的灭亡

〔英〕戴维·乔丹 著　　吕胜利　姚宝珍　王姝琦 译　　张国良 校

中国市场出版社
China Market Press

图书在版编目（CIP）数据

第三帝国的灭亡/(英)乔丹著；吕胜利，姚宝珍，王姝琦译．—北京：中国市场出版社，2014.1

书名原文：The fall of Hitler's third reich
ISBN 978-7-5092-1162-5

I.第⋯ II.①乔⋯②吕⋯③姚⋯④王⋯ III.德意志第三帝国—史料 IV.K516.44

中国版本图书馆CIP数据核字（2013）第269051号

著作权合同登记号：图字01—2013—5874

出版发行 中国市场出版社
社　　址 北京月坛北小街2号院3号楼　　**邮政编码** 100837
出版发行 编 辑 部（010）68034190　　读者服务部（010）68022950
发 行 部（010）68021338　68020340　68053489
68024335　68033577　68033539
总 编 室（010）68020336
盗版举报（010）68020336
邮　　箱 1252625925@qq.com
经　　销 新华书店
印　　刷 北京九歌天成彩色印刷有限公司
规　　格 240毫米×225毫米　12开本　**版　次** 2014年1月第1版
印　　张 20　**印　次** 2014年1月第1次印刷
字　　数 265千字　**定　价** 66.00元

关于作者

戴维·乔丹（David Jordan），英国联合部队指挥与参谋学院（威尔特郡）讲师，讲授与海空军力量相关的中级和高级参谋课程。曾先后供职于英国电视大学、基尔大学、伍斯特大学和伯明翰大学。他的主要作品包括《狼群》、《美国海军“海豹”突击队》和《突出部战役——第一个七日》等。

地图中部队编制符号图例：

符号	含义	符号	含义	符号	含义
XXXXX	集团军群	XX	步兵师	III	团
XXXX	集团军	XX	空降师	II	连
XXX	军	XX	装甲师	I	排

目录

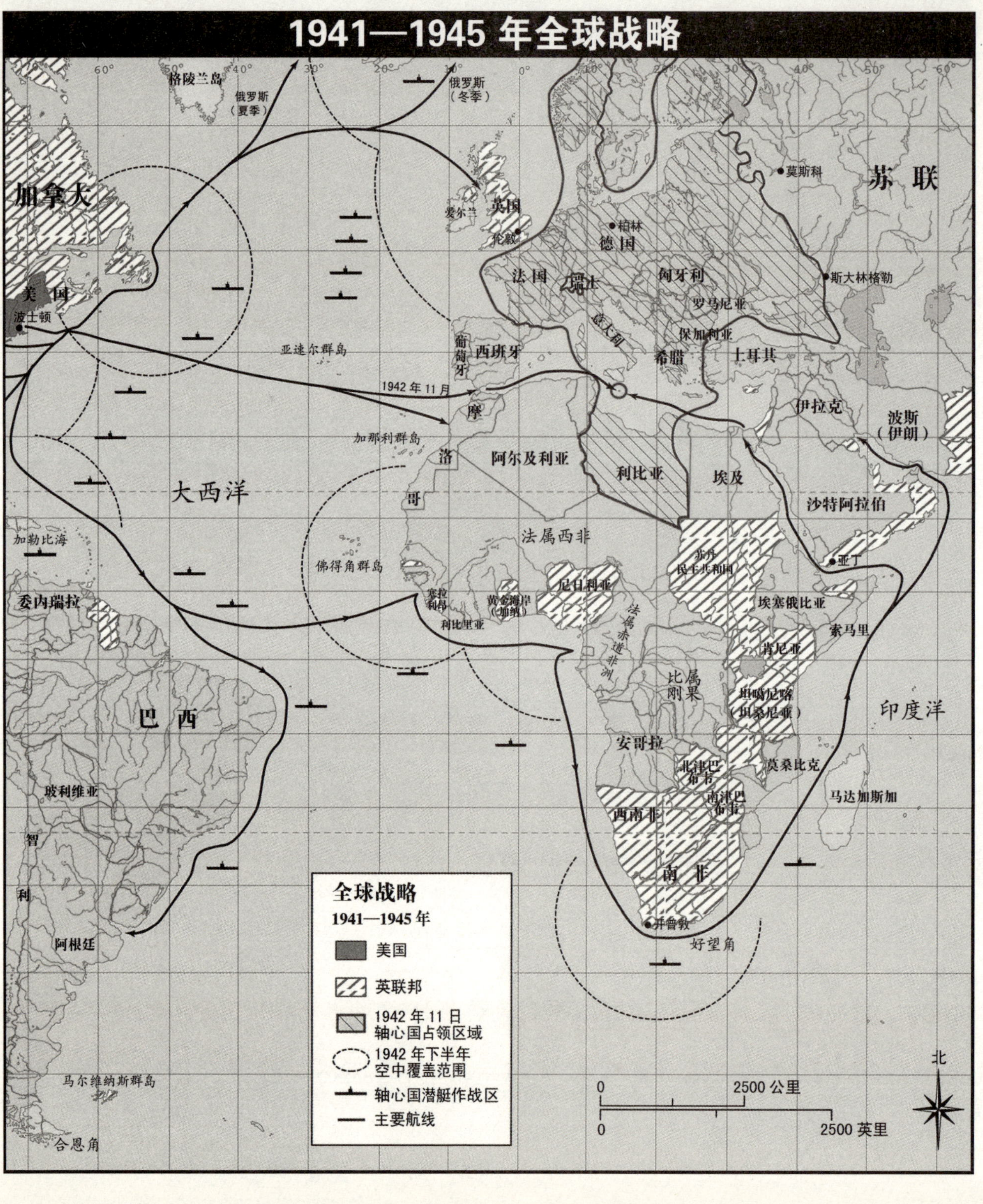

1941—1945 年全球战略
格陵兰岛
俄罗斯（夏季）
俄罗斯（冬季）
加拿大
爱尔兰
英国
伦敦
柏林
德国
莫斯科
苏联
法国
瑞士
匈牙利
斯大林格勒
罗马尼亚
意大利
保加利亚
美国
波士顿
亚速尔群岛
葡萄牙
西班牙
希腊
土耳其
1942 年 11 月
摩洛哥
伊拉克
波斯（伊朗）
加那利群岛
阿尔及利亚
利比亚
埃及
大西洋
沙特阿拉伯
加勒比海
法属西非
佛得角群岛
亚丁
尼日利亚
委内瑞拉
塞拉利昂
黄金海岸（加纳）
利比里亚
埃塞俄比亚
索马里
法属赤道非洲
肯尼亚
比属刚果
坦噶尼喀（坦桑尼亚）
印度洋
巴西
安哥拉
莫桑比克
北津巴布韦
马达加斯加
玻利维亚
南津巴布韦
西南非
智利
南非
开普敦
好望角
阿根廷
马尔维纳斯群岛
合恩角
全球战略
1941—1945 年
美国
英联邦
1942 年 11 日轴心国占领区域
1942 年下半年空中覆盖范围
轴心国潜艇作战区
主要航线
0
2500 公里
0
2500 英里
北

概述

1942年临近结束时，第三帝国显然已经发展到它的鼎盛时期。德国在取得战争第一年的惊人胜利后，发展速度第一次放慢了。就在这一年，盟国的战争力量不断增强。美国的参战，意味着美国强大的工业力量即将投入到反法西斯战争中来。

1941年12月—1942年1月，在美国华盛顿举行的盟国首次高峰会议上，美国总统罗斯福和英国首相丘吉尔达成共识：美国将把主要的战争力量首先用于对德国作战，尔后再投入对日本作战。尽管美国陆海空三军战斗力的发展壮大仍然需要一定的时间，但他们在法属北非进行的“火炬”行动中已经首次参加了战斗。“火炬”行动是继1942年11月2日英军第二次阿拉曼战役胜利后的又一场战役。在英国人眼里，阿拉曼战役是第二次世界大战的转折点。在此之前，英军在对德作战中一直未能取得任何有意义的胜利，如今，第8集团军在阿拉曼的这次胜利极大地鼓舞了英军士气。

对页图：美国与英国之间的海上航道，对于从北美向盟国输送人员和弹药支援具有至关重要的作用。凭借着无与伦比的工业能力，美国成为推动盟国持续进行战争的强大后方。尽管苏联军事工业颇为强大，但苏联红军仍然离不开美国工厂生产的卡车和吉普车。斯大林格勒战役之后，苏联红军一步步地将德国国防军逐出被占领土，但同时也在承受着极其巨大的人员伤亡。在此形势下，美英盟军联合进攻希特勒盘踞的欧洲大陆，已成为盟国战略中的重中之重。

美国介入战争

美军参与“火炬”行动本身颇具争议。美军参与“火炬”行动最初是由英国首相丘吉尔在华盛顿高峰会议上提出的，但美军参谋长乔治·C.马歇尔将军对此持反对意见，他认为在北非登陆将分散盟军的力量，不利于对欧洲西北部发动快攻。1942年2月，德怀特·D.艾森豪威尔将军明确表示，美国方面认为最好的方案是，在英国大量屯集美军物资装备，然后在当年年底向法国发动攻击。罗斯福总统十分清楚，就1942年的整体战略态势而言，这显然是一种过于乐观的看法。同时，他还意识到，美军部队尽早投入欧洲作战具有相当大的政治利益，既可巩固“德国第一”的战略，也可以向苏联显示决心。基于上述考虑，美英开始制定北非联合登陆计划。

根据“火炬”行动计划，盟军将在三个不同地点登陆。最西端的登陆点邻近摩洛哥的卡萨布兰卡，由一支美军部队实施登陆；中间登陆点也由美军部队承担登陆任务；东部特遣部队主要由英军组成，美军的一支分遣队参与其中。1942年11月8日破晓时分，登陆行动正式开始，法国维希政府的军队几乎未作抵抗。但是，德国和意大利军队对突尼斯的增援，使得美英军队暂时无法攻下突尼斯。形势变得很明朗，一直要等到1943年后，盟军才有可能通过大规模攻势将轴心国军队赶出北非，在那之前夺取突尼斯显然不大可能。

兵败斯大林格勒

1942年年末，德军的进攻势头不仅在北非受到了削弱，在东线也屡屡受挫。在苏德战场，战局的进展证明了希特勒迅速灭亡苏联的想法过于乐观。首先，德军夺取列宁格勒和高加索油田的宏伟计划在1942年宣告破产。在此情况下，德军将进攻目标转移到了斯大林格勒。对此，德军总参谋部一再警告称这是一种极其危险且毫无战略意义的调整。斯大林格勒战役最明显的特征就是血腥的城市战和双方优势的此消彼长。尽管苏军时刻面临着极为严峻的形势，但德军始终无法有效地击溃苏军的抵抗并将其赶出城市。保卫斯大林格勒的部队主要是瓦西里·崔可夫中将指挥的第62集团军。崔可夫认为，在城市周边及中心区进行战斗，可以使德国陆军、空军和坦克部队难以进行有效协同，从而消除德军获胜的最大优势。1942年9月14日，斯大林格勒战役正式打响，随后进行了长达数周的激战。

就在城区的战斗激烈进行的同时，苏军最高统帅部制订出一项强有力的反击作战计划，集结了大约100万兵力，决定发起代号“天王星”的反击作战行动，计划从南北两个方向对斯大林格勒实施合围，切断德国第6集团军的退路。11月19日，反击行动正式开始；11月23日，德国第6集团军已经被团团包围。希特勒坚决不允许德军撤

> 这并非（战争的）尾声，甚至称不上尾声的序幕。但是，这可能是（战争的）序幕的尾声。
>
> ——温斯顿·丘吉尔，1942年11月10日
>
> 于阿拉曼战役胜利之后

退，也拒不同意保卢斯将军投降，甚至下令将其提升为陆军元帅，希望他能够“杀身成仁”。由于部队在严寒天气里伤亡惨重，1943年1月30日，保卢斯与苏军代表会面请求投降。成千上万的德军士兵成为俘虏，进入寒冷、荒凉的西伯利亚战俘营，很少有人能够活着返回德国。

大西洋战役

1942年，德军在整个战争中占据相对优势的领域是海上战争。美国的参战为德国U型潜艇指挥官提供了大量的攻击目标，而美国方面则不断寻找有效的反潜措施。从1942年1月12日开始，U型潜艇部队进入所谓的第二个“快乐时光”时期（第一个“快乐时光”时期是指，1940年中期英国被迫忙于应付德军的潜艇威胁），它们在美国东海岸肆无忌惮地出没。1942年的最初3个月，由于商船队缺少护航和安全措施，美国海军一时之间面临着空前沉重的压力。

1942年，德军潜艇部队的优势进一步得到加强。起初，设在布莱奇利公园的英军密码破译站一度成功破译了U型潜艇部队的密码。根据所截获的无线电信号，一旦发现德军U型潜艇在大西洋某海域出现，盟军就会指示己方的海上护航运输队远离上述海区。后来，德国海军元帅卡尔·邓尼茨下令对“埃尼格玛”加密机进行例行性安全改进，致使布莱奇利公园无法再破译德军密码，德军U型潜艇在何处集结的重要情报也就不得而知了。1942年7月开始，德军U型潜艇重新开始在大西洋中部海域攻击护航运输队。但是，此时的战争天平已经不知不觉地倾向了有利于盟军的一边。英国皇家海军开始获得足够的反潜装备和舰艇，同时英国海岸司令部也开始部署“解放者”等远程飞机。根据从德军U−599号潜艇上缴获的“埃尼格玛”加密设备，布莱奇利公园在12月份再次破译了德军的新型密码。直至1943年，大西洋海战基本保持平衡。英国海军部预言1943年年初将是大西洋战争的关键时期。

过渡之年

因此，1942年是一个过渡之年。德军在北非和苏联战场的接连失利，预示着战争的形势正朝着有利于盟国的方向发展。美国的参战进一步加强了这一趋势。当时，倘若认为对于第三帝国战争的最终胜利即将来临，显然为时尚早。希特勒仍然占据着欧洲大陆，盟军的空袭和轰炸也未造成重大破坏，大西洋海战仍然处于僵持之中。因此，与其说1942年的战事是一个决定性的变化，不如说它们标志着德国防线开始出现了缝隙。这些缝隙在其后两年半内不断扩大，直到希特勒所梦想的“千年帝国”彻底消亡。

第 1 章

逐鹿北非

随着阿拉曼战役的失败以及英美盟军“火炬”行动的成功进行，德军在北非战场上的优势地位出现了明显动摇。美英盟军登陆以后，由于遭到德军的顽强抵抗，向前推进的步伐受到极大阻碍；与此同时，德军由于自身不够强大，也无法将进攻者彻底赶走。

盟军部队在北非登陆成功后，由西向东向前推进。当时，盟军清楚地认识到，阿拉曼战场上的德国非洲军团几乎是全身而退的，他们有条不紊地撤出了阵地。蒙哥马利将军天性谨小慎微，使得英军的追击行动未能使撤退的德意军队陷入混乱。蒙哥马利认为，宁可付出巨大的精力准备新一轮的作战行动，也不能冒着己方补给线中断的危险去追击敌人。

长期以来，蒙哥马利的这项决定一直备受争议和质疑，但是，任何一种回顾和分析都无法改变发生在北非的历史事件。英国第8集团军向前稳步推进，将德军和意大利军队赶回突尼斯。12月25日，蒙哥马利的部队抵达了苏尔特，随后花费数周的时间建立后勤补给线，确保下一轮进攻的安全。

对页图：格鲁曼公司研制的“野猫”战斗机和超马林公司研制的“海火”战斗机严阵以待，时刻准备从位于北非沿海的英国皇家海军“可畏”号航空母舰上起飞。在“火炬”行动中，许多英国飞机都涂上了美军标志，以便刚刚抵达欧洲战场的美军很容易地进行敌我识别。

1943年1月12日，为了支援盟军对布埃拉特南部的进攻，沙漠空军首先出动大批飞机进行了一系列的航空火力准备。在空中力量的掩护下，第30军向前稳步推进，战斗场面平淡无奇。由于雷区和路况不佳，盟军部队机动困难，地面行动迟缓。鉴于这种情况，蒙哥马利下令第51高地师以最快速度向前推进。（根据最初的作战计划，由于其他部队更加需要运输工具，第51高地师未能获得足够的运力。）最终，第51高地师不分昼夜地行军，在一定程度上弥补了运力的不足。

1月19日，第51高地师进入霍姆斯。隆美尔根据所获悉的英军动向情报断定，目前已经到了必须放弃防线英军在突尼斯举行的一次训练演习前夕正在休息。在北非战场作战的盟军部队之中，英军人数达到了一半以上。

的时候了。事实上，蒙哥马利的意图并非像隆美尔猜测的那样，他决定主力部队沿着海岸线进行推进，而不在内陆作战，进攻目标直指的黎波里。1月21日，英军攻占的黎波里的目标已经是胜利在望，于是进一步加快了推进步伐。1月22日夜，隆美尔感到继续坚守阵地已经毫无希望，决定放弃这座城市，只留少数部队殿后，掩护主力撤离。1月23日，第一支英军进入的黎波里，期间没有遇到任何抵抗。

正午时分，的黎波里市的意大利裔副市长向蒙哥马利投降。截至此时，隆美尔的部队已被逐出了埃及、昔兰尼加、几乎整个利比亚和的黎波里塔尼亚。尽管轴心国在北非的处境已经是朝不保夕，但双方之间仍要进行大量的战斗才能决出最后的胜负。

突尼斯战役

1943年1月底，在北非战场遭受重大挫折的轴心国军队已陷入了迷惘之中，不知道如何才能阻止盟国取得最终的胜利。2月13日，隆美尔的部队撤退到突尼斯，进入马雷斯防线的防御阵地。但是，此举并不意味着德军已经放弃战争。第二天，德军向刚刚参战不久、毫无经验的美国第2军发起一次攻击。该军情报军官曾警告说，德军可能出动大批部队进攻加夫萨，空军情报军官也赞同这一预测。于是，美国第1集团军司令肯尼思·安德森中将紧急下令，要求美军部队不必在加夫萨死守，抗击德军的大规模进攻，而是撤退到菲里阿纳周围山区进行防御。

德军用了一个多星期的时间来准备这场攻击计划。隆美尔估计盟军可能从加夫萨向海岸方向进攻，因此，德军最好在加夫萨方向先发制人，赶在美军动手之前对其发起攻击，而后继续进攻开阔地带和西部山区的美军。隆美尔和汉斯·冯·阿尼姆都曾试图说服对方出动机动部队，但均以失败告终。阿尼姆不会部署他的机动部队增援隆美尔，他希望率领其部队展开从费德到西吉·布·吉特村的攻击战。结果，阿尼姆率先发起了攻击，进展相当顺利。到早晨6时，德军已经抵达费德隘口以西5英里的地方。由于通信瘫痪，美军炮兵无法实施预先制订的火力防卫计划，对敌人进行打击。最终，尽管美军部队尽了最大的努力，仍然无法阻止得到空中力量支援的德军部队快速挺进。到了上午10时，不断推进的德军与西吉·布·吉特村以北的部队会合。

阿尼姆部队的成功推进，促使隆美尔下令于2月15日开始进攻加夫萨。在此之前，驻守在此的美国和法国军队已经根据安德森中将的指示，开赴菲里阿纳。在抵抗德军的进攻中，美军C装甲战斗群陷入困境，不得不组织撤退，在此过程中损失了1个坦克营。A装甲战斗群

被德军分割包围，尽管他们在2月16日晚上接到了撤退命令，但在第二天的战斗中，仍有1400人被俘。

与此同时，安德森作出决定，下令美国第2军坚守菲里阿纳、凯塞林和斯贝特拉，不进行任何形式的反击。为此，美国第1集团军所属部队进行了几次必要的兵力运动，进展比较顺利，几乎没有遭到德军的任何袭扰。2月17日，安德森下令弃守菲里阿纳和斯贝特拉。当天下午，隆美尔的部队进入菲里阿纳，占领了美军的泰勒普特机场、加夫萨和托泽尔。紧接着，斯贝特拉和西吉·布·吉特村相继落入德军之手。当德军取得初步战绩时，从意大利最高统帅部（该司令部全面负责驻北非的轴心国军队）传来命令，要求部队向北进攻第5军。无论是隆美尔还是汉斯·冯·阿尼姆，都对此持反对意见。阿尼姆担心，这道命令将使自己的部队与坚守在最坚固的支撑点的敌军预备队遭遇。相反，隆美尔并没有选择抗议，而是命令非洲军团突击大队全力夺取凯塞林隘口。

左图：饱受战争折磨的德国非洲军团士兵徒步穿越沙漠。德国缺乏摩托化运输手段，这种白昼行军在英国获得空中优势后变得更加危险。隆美尔在战役结束后总结认为，在敌人近乎持续不断的空袭之下，德军是无法战胜对方的。

凯塞林山口战役

根据隆美尔的指令，德军2月18日开始对凯塞林山口进行侦察。这种情况使得美军相信德军将很快发起一场进攻。美军第26步兵团团长亚历山大·N.斯塔克上校受命指挥邻近的各支部队，这就是著名的“斯塔克部队”。2月19日，德军果然对斯塔克的部队发起了攻击，企图夺取和控制凯塞林隘口。德军对毫无实战经验的美军部队发起了异常猛烈的进攻。第二天上午10时

左图：“火炬”行动是第二次世界大战期间美英两军的首次联合行动，美英盟军沿着北非海岸线开辟了4个独立的登陆场。当时，根据《维希条约》，驻守摩洛哥和阿尔及利亚的法军负责保卫这两个国家。但是，登陆开始后，大多数的法军部队并没有进行激烈抵抗，盟军迅速向前挺进到突尼斯，与德军实现接触。

敌军在突尼斯全军覆没，投降人数高达24.8万人。这一结果标志着盟军进攻阿拉曼和西北非的战役取得了辉煌的胜利。

——温斯顿·丘吉尔，1943年6月3日

许，美军防线开始崩溃，不得不向哈姆拉山撤退，大量尚未使用的武器装备落入德国人之手。面对德国人的这些胜利，盟军对于自己的处境忧心忡忡。当时，由于恶劣的天气条件，盟军飞机无法起飞对防线实施支援。

2月21日，德军向塔莱和哈姆拉山进发，结果被盟军B装甲战斗群阻止在哈姆拉山。但是，英军第26坦克旅却被击退到塔莱以南4英里的地方。当晚22时左右，德军终于开始撤退。盟军立即制订出一项临时的防御计划，其中包括将英美两军的炮兵部队编组成一支部队。当时，整个战场形势异常危急，但事实上，这种紧张局势很快就会缓解。如今，德军逐渐认识到，要想突破盟军防线几乎是不可能的。到了2月22日下午，隆美尔明确指出，他认为继续进攻已经毫无意义。主要基于以下几方面的原因：第一，隆美尔深信盟军损失惨重，在一定时间内无法再次发起攻势；第二，隆美尔认为凯塞林隘口不适宜进行更多的机动作战（尤其由于天气恶劣，路面状况非常糟糕）；第三，他认为最好的方案是暂停进攻凯塞林山口，将注意力转向南部突尼斯，进攻英

盟国沙漠空军

空军力量的投入，在夺取沙漠战役的胜利中发挥了举足轻重的作用。这也为盟军随后在意大利和诺曼底的空中作战打下了基础。英国人逐渐认识到，第一次世界大战结束后，英军各军种之间的长年竞争导致陆军几乎完全缺乏空军的支援，同时，英国陆军也不清楚在空中支援下，自己究竟能够执行或者不能够执行什么样的任务。当英国陆军要求英国皇家空军轰炸机对战场上狼奔豕突的德军坦克发动攻击时，这种误解达到了极点。

幸运的是，虽然英国陆空军两个军种的最高决策层之间缺乏合作精神，北非沙漠的战地指挥官们却认识到了空中支援的重要性，他们发展出一套行之有效的合作机制。英国皇家空军首先获得了战场制空权，尔后用战斗轰炸机支援陆军地面作战，并对德军补给线发起攻击。进入北非战役的最后阶段后，盟国空军完全夺取了空中优势，对德军的重要目标实施猛烈的轰炸，实现了对地面部队进攻的支援。

国第8集团军。最终，隆美尔命令德军返回出发地。就这样，2月24日上午，凯塞林山口再一次回到了盟军手中。在此期间，德国人让美国人体验了一场真正对手之间的殊死较量。

梅德宁战役

凯塞林山口战役结束后，隆美尔很快接到命令，负责指挥所有在突尼斯的轴心国部队。但是，这项新任命来得太晚了，他未能拦阻住阿尼姆向北对于麦德杰斯·巴布的进攻。从一开始，隆美尔就认为阿尼姆的计划脱离了现实，果然不出他的预料，这次进攻以失败告终。在战斗中，德军尽管俘虏了2500多名盟军官兵，但自身也损失了70多辆坦克，实在是得不偿失。

这次战役还有着另一个负面影响，那就是拖延了隆美尔对于下一次进攻的准备工作，他计划对驻守在梅德宁的蒙哥马利的部队发动攻击。看到德军在该地区大规模地积聚兵力，蒙哥马利非常担忧。当时，根据拦截到的无线电信号和布莱奇利公园破译的密码，盟军判断出了隆美尔全部的战役企图。此外，通过在当地的侦察巡逻行动以及审问战俘所获得的信息，可以更加清晰地看出，一场大规模的进攻即将开始。于是，英军急忙向该地区集结兵力和装备。截至3月初，英军在梅德宁部署的力量已经达到了以前的4倍。然而，德军方面丝毫没有察觉到英军兵力的增加，直到3月6日进攻打响时，他们才吃惊地发现敌人并非想象的那样薄弱。

在此之前，英军已经构筑了非常绵密坚固的防御工事，重点是强大的炮兵阵地以及部署在前沿的反坦克炮阵地。英国向北非战场空运的100门新型17磅火炮，极大地增强了反坦克力量。由于北非战场上没有17磅火炮的炮架，它们就被架设在25磅火炮的炮架上。战斗打响后，英军首先放手让德军坦克向己方阵地推进，在距离不到100码时，密集的反坦克炮开始猛烈射击，德军坦克遭受了惨重损失。紧接着，在英军炮兵火力的猛烈打击下，德军步兵几乎寸步难行。截至17时30分，看到德军显然无法突破英军防线后，隆美尔下令停止进攻。

马雷特防线

轴心国部队在梅德宁的失败使得隆美尔确信，现在已经到了放弃北非战场的时候了，他决心向希特勒和墨索里尼通报这一事实。3月9日，隆美尔因病假离开北非，首先飞往意大利。在那里，他发现墨索里尼还没有意识到形势多么严峻。于是，他继续飞往柏林，却发现，希特勒对于德军在北非的处境更加缺乏了解，只字不提任何撤兵的话题，而是讨论如何向卡萨布兰卡方向发起进攻，将盟军逐出北非。

就在上述两位独裁者对于北非的严峻形势毫不在意的同时，蒙哥马利已经制订出突破德军马雷特防线的计划，进攻时间定为3月20日。

在进攻前三天，美国第2军在新任司令官乔治·S.巴顿中将的指挥下，对加夫萨地区发动了一次辅助攻击。战役开局顺利，敌军不断后退，美军几乎是兵不血刃地拿下了加夫萨。但是，在接下来的三天里，德军进行了顽强抵抗，挡住了美军向前推进以切断海岸通道的步伐。3月23日，德军在埃尔盖塔方向发动反攻，一度突破美军阵地，但最终被击退。虽然这次交战并不具有决定意义，但是，德军用来保卫马雷特防线的装甲预备队几乎损失殆尽。

蒙哥马利根据既定计划，于3月20日正式发起进攻，参战人员和装备来自第10军和第30军，兵力16万人，坦克600辆，火炮1400多门。蒙哥马利原计划对敌军防线发起一次大规模的正面突击，但刚刚楔入敌方阵地很浅的纵深，便于3月22日日终时被击退。此外，在此次进攻中，新西兰军团从侧翼包抄埃尔哈迈的德军部队，起初取得一定的成果，不久便遭到了敌人有力的阻击。他们在肃清了海岸通道后，被迫在普拉姆峡谷停下来。当时，驻守该峡谷的德军部队得到了从马雷特防线撤下来的第21装甲师和4个步兵分队的增援，强弩之末的新西兰军团很快便停滞不前了。在此情况下，蒙哥马利重新调整了自己的计划，集中所有兵力进攻内陆侧翼，希望从那里实现突破。3月23日，第10军和第1装甲师向内陆运动增援新西兰军。与此同时，第4印度师奉命肃清哈卢夫隘口的德军，力争将英军补给线缩短100多英里，而后将沿着山区迂回到马雷特防线的侧翼，对轴心国部队构成新的威胁。

就在这时，轴心国部队侦察到了新西兰军团的运动情况，同时，部署在山区的轴心国观察哨也搜集到了大

下图：英国皇家空军一批“霍克·飓风”IID型战斗轰炸机正在沙漠上空执行巡逻任务。该机型装备的2门40毫米口径航炮专门用来攻击德军装甲兵力，实战效果非常出色。然而，额外加装的防护装甲以及航炮的重量对于飞行速度产生了致命的影响，使得飞机很容易遭到攻击。虽然航炮在实战中非常有效，但是在战争向欧洲大陆转移的过程中，英国皇家空军逐渐用火箭弹取代了航炮。

左图：凯塞林山口战役是美德之间的首次交战。毫无实战经验的美军部队遭到隆美尔部队的猛烈攻击，形势一度非常危急，但美军最终坚持了下来。隆美尔看到无法取得战术上的明显突破后，下令开始撤退。

量的情报信息，他们据此判断出盟军将从己方阵地的沙漠侧翼发起一次大规模攻击。鉴于这种情况，阿尼姆命令意大利部队坚守马雷特防线，阻击盟军的进攻，掩护非机械化部队快速撤离。

盟军的进攻于3月26日16时开始，在飞机和炮兵支持下，第1装甲师在18时许超过先头部队，经过一整夜的行军，于3月27日黎明时分抵达埃尔哈迈附近。但是，德军发起的一次反击将盟军的推进步伐迟滞了48个小时，使马雷特防线的大批守军得以撤至阿卡里特河阵地。如今，蒙哥马利下令暂停进攻，部队休整一周时间，为下一阶段的进攻做准备。

就在英军进攻的同时，巴顿将军率领第2军向海岸方向和轴心国军队后方发起了新的攻势。3月28日，巴

上图：英军挺进突尼斯是一个重大的里程碑，标志着对德作战接连失利的局面发生彻底的转变。英国第8集团军在首战——阿拉曼战役告捷后，在行事谨慎的指挥官蒙哥马利的率领下，一路追击着不断退却的非洲军团至马雷特防线，随后突破防线，准备对突尼斯发起最后的冲击。

顿的部队从埃尔盖塔出发。为了能够快速推进，巴顿不等步兵肃清德军的反坦克炮阵地就发动了攻击。经过三天的激战，美军几乎没有前进半步，却迫使德军第21装甲师转移至该战场，削弱了其在阿卡里特河的装甲力量。

第4印度师在4月5日黄昏时分发动了正面攻击，第二天拂晓时分攻占了前方的阵地，俘虏了4000多名敌军。与此同时，第50师和第51师各自发动了攻势。当第50师受阻停止前进时，第51师已经突入了德军防线。这为第10军装甲部队迅速扩大战果提供了良机，但是，由于装甲部队向前推进时出现延误，这个大好的机会被白白葬送了。

蒙哥马利决定于次日发动进攻。但是，当第二天天亮后，敌军早已悄悄溜走了。当时，由于缺乏增援力量，轴心国部队无法继续坚守阿卡里特河，于是开始向恩非德维尔撤退。然而，就在轴心国部队集结到北非地区的最后要塞准备固守的同时，盟军已经拟定了赢得最终胜利的计划。

最后行动

在北非战役的最后三周，盟军部队的数量优势开始显现出来。德军和意大利军队仅有13个非满员师和130

对页图：英军使用5.5英寸口径火炮向马雷特防线发动夜袭。由于火力强劲和性能稳定，5.5英寸口径火炮是当时皇家炮兵部队的主要武器。第二次世界大战结束许多年后，英国陆军仍在使用该型火炮。

辆坦克，而英军拥有19个满员的精锐师和1100多辆装甲车辆。盟军的火炮数量是敌军的3倍，同时完全拥有制空权。因此，如何将这种数字上的优势转化为战场上的实际优势，成为摆在盟军面前的最大挑战。

乔治·S.巴顿将军

乔治·S.巴顿出生于1885年，1909年毕业于西点军校，1916年作为潘兴将军的副官远征墨西哥。1917年5月，他随潘兴将军奔赴法国，参加第一次世界大战。在法国，他转入坦克军团服役，被提升为第304坦克旅旅长。

第一次世界大战结束后，美国坦克军团解散，巴顿回到骑兵部队任职。在两次世界大战的间隙，他先后担任指挥官和作战参谋等普通职务，晋升过程平淡无奇。1940年7月，他被提升为准将，指挥驻佐治亚州本宁堡基地的第2装甲师第2旅。在短短不到一年之内，他被提升为少将，指挥第2装甲师。1942年4月1日，他受命指挥陆军新组建的沙漠训练中心，随后奉命前去策划“火炬”行动。在盟军进军北非期间，他担任西部特遣部队总指挥，率部参加北非登陆战役，占领法属摩洛哥。1943年2月19日，美国第2军在凯塞林山口战役中取得胜利后，他奉命指挥这支部队，一直到沙漠战役结束。

对轴心国方面而言，能否在北非保留一个立足点至关重要。与非洲军团全盛时期所占领的广大地域相比，如今的这个立足点的面积即使再小也无所谓。希特勒与墨索里尼非常清楚，如果能够坚守突尼斯至1942年夏季，盟军进攻欧洲大陆的计划就可能被拖延，届时的恶劣天气将会加大盟军两栖作战的困难，同时也将增加空军对于地面部队实施支援的难度。因此，为了阻击盟军的进攻，德军做了大量的工作来加强防御。

在盟军方面，抵达突尼斯的最好路径就是穿过迈杰尔达山谷。但是，他们首先需要肃清迈贾兹巴卜山两侧的敌人。迈贾兹巴卜位于第1集团军第5军和巴顿将军的美国第2军的作战区域。如果这项计划取得成功，将为装甲部队打开一个战术突破口，开辟出一条新的进攻路线，而这在其他任何地方都是不可能实现的。在当时，蒙哥马利的第8集团军部署在沿着海岸线的狭窄正面上，拥有进攻突尼斯或邦角半岛的便利条件。但是，哈罗德·亚历山大爵士（盟军中东部队最高指挥官）希望尽快占领突尼斯的港口。他认为，如果能在短期内夺取这些港口，将使得盟军有可能实现在当年夏季进攻西西里的计划。于是，他命令安德森的第1集团军4月22日在迈贾兹巴卜到布阿拉代之间对轴心国军队发动攻击；美国第2军进攻比塞塔方向；第8集团军则在恩菲德维尔附近进行阻击战，旨在转移敌军的注意力，协助第1集团军的进攻行动。

然而，亚历山大爵士的方案尚未实施便遇到了麻烦。在蒙哥马利看来，亚历山大把主攻权交给第1集团军的做法，实际上剥夺了第8集团军赢得北非战场最后胜利的机会，令人无法接受。因此，蒙哥马利提出建议，主张自己率领4个师（3个步兵师和1个装甲师）发起攻击，至少楔入敌军防线20英里——但是，这显然不是亚历山大要求第8集团军进行的助攻行动。蒙哥马利之所以提出这种方案，主要是由于他希望以胜利者的姿态走出北非战场。最终，亚历山大作出决定，准许蒙哥马利实施他所提议的进攻计划。但是，他对蒙哥马利的让步产生了一种负面的影响，那就是，与原计划相比，无法将有限的作战资源集中在第1集团军的战区。

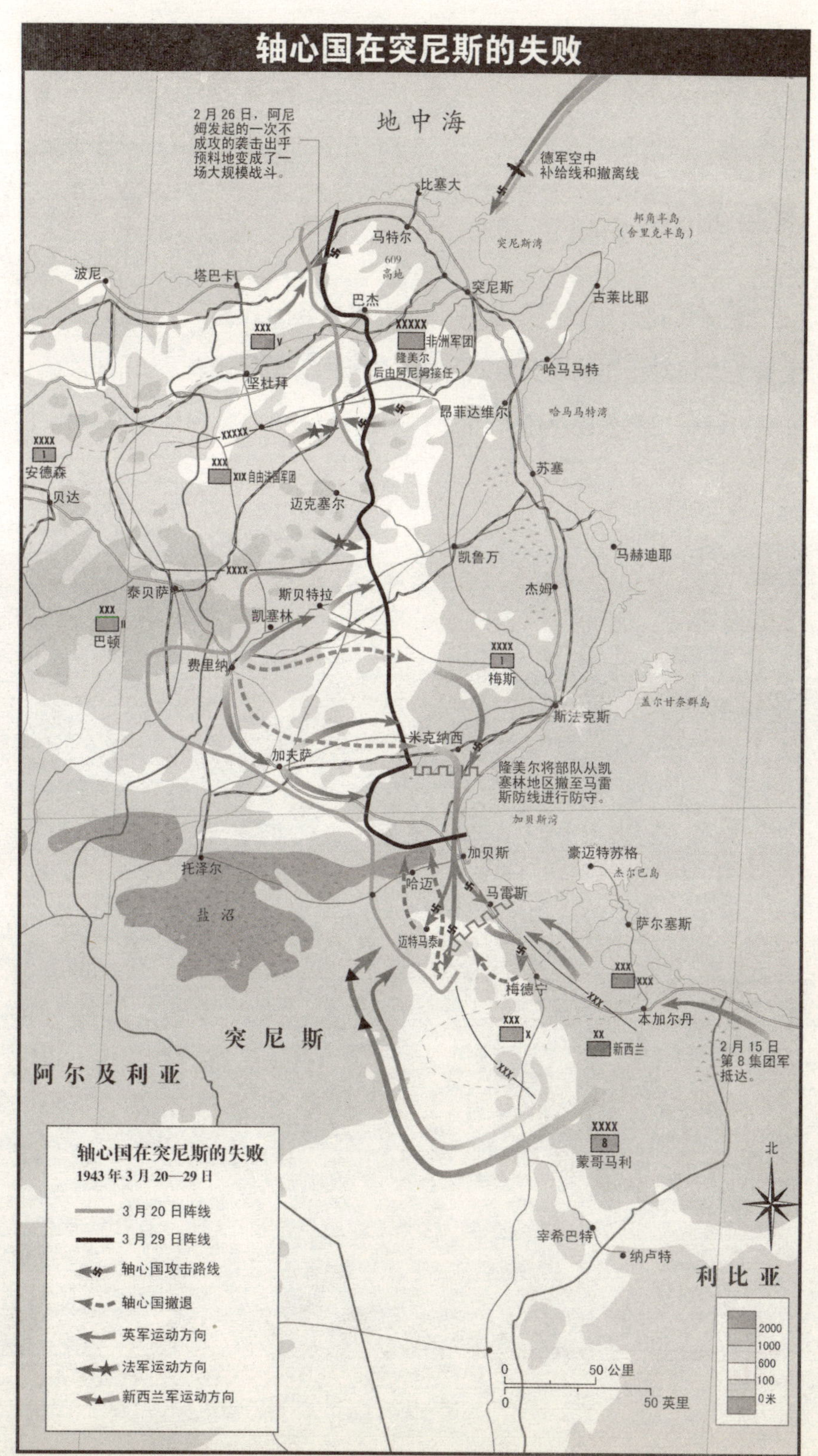

右图：对突尼斯首都的进攻，开启了盟军在北非作战的最后阶段。第8集团军向东南方向发动的一系列进攻遇到了德军的猛烈抵抗。但是，随着“火炬”行动中源源不断地到来的援军部队，盟军与轴心国部队的兵力相差悬殊，迫使轴心国部队向突尼斯撤退。

对敌袭击

蒙哥马利之所以提出这样一项志得意满的计划，主要是以往对德作战中获得的高度自信所致，他明确表示，自己将把敌人逐出昂菲达维尔阵地。但是，在掌握了敌军防御兵力的有关情报后，蒙哥马利的语调明显地缓和下来。猛烈攻击将要开始，却没有快速挺进的宏伟计划。不幸的是，他的计划未能与第10军（布赖恩·霍洛克斯中将）进行全面沟通，而第10军制订的计划更加乐观。第10军错误地认为，他们面对的只有大约6个营的敌军，但实际上却是23个营。虽然这些敌军编制都不

满员，但仍然能够进行有效的抵抗。此外，在盟军中间，只有第4印度师进行过一些山地作战的准备，第2新西兰师、第50和56师完全缺乏必要的作战训练。更糟糕的是，这种地形不适合装甲部队进行作战，因此，英国第7装甲师将很难进行部署和使用。

根据霍洛克斯的计划，第4印度师和第2新西兰师将攻入山区，抄近路通过敌军后方，向海岸方向进发。一旦该计划实现，那么霍洛克斯将积聚所有力量，利用装甲部队的突击行动，击败德军。作为一名出色的指挥官，霍洛克斯非常了解这样一句战场格言："没有任何计划在同敌人交手之后能够保持不变。"他曾向部下明确表示，作战计划能否取得成功，主要取决于敌军力量是否出乎己方的预期。但是，正如我们已经看到的那样，事情并非如此。

1943年4月19日傍晚到20日凌晨，第4印度师的进攻拉开了整个作战行动的序幕。敌人的抵抗异常激烈。到黎明时分，盟军的进攻毫无进展，不仅未能突入敌人后方区域，就连进攻也几乎在轴心国部队的防线外围停止下来。这种情况下，霍洛克斯开始面临一项非常艰难的选择——要么继续强攻，但会付出巨大的伤亡；要么待在原地不动，同样可能会有伤亡，但是可以通过挫败敌人的反击来重创敌人。无论霍洛克斯作出哪种选择，盟军部队都不可能快速挺进了，他们将不得不进行一场缓慢的消耗战。

就在同一天，第50师占领了昂菲达维尔。但是，英军其他部队未能取得任何决定性的胜利。鉴于这种情况，蒙哥马利不得不坐下来修改他的计划，来适应当前的战场形势。让他颇为失落的是，鉴于战局的进展，作战的主攻权如今必须转交给第1集团军和美国第2军。当时，美国第2军向比塞大港方向推进，却不得不面临着敌人的最后一块防御阵地。第1集团军如果能从迈杰尔达河的任何一侧将敌军逐出山区，那么就有可能突破德军防线。再往南，第1集团军面对着古拜拉特平原，这里的敌人防守松懈，是一个扩大战果的大好机会。只要从东部边缘将敌人打退到蒂尔—塞贝克瑞特之间的崎岖地带，防止敌人封锁平原，就可以达到这个目的了。

因此，在亚历山大的进攻计划中，有三个关键的进攻战区，最重要的一个由英国第5军负责实施。如果能够拿下朗斯托普山和彼得角，就可以直逼突尼斯。当然，对于这一重要方面，不仅亚历山大清楚，德国人也很清楚，他们为此制订了一系列攻击计划，破坏盟军的进攻。4月20—21日，德军对英国第5军和第9军的阵地

对页图：德军士兵们正在仔细观察刚刚坠毁的P-38"雷电"战斗机的残骸。"雷电"战斗机是美国陆军航空队1942年在前线服役的最先进的战斗机，虽然它不像德国和意大利的战斗机那样灵活机动，但实战证明非常有效，被德国飞行员称为"双身恶魔"。

ALL MAP REFERENCES WEST OF THIS LINE TO BE READ ON PURPLE GRID

攻占突尼斯

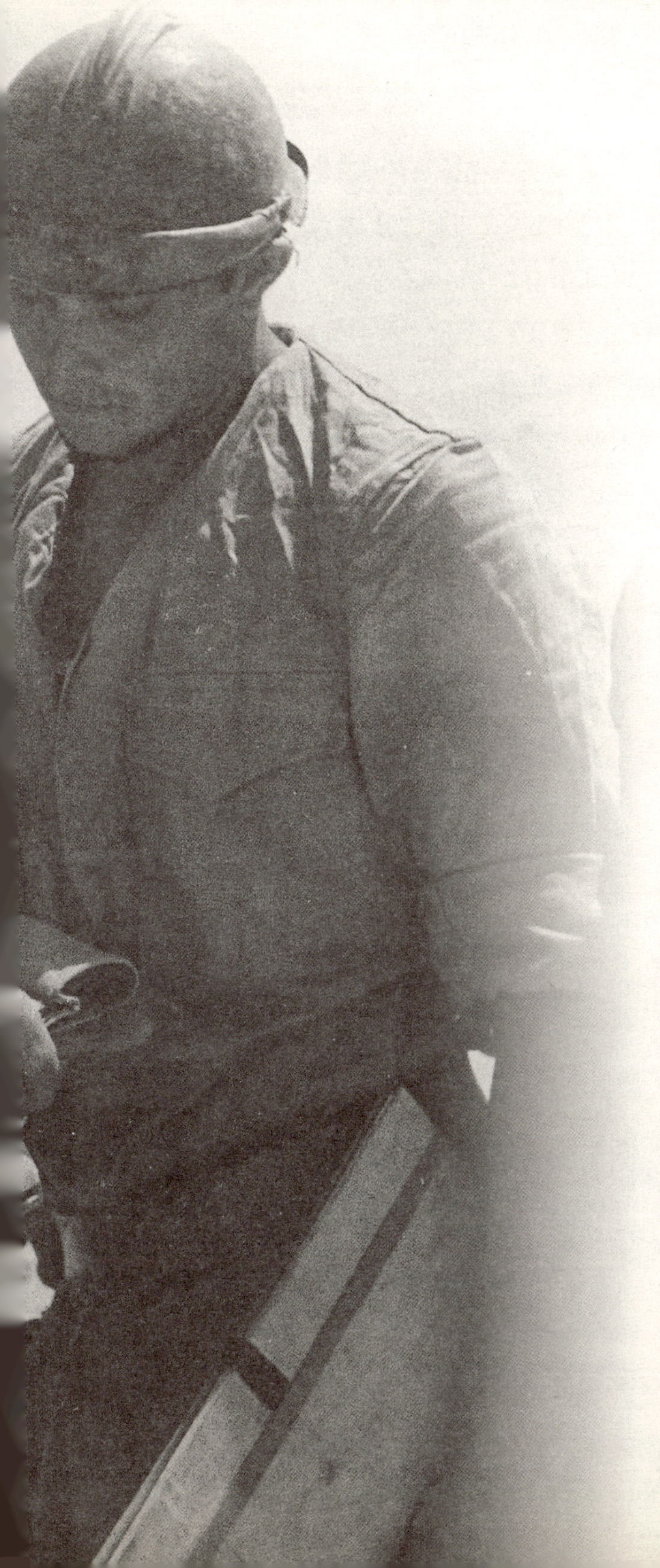

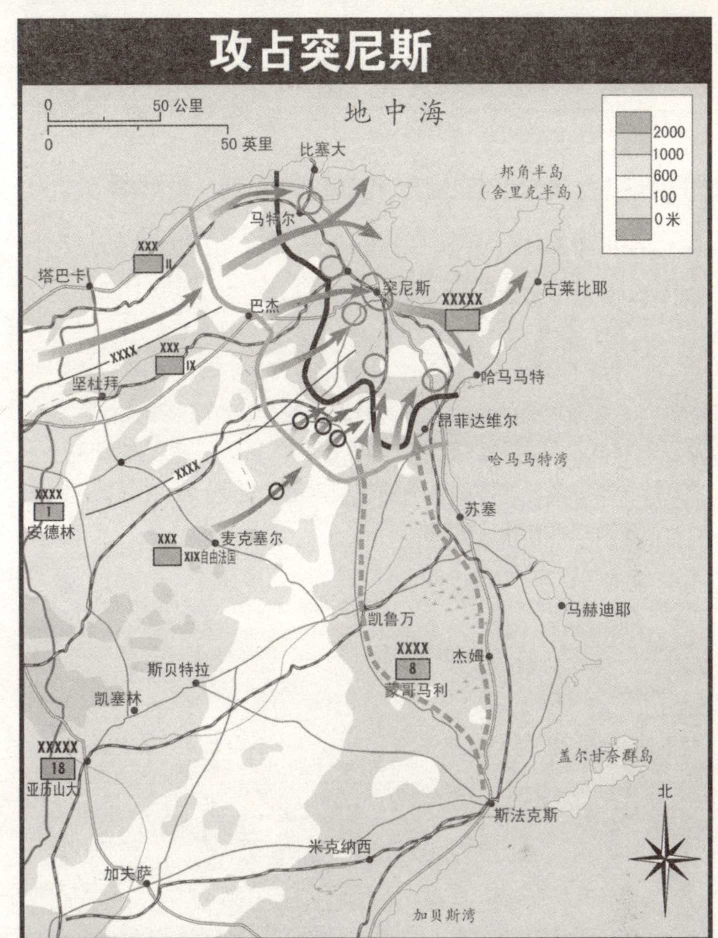

攻占突尼斯

1943 年 4—5 月

- 4 月中旬的阵线
- 5 月 3 日的阵线
- 轴心国部队撤退
- 英军运动方向
- 法军运动方向
- 5 月 7—13 日轴心国部队被围歼区域

上图：1943年5月6日，盟军对突尼斯发起了最后的突击，所遭到的抵抗规模与以往相比小得可怜。第二天，盟军进入突尼斯，又经过5天的激战，轴心国部队投降。

左图:1943年3月，“自由法国”军队的坦克乘员们进入突尼斯沙漠之前正在研究地图。

同时展开了进攻，楔入第1和第4师的阵地一定的纵深，并对第46师发起了异常猛烈的攻击（这是因为第46师根据计划将率先对德军发动首轮突击）。

下图：一支美军部队正在阿尔及利亚境内沿着公路前进。当时，轴心国部队在阿尔及利亚和摩洛哥的抵抗相对较弱。盟军通过“火炬”行动登陆北非后，向前快速挺进。但是，他们越靠近突尼斯，遭遇的抵抗就越猛烈。

然而，在数量上占据优势的盟军逐渐让德军难以承受。他们虽然对第46师进行了猛烈攻击，但只对该师的一个旅产生了影响，使后者在参加4月22日早晨的联合进攻时行动迟缓。第5军所有部队都抵达了进攻出发线，有的甚至进入了第4师的进攻出发线。最终，德军的攻击严重受阻。严格地讲，这个已经遭到严重削弱的德军师是不可能对抗2个强大的师，况且后者还得到了1

个坦克旅的支援。在战斗中，德军损失了30多辆坦克，英军损失的坦克数量还不到德军的一半。德军的这次破坏性进攻并没有对英军推进产生任何实质上的影响，相反，己方的机动部队却被严重削弱。

英军挺进

尽管击退了德军的进攻，但仍然不能保证第二天早晨的进攻一定能够取得成功。正如安德森将军预见的那样，由于德军部署了非常强大的反坦克防线，第9军根本无法实现突破，更谈不上向北挺进了。同时，第5军能否顺利挺进彼得角周围高地非常关键，它是占领朗斯托普山的基础。这是因为，如果德军继续保持对山峰的控制权，就可以同时攻击英军和美军部队。

进攻朗斯托普山的任务交给了第78师，第1师负责进攻中部的古里特–埃尔阿塔奇，第4师负责夺取彼得角的右侧翼。4月22日到23日夜间，英军步兵占领了朗斯托普山的西坡，但未能抵达西部山顶。第二天一大早，面对敌人的顽强抵抗，一个英军步兵营继续奋力冲锋。在营长牺牲后，约翰·安德森少校接任。尽管该营仅剩下40多人，但他们最终攻下了山顶，安德森少校因此获得了维多利亚勋章（他后于1943年在意大利战场上牺牲）。朗斯托普山的战斗持续了三天多的时间，直到把最后一名德军消灭，才宣告结束。

阿尼姆意识到自己的阵地愈发难以坚守住，于是开始伺机反攻。但是，由于德军装甲部队已经在战斗中损耗殆尽，他们的反攻行动最终在4月30日被盟军击退了。与此同时，尽管盟军仍在继续挺进，但由于英美部队各自为战，整体攻势趋于瓦解。为了改变这种混乱局面，亚历山大将军决定采取果断措施，重点要求第8集团军结束在恩菲德维尔周围的军事行动（因为这种军事行动毫无意义），将第8集团军的部分兵力交由第1集团军指挥。

事实上，蒙哥马利的想法与亚历山大不谋而合。在霍洛克斯的建议下，蒙哥马利将第7装甲师、第4印度师和第201近卫旅交给亚历山大调遣，用来加强第1集团军。

蒙哥马利将精锐部队划拨给第1集团军的做法没有逃过德国人的眼睛。冯·阿尼姆意识到战斗即将打响，敌人可能对迈杰尔达山谷发起攻击。但是，由于手头的作战资源少得可怜，阿尼姆对于盟军可能发动的攻势几乎束手无策，只有坐以待毙。亚历山大决定，从5月6日开始，盟军沿着从麦尔吉斯—埃尔巴布到突尼斯的公路，对轴心国部队发起最后的大规模攻击。在盟军进攻部队正式展开之前，战斗将沿着一个相对狭窄的正面进行，一半兵力向北进攻，协助美国第2军攻占比塞大

港；其余兵力向南进发，切断邦角半岛的德军。在上述行动成功后，盟军将对轴心国残余部队进行合围。届时，任何试图从突尼斯逃窜的轴心国部队都必须横渡地中海，而早已完全控制了地中海的英国皇家海军正在等待着他们。

1943年5月6日凌晨3时，盟军发起了最后突击。截至上午9时30分，第4印度师已经从多个地方突破敌军防线。临近上午10时，第7装甲师先遣部队通过这些突破口。第二天，英军的装甲车辆、坦克和步兵进入突尼斯。与此同时，美国第2军抵达了比塞大港，却发现那里的德军早已逃跑。截至此时，已经黔驴技穷的轴心国军队在看到抵抗无望后，纷纷向盟军投降。

5月12日，阿尼姆率领残部向第4印度师正式投降。第二天，意大利指挥官梅斯陆军元帅停止抵抗。当地时间13时16分，亚历山大将军向伦敦发回简报：

> 阁下，我有义务向您报告，突尼斯战役已经结束。敌军所有的抵抗全部停止。我们已经成为北非海岸的主人。

北非战事宣告结束，这是西方盟国首次在一个战场上全面击败希特勒的第三帝国。

左图：艾森豪威尔将军和其他盟军将领检阅即将举行的盟军部队分列式。英国第1集团军司令、陆军中将肯尼思·安德森爵士站在艾森豪威尔的正后方，中东部队总司令、陆军上将哈罗德·亚历山大爵士站在安德森将军的右侧。艾森豪威尔身旁的法国军官是北非法军部队司令官亨利·吉劳德将军。

第2 章

意大利战场

在北非击败了轴心国部队后，盟军开始将注意力转向西西里岛，拉开了全面进攻意大利大陆的序幕。自1943年初春以来，这些作战方案就已经基本就绪。一些历史学家认为，第8集团军之所以在昂菲达威尔附近遭遇挫折，完全是蒙哥马利在北非战事和拟定西西里岛登陆计划之间精力分散所导致的。

盟军的作战方案源于1943年1月的卡萨布兰卡会议。在会上，罗斯福和丘吉尔讨论了盟军下一步的军事战略。一开始，双方存在着明显分歧。美方希望直接进攻法国，认为在其他地方采取军事行动毫无意义，偏离了击败德国这一最终目标。英方对此提出异议。考虑到1914—1918年间在法国境内击败德军时造成的巨大伤亡，英方认为发动一场将意大利逐出战场的战役才是最具吸引力的选择。丘吉尔引用一个他最喜爱的词语，将意大利说成是欧洲的“柔软的下腹部”，盟军从那里可以进入欧洲大陆的心脏。进攻意大利或许还可以促使中立的土耳其站到盟军一边参战。有常胜美誉的土耳其军队参战的前景非常诱人。

对页图：两名德军伞兵在一幢意大利建筑物的瓦砾堆中观察敌情。事实证明，德军擅长在建筑物废墟中建立起坚固的支撑点，尤其当蒙特卡罗·卡西诺山上的中世纪修道院在空袭中沦为废墟后，这种表现更加突出。

尽管美国陆军参谋长乔治·C.马歇尔将军对此强烈反对，罗斯福还是准备向他的盟友妥协。很显然，他们还不具备进攻法国所需的实力。但是，在登陆法国必需的兵力就绪前，停止作战令人无法接受，这是因为：首先，盟军将会丧失在北非战役后期所形成的进攻势头；其次，德军可以再次集中全力进攻东线，使得苏联人承担了全部的地面作战的负担，这样必将引起斯大林的强烈不满。

尽管是否进攻意大利将留在以后定夺，但美英最终还是一致同意占领西西里，作为未来进攻意大利的一个先期行动。在地中海战场上，参战的美军数量尽管不占多数，但艾森豪威尔还是被任命为盟军的最高指挥官，他的副手都是英国人——陆军上将哈罗德·亚历山大爵士、空军上将阿瑟·特德爵士和海军元帅安德鲁·坎宁安爵士。在北非战役的最后阶段，盟军就草拟了进攻西西里的作战方案，决定在1943年7月10日或前后发动进攻。蒙哥马利的第8集团军将在西西里岛东南角登陆；巴顿的第7集团军将在英军左侧登陆，保护蒙哥马利的侧翼。由于侧翼有了安全保障，蒙哥马利将沿着该岛东部海岸线北上向墨西拿前进。美军指挥官不太赞成这项方案，他们认为蒙哥马利为获得这一荣誉，极力使美军扮演支援者的低等角色。蒙哥马利的做法使得他在美军中很不受欢迎。西西里岛战役计划中存在的这种指挥关系上的问题，在后来的西北欧战役中再次出现。

当然，参战各方所关心的主要问题不是谁从战役中获得荣誉，而是岛上的德意守军是否将坚守防御阵地。意大利军队约有20万人，有3万名德军为其提供援助。轴心国部队由意大利第6集团军军长阿尔弗雷德·古佐尼将军指挥。古佐尼是一位很有才干的将军（这样的将才在墨索里尼的军队中并不多见），但是，为了保险起见，德军保留了另外一条指挥链，以南线总司令艾伯特·凯塞林陆军元帅为首。尽管盟军有信心占领西西里岛，但他们对敌人将展开如何猛烈的反击知之甚少，这个只有在进攻过程中才能知晓。

> 向着胜利前进！让我们将意大利赶出战争去！
>
> ——陆军上将伯纳德·蒙哥马利爵士
>
> 致电第8集团军，1943年9月2日

“爱斯基摩人”行动

1943年7月9日，2500艘舰船和登陆艇载着盟军一支突击部队向意大利海域进发。这支部队超过16万人，包括美国第7集团军和英国第8集团军，对西西里岛发起了当时规模最大的一次两栖登陆行动。在进军途中，盟军舰队从马耳他岛海域经过。这同时也证明了盟国当时控制该岛对于对付轴心国的空袭多么重要，因为马耳他一旦失陷，整个海域将完全落入意大利和德国空军手中，此次进攻行动就会化为泡影。随着黎明的到来，盟军部队首先遇到了一些小风，随后风势越来越猛。曾在很短一段时间内，艾森豪威尔将军甚至打算下令取消这次行动，但在深思熟虑之后还是决定继续前进。

在突尼斯，一支运输机编队一直在等候着艾森豪威尔的命令。在接到命令后，他们将立即起飞，牵引着英军第1空降旅的滑翔机向西西里岛进发。不幸的是，他们径直飞入了风暴之中，抵达马耳他上空时已是一片混乱，运输机偏离了航线，滑翔机在风暴中颠簸。另一批运载3000名美军伞兵的200架运输机编队也遭遇了同样的厄运，飞机在肆虐的风暴中无法保持自身的航线，使得整个空降行动变得混乱、无序。恶劣的天气引发了一连串灾难，40架牵引机原路返回，69架牵引机尚未抵达预定空域就释放了所拖曳的滑翔机。这些纤弱的滑翔机坠入了茫茫大海，一些空降部队士兵因此而死于非命。剩余的美军伞兵飞临了伞降区的上空，但他们的处境也好不到哪里去。由于恶劣天气所引发的导航问题，只有极少数飞机将伞兵部队空投到了预定的着陆点，其中，空降到最接近目标的伞兵大约只有200人。这种混乱情形一度使得美军空降行动指挥官詹姆士·加文将军认为，他们被错误地空投至了意大利本土。在这种混乱的空降过程中，唯一令人欣慰的是敌方同样非常困惑：由于不断接到有关盟军伞兵部队和滑翔机空降的报告，德意守军最初判断有2万～3万名盟军部队在西西里岛空降，而实际上只有4500多名。

幸运的是，大风终于在盟军进攻西西里岛的第一天夜间停下来了。由于天气原因，美军第7集团军未能按时抵达预定登陆点——西西里岛西部海滩。但是英军第8集团军按时抵达了登陆点，他们在随后的登陆行动中基本上未遇到抵抗。当时，防守该滩头阵地的意大利守军认为，在这种恶劣天气条件下登陆简直就是疯子。于是在盟军运输机飞离后，他们立即放松了警惕。第一批登陆部队未遇到任何抵抗，他们冲上滩头并成功夺取了岸防工事。当意大利守军意识到所发生的一切之后，开始对盟军滩头阵地实施杂乱的炮击。这时，在海岸附近停泊待命的6艘英国皇家海军战舰立即成功实施了炮火压制行动。

登陆西西里东部海岸的先遣部队向内陆挺进。此前不久，卡西比里镇在上午8时已落入英军第5师手中，使得第8军和第15军能够比较容易地赶过来。美军可就没有那么幸运了。西西里岛西部的守军意识到盟军正在进攻，于是，盟军飞机刚一进入海岸炮火的射程内，他们便立即向其开火。而盟军的海上炮火压制了敌方的炮火，使美军相对轻松地登上了岸。在利卡塔，美军士兵发现了一个废弃的指挥所，他们进去时听到电话在响。随行的战地记者迈克尔·奇尼戈会讲意大利语，他接了电话。一名意大利军官焦急地询问美军是否真的已经登陆了，奇尼戈用意大利语回答说这简直是一派胡言，对方于是就满意地挂断了电话。

上午10时左右，盟军部队在岸上站稳了脚跟。美军空降部队克服了未在指定地点空降的种种困难，为地面部队的推进行动提供了帮助。在向预定集结点运动的过程中，一些偶然相遇的美军伞兵们结合起来，组成了若

就在盟国对意大利发动进攻前夕，德军部队正在萨莱诺附近举行作战演习。直到战争结束，图中的马克Ⅳ型坦克始终是德军的主战坦克。后来，德军研制的“豹”式和“虎”式坦克性能远远超过了马克Ⅳ型，但这丝毫没有影响到它的重要地位。

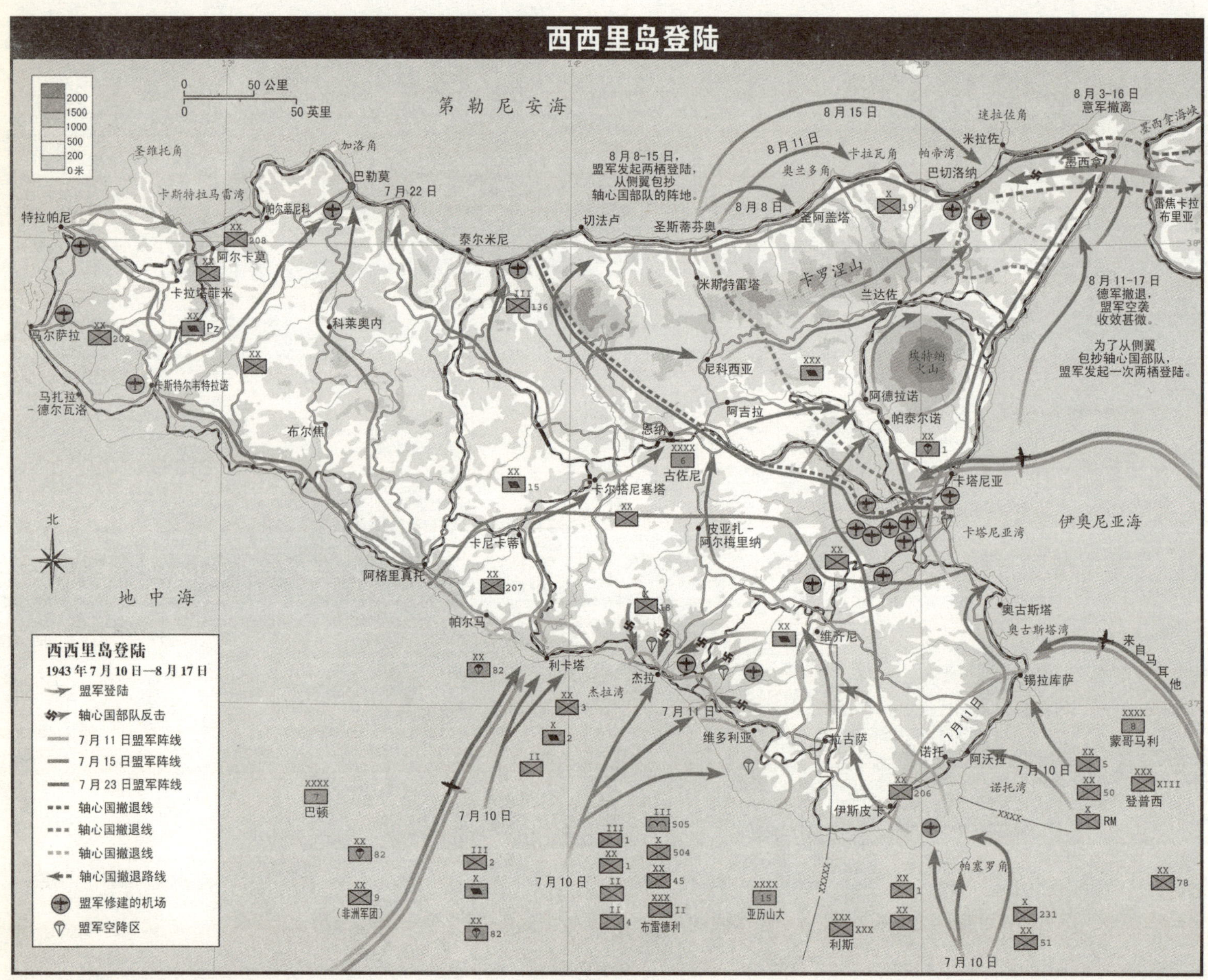

上图：西西里岛战役（“爱斯基摩人”行动）是在恶劣的天气条件下发动的。当时，意大利守军错误地认为，盟军不可能在如此恶劣的天气里发动登陆战役。空降部队虽然遇到了严重困难，许多部队不得不在空降区数英里之外着陆，但整个登陆行动进展仍然比较顺利。

干个临时战斗小组，对意军防线后方进行了破坏，为从滩头向岸上地区运动的盟军部队提供了极大的帮助。伞兵的活动有力地牵制了意军后备部队，阻止了其对登陆地区实施增援。

英军空降部队也遭遇了恶劣情况。原计划将有1500人空降到岛上，事实上只有100人成功了，但这并没有妨碍他们占领卡瓦东纳河上的蓬特大桥。意大利守军多次试图消灭这批幸存下来的英军空降旅官兵，但直到7月10日下午晚些时候，仍然未能得逞。当时，英军空降兵仅剩下15名官兵，随后又有7名死于意军的进攻行动。8名幸存的英军分成了两组，2人在附近山头占据有利地形，不放过狙击意军任何机会，以此来牵制意军行动；另外6人则向盟军登陆区靠拢，设法与友军取得联系。最后，他们终于与友军取得了联系，并引导英军第5师的一支快速纵队抵达桥头，意大利守军很快便被英军歼灭。夺取卡瓦东纳河上的格拉蒂尼系缆大桥为盟军进攻锡拉库扎扫清了道路，标志着作战行动取得了第一个重大胜利。

美军在格拉附近地区进攻受阻，特别是在德军“赫尔曼·戈林”装甲师投入战斗后，形势变得更加复杂。受通信中断的影响，德意军队之间无法实施协同行动，德军自身的运动也受到极大的影响。当时，德军虽然迟滞了美军的进攻，但也无法向登陆场实施有力的反击。随着夜幕逐渐降临，大批盟军部队陆续安全登陆。

西西里岛战役的第二天，德意军队之间开始加强协同反击，盟军夺取岛屿变得十分艰难。一支由60辆坦克组成的德军装甲部队，一度攻至了距盟军登陆点约2英里的地方。盟军被迫停止了所有卸载行动，滩头上所有人员不得不手持武器奔向防御阵地。此时，海岸附近的盟军舰艇也开火进行增援。虽然德军坦克火力强劲，但它远远比不上盟军舰艇的舷炮火力，不得不立即后撤。

登陆行动中也曾发生过悲剧。一批向美军任务区输送增援部队的盟军飞机被误判为德军轰炸机，遭到盟军地面防空炮火的射击。23架盟军飞机被击落，另有37架受到重伤，200多名盟军官兵死亡。第二天，德军也在卡塔尼亚实施了空投，对地面部队进行增援，这标志着德军对西西里岛大规模增援行动的开始。德军增援部队抵达的同时，盟国军队继续向西西里岛纵深地域推进。

向巴勒莫推进

在7月份的剩余时间里，美英盟军继续向前不断推进。在此期间，蒙哥马利将军和巴顿将军之间的竞争也逐渐加剧。最为明显的是，英军第30军在伦蒂尼进攻受挫后，蒙哥马利不得不下令英军从埃特纳火山底部改变

英军部队从一幢意大利建筑物前面的废墟上冲过。最前面的那名士兵手持一支“汤普森”冲锋枪，战友们配备的都是“李-恩菲尔德”0.303英寸口径的步枪。在城区，“汤普森”冲锋枪大小适中、火力强劲，是一种备受欢迎的武器。

左图：意大利进攻战役最初进展十分顺利，西西里岛最南端的意大利守军基本上未作抵抗。但是，德军部队却进行了顽强抵抗，尤其是萨莱诺地区最为突出。经过多次艰苦奋战，盟军终于在9月底牢固地建立了滩头堡，随即挥师北上，直逼卡西诺附近的德军阵地。

进攻方向，从西面进攻墨西拿。为实现这一战术机动，第30军军长奥利弗·利斯将军必须使用从维齐尼通往卡尔塔吉罗的124号公路。该公路位于美军任务区内，蒙哥马利将军下令利斯将军沿着该条公路向前推进，但他却忽略了通告美方，结果导致美军和英军同时向同一个目标——恩纳镇发起进攻。但是，除了初期出现这次混乱外，其后一切进展顺利。

然而，蒙哥马利的做法激怒了巴顿将军，因为这一方面证明了美军在侧翼保护方面发挥了重要作用，但另一方面却剥夺了美军参与进攻墨西拿的权利。当然，巴顿也并不像想象中的那样生气，因为他已经在考虑夺取岛上最大的城市巴勒莫。巴顿私下请求亚历山大将军派他去夺取巴勒莫（尽管这个请求有点命令的味道），结果令他比较满意。美军第2装甲师和第3步兵师接到命令攻打巴勒莫，4天之内前进了100英里，7月22日进入巴勒莫。他们一路上几乎没有遇到任何抵抗，在巴勒莫遭遇的唯一敌军是一些准备投降的意大利军队。早在几天前，驻防巴勒莫的德军部队已经撤退，但在撤退前凿沉了40余艘船，企图用来阻塞港口的航道。但是，美军工兵仅用了一个星期的时间，就使该港口恢复了50%以上的吞吐能力，创造了非常出色的成绩。

巴顿将军抢占了巴勒莫城，为美军进军墨西拿创造了有利条件。巴顿决心赶在英国人之前抵达墨西拿，他

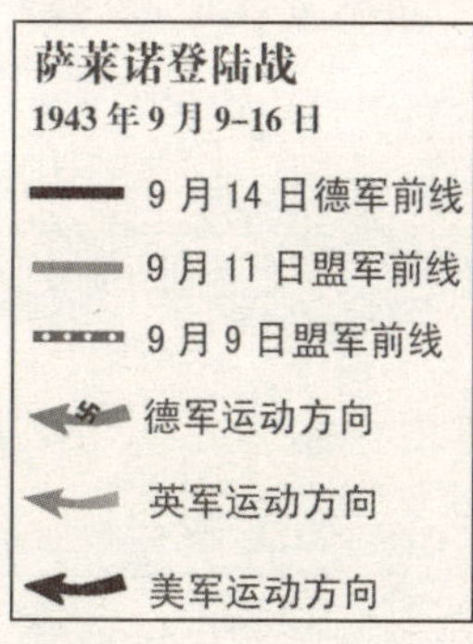

上图：盟军在萨莱诺的登陆行动遭到了德军的顽强抵抗。但是，在后续部队和空中力量的增援下，截至当月底，盟军已经能够从该地区向前推进了。

告诉部属们，美国陆军的伟大荣誉就在此一战。进军墨西拿远比抢占巴勒莫困难得多，美军第7集团军需要穿越大片山地，其间的道路很容易被德军切断。美军前进

的步伐十分缓慢，推进行动最终在特罗尼纳受阻。8月6日，在空军密集轰炸的配合下，美军用一个师的兵力消灭了德国守军。受美军向前推进的影响，蒙哥马利下令英军全速前进。8月中旬，美英军队先后抵达了墨西拿市郊。8月17日，一支美军侦察分队进入了市区，随后一支英军装甲部队也开进了城区。德军早已放弃了该城，从墨西拿海峡撤往意大利本土。

事后得知，凯塞林将军认为德军最终无法坚守西西里岛上的阵地，且德军也不值得为西西里岛付出巨大牺牲。8月8日清晨，他下达了撤退命令，墨西拿随即落入了盟军之手。德军成功撤出了约4万名部队及其装备。尽管盟军未能阻止德军逃走，经过38天的战斗，盟军成功地实现了他们的主要目标——占领西西里岛。现在盟军可以将注意力投向意大利本土了。就在西西里岛战役期间，意大利国内传出了戏剧性的消息，法西斯头子墨索里尼被放逐。

墨索里尼的末日

7月中旬，已经可以清楚地预见到美英盟军即将成功占领西西里岛。在此情况下，意大利国内反对墨索里尼的声浪不断高涨。7月9日，盟军对罗马的空袭不仅炸毁了铁路货运编组站，也造成了4000名平民的伤亡，这种局面更加激起了民众的怒火。他们清楚地认识到，只要战争一天不停止，这样的惨剧还会出现。墨索里尼已经被看成结束这场战争的唯一障碍。于是发生了一件令德国纳粹党无法理解的事情，意大利法西斯党最高委员会召开了一次会议，认定他们的领导人正在带领意大利走向毁灭，于是就投票更换了领导人。墨索里尼随即被软禁，意大利成立了由佩特罗·巴多利奥陆军元帅领导的新政府。新政府草草作出了继续保持与德国盟友关系的声明。

但是，希特勒清楚地意识到了这一举动意味着意大利将很快投降，于是命令德军把墨索里尼从软禁地解救出来。德军突击队利用滑翔机成功地实施了一次营救行动，将这位意大利独裁者带回了柏林。与此同时，希特勒指示德军将领们准备解除意大利军队的武装，防止意大利倒向盟国一方。希特勒完全有理由这样怀疑，因为7月25日墨索里尼被放逐；7月26日，巴多格利奥元帅宣布意大利仍是德国不可动摇的盟国；7月31日，意方秘密派出特使与盟国方面商讨和平问题。

在这一战区，我们的首要目标是消灭德军，并促使意大利人也能最大限度地消灭德军。

——温斯顿·丘吉尔，1943年9月5日

墨索里尼

从墨索里尼的早期生涯丝毫看不出，他将统治这个国家达21年之久。年轻的墨索里尼个性反叛，经常麻烦不断。成为社会党报纸的编辑后，墨索里尼继续坚持挑战当局的权威。在意大利是否应当参加第一次世界大战的问题上，墨索里尼与社会党产生分歧，随后决裂。他本人坚决支持意大利参加战争。随后，墨索里尼投笔从戎，战争结束后以军士军衔退役。其后墨索里尼继续投身于政治活动之中，与早期不同的是，这次他担任了所领导的法西斯运动的头子。

1922年，墨索里尼登上了意大利首相的宝座，随后他通过民粹主义和暴力行径确保了个人地位。墨索里尼设法在非洲寻求新的殖民地，试图使意大利成为欧洲举足轻重的强国。1936年，意大利军队征服阿比西尼亚，这种扩张行动达到了顶峰。此时，与墨索里尼观点相近的希特勒成了他的盟友。

看到法国沦陷后，意大利立即加入了第二次世界大战。很快，意军遭受了一连串的军事失败，常常求助于德军来挽回面子。盟军进攻意大利的行动开始后，1943年9月，墨索里尼被赶下台并遭到放逐。德军突击队实施了一次突袭行动，成功地将墨索里尼解救出来。他随即成为意大利北部德军占领区的傀儡政府首领。德军防线崩溃后，墨索里尼的末日也随之来临。最终，墨索里尼被游击队捕获后处决，这对于一直自诩为“伟大意大利之父”的墨索里尼而言是一个耻辱的结局。

意大利国内形势的变化，使得盟军备受鼓舞。盟军随即着手和意大利新政府举行谈判并计划占领意大利全境。占领计划完全是在意大利新政府知情的情况下拟定的。意大利新政府担心德国有可能组建一个亲德政权来取代自己，于是和盟国约定：9月9日盟军开始在萨莱诺登陆前几个小时，意大利新政府将宣布投降。然而，由于事先预见到了这种可能性，德军已经决定放弃意大利大部分地区，撤退到意大利北部，固守比萨到里米尼一线。

意大利战役

意大利宣布投降的当日清晨，第8集团军开始在意大利半岛的“脚趾”部开始登陆。盟军遇到的唯一一支

意大利军队帮助他们卸载了登陆器材。几个小时后，马克·克拉克将军指挥美国第5集团军（包括美军和英军部队）在萨莱诺登陆，登陆行动受到德军激烈的抗击。为了全面完成这次进攻行动，英军第1空降师在塔兰托空降，占领了该港口。

果然不出盟军所料，凯塞林元帅指挥的8个德军师进行了顽强抵抗。9月11日，德军发起了反攻。次日，英军被赶出了莫利纳隘口。德军攻势十分强劲，盟军甚至一度考虑放弃南部的登陆场。英国皇家海军的炮火支援及时阻止了德军进一步扩大战果，解救了当时的危机。尽管如此，在德军进攻被击退之前，他们已经抵进到了距滩头阵地仅几英里的地方。其后几天，盟军实施了增援行动。9月13—16日，战斗依然十分激烈。盟军随后在登陆场建成了简易飞行跑道，及时向地面部队提供了空中支援，形势才得以逐渐缓解。与此同时，英军第1空降师夺取了塔兰托，得到增援的盟军部队立即向其他盟军部队靠拢。9月20日，第8集团军、第1空降师和第5集团军的阵地终于连成一片。此时，盟军的滩头阵地也已完全巩固起来，德军被击退了。

盟军开始向那不勒斯进军，德军被迫向后撤退。10月1日，盟军部队未费一枪一弹就进入了那不勒斯城。

对页图：这是一幅刻意拍摄的照片，两名在意大利战场上的德军士兵正在谈论有关战斗的事情。

亚历山大将军下令第5集团军和第8集团军装甲部队继续追击逃窜之敌。10月5日，盟军抵达沃尔图诺河。对于盟军还需多长时间进入罗马，一些报纸作出了乐观的预测，但它们的预测是错误的，因为盟军不得不面对地面战场的残酷现实。

德军除了自身所具备的良好素质外，还拥有大量的有利条件来防守阵地。盟军在向北推进的途中，必须穿越狭窄的高山通道，那里易守难攻。此外，德军撤退时故意炸毁桥梁，破坏交通线，大大迟滞了盟军的前进步伐。10月初，另一个巨大的困难出现在盟军的面前：雨季比往年提前一个多月来临了，降水造成的滑坡和地面泥泞使盟军无法快速机动。凯塞林将军利用这一时机准备了战斗撤退行动。10月16日，德军实施了战斗撤退，退至沃尔图诺河以北15英里的新的防御阵地——古斯塔夫防线。盟军要想实现向罗马进军的目标，必须首先突破这道防线。亚历山大将军向丘吉尔首相作了汇报，表示进军罗马将十分困难，首先必须突破面前的这道防线，打一场空前猛烈的硬仗。

亚历山大将军计划由明特恩诺率领英军第46师沿10英里长的战线向古斯塔夫防线发动进攻。1944年1月4日，英军第46师投入了战斗。英军设法夺取了几个可俯视德军阵地的制高点，获得了一些优势。其后几天，双方在古斯塔夫防线内外进行了激烈的战斗。直到1月17

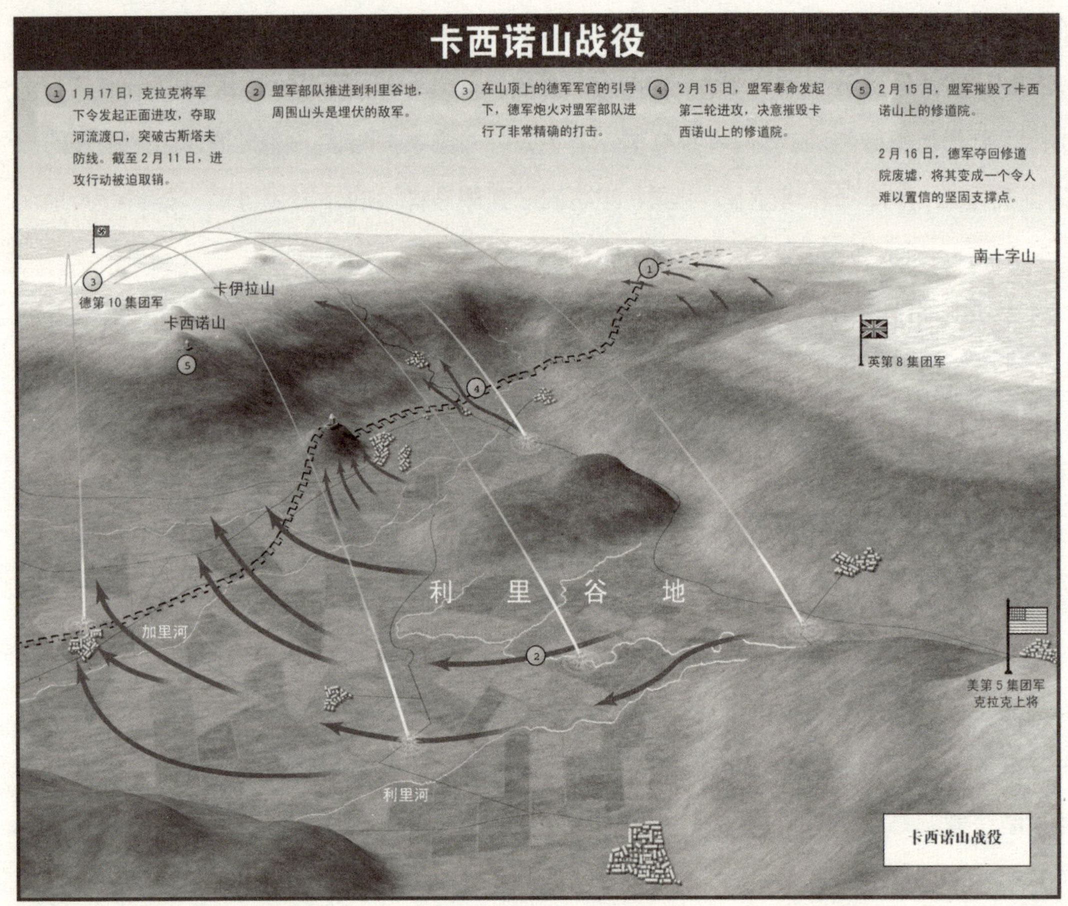

上图：卡西诺山的战斗对于意大利战役的进程极为关键，因为如果盟军无法突破德军防线，进攻罗马的道路必将受阻。为此，盟军与德军展开了消耗战。经过4次大规模的进攻行动，盟军最终突破了德军的防线。

日，英军才设法通过了加里格里亚诺河口，并建立起一个桥头堡。又经过10天，盟军才将战果扩大到了尤加山地区。美军第36师企图横渡加里格里亚诺河时发生了悲剧，出现大批人员伤亡。总体来讲，盟军攻占了一些阵地，但防守德军依然保持了优势。

安齐奥和卡西诺

为了切断意大利首都罗马和卡西诺之间的德军运输线，1944年1月22日，盟军在罗马正南面的安齐奥登陆。由于大量的德国守军被调往古斯塔夫防线，3.6万名盟军快速登陆并完整地占领了安齐奥港。随后进攻卡西诺山的战斗却十分激烈和艰难，盟军几乎陷入了第一世界大战期间的那种阵地战的困境之中，部队在该地区根本无法机动。盟军必须攻克卡西诺，否则向北进军的计划将会受阻。攻占该城的任务十分艰巨，城内防御工事众多。毗邻该城的山上有一座可俯视全城的中世纪修道院，这也成为德军绝佳的防守阵地。

1944年1—2月间，盟军发动了卡西诺战役并突入了德军防御阵地的纵深地带。但是，由于盟军无法全面肃清德国守军，进攻陷入了僵局。3月份，盟军发动了数次进攻，试图取得突破，最终发现面前的卡西诺山简直难以逾越。在此期间，盟军和德军之间展开了激烈的拉锯战，阵地几经易手。最后，盟军开始改变攻击策略。

3月15日，盟国空军对卡西诺山实施大规模空袭，炸毁了那座著名的修道院，城中其他建筑物都在空袭中被夷为平地或遭到严重破坏。看起来，盟军进军途中的障碍似乎已被清除。但事实并非如此，德军只是从精心营建的防御工事撤到了已成废墟的修道院内，变得更加难以对付。激烈的战斗再次爆发，其间，经常出现双方反复争夺一小块阵地的情形。

一周后，盟军对卡西诺山的第三次进攻失败。1944年5月初，他们又发起了第四次进攻。

这一次，天气情况良好，加之盟军占有数量上的绝对优势，攻占山头只是一个时间问题。5月18日，波兰第2军攻克了山顶上的修道院。盟军占领该阵地之后，

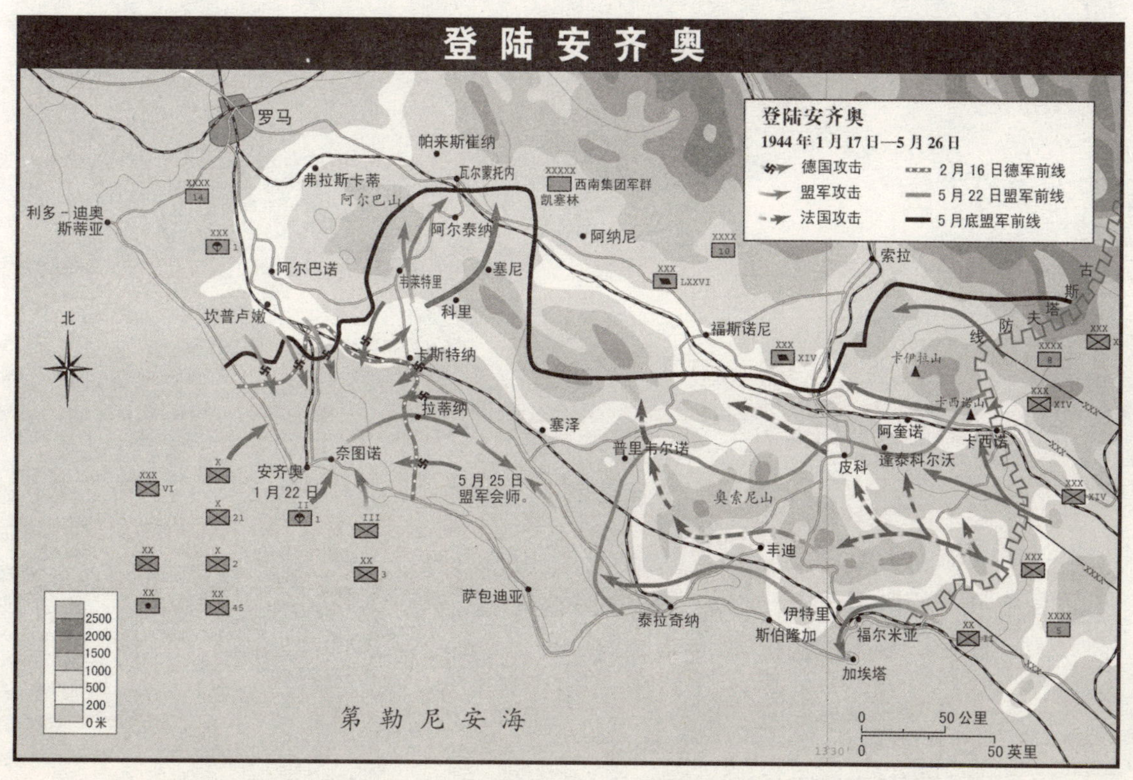

左图：为了切断德军在卡西诺山的防守阵地和罗马之间的交通线，1944年1月22日，盟军发起了安齐奥登陆战役。最初，由于安齐奥地区的许多德军已被调防到意大利其他地区，盟军登陆行动进展顺利。但是后来，由于德军的猛烈反扑，美英登陆部队几乎被赶下大海。直到同年5月，盟军才最终从桥头堡实现突破。

装备MG-42型机关枪的两名德国伞兵正在卡西诺山上的修道院废墟中坚守阵地。

整个古斯塔夫防线随即土崩瓦解。经过5个多月的艰苦战斗，盟军进军罗马的行动终于开始成为可能。早在8个月之前意大利政府宣布投降之时，兴奋的记者们就曾预言进军意大利首都的行动必将十分顺利。在安齐奥登陆行动中，盟军也遇到了和萨莱诺登陆同样的问题，德军曾经多次对海滩地带发动猛攻，企图将盟军赶入大海。2月19日，形势极度危急，盟军几乎被近在咫尺的德军赶下海，但经过苦战之后，最终转危为安。此后，德军屡屡发动进攻，但始终未能动摇盟军的阵脚。随后，双方一直在安齐奥海滩进行僵持，直到5月23日盟军终于从桥头堡取得了突破。

在随后两天内，美军第1装甲师和第3步兵师加入了美军第2军之中，在克拉克将军的指挥下向罗马推进，于1944年6月4日进入罗马城。这一结果令英国、波兰和法国军队十分恼怒，他们认为由于自己在攻克卡西诺时所付出的努力，才使得进军罗马成为可能，因此至少应该享有与美军同等的荣耀。与此同时，克拉克直接进入罗马的做法也在盟军中间引起了极大非议。这是因为在此之前，亚历山大曾下令给克拉克，告知他的主要任务应该是确保夺取瓦尔蒙托内，但克拉克并没有奉命行事。

向哥特防线推进

占领罗马并不代表整个意大利战役已经结束，因为盟军还要经历大量的战斗才能消灭意大利北部的德军部队。为保证诺曼底登陆战役，盟军从意大利战场抽调了数支部队，这使得亚历山大的任务变得更加困难。眼下，盟军必须突破德军在伦巴第平原南面建立的最后一道防线（哥特防线）。盟军只有突破该防线，才可以进军奥地利和巴尔干半岛，而德军指挥官凯塞林元帅绝不会轻易让盟军得逞。

8月25日，盟军开始发起进攻。蒙哥马利被调往诺曼底的第21集团军群后，奥利弗 · 利斯中将接任第8集团军指挥官之职，组织发起进攻。进攻初期非常顺利。不幸的是，天气再度变坏，后勤补给也出了问题，盟军的进攻速度放慢了下来。整个9月份期间，盟军对哥特防线实施了全线进攻，夺取了一些地面阵地，但未取得重大战果。盟军进攻行动受阻后，凯塞林重新调整了德军部署，应对第5集团军从西面发起的进攻。不久，盟军的进攻行动几乎全面陷入停滞。11月初，战斗再一次陷入僵持状态。看起来，来年开春之前，战役暂时无法重新打响。同时，更多的盟军部队也被调往西线战场。德军从希腊撤离后，希腊国内爆发了内战，为了帮助希

右图：盟军攻克卡西诺山防线后，必须一路向北推进，进攻德军重兵防守的地带。随着盟军在安齐奥登陆场的突破，盟军得以向罗马实施大规模的进军行动。美国指挥官克拉克将军直接攻占罗马（1944年6月4日）的决定受到了强烈批评，人们指责他是为了满足美军的虚荣心，而置盟军进攻瓦尔蒙托内的计划于不顾。

在奇斯泰纳一幢倒塌的建筑物内，一名美军士兵在阵位上用M1“加伦德”式步枪进行认真瞄准。1944年5月25日，美国第5集团军攻克了奇斯泰纳，轴心国部队被逐出城市。

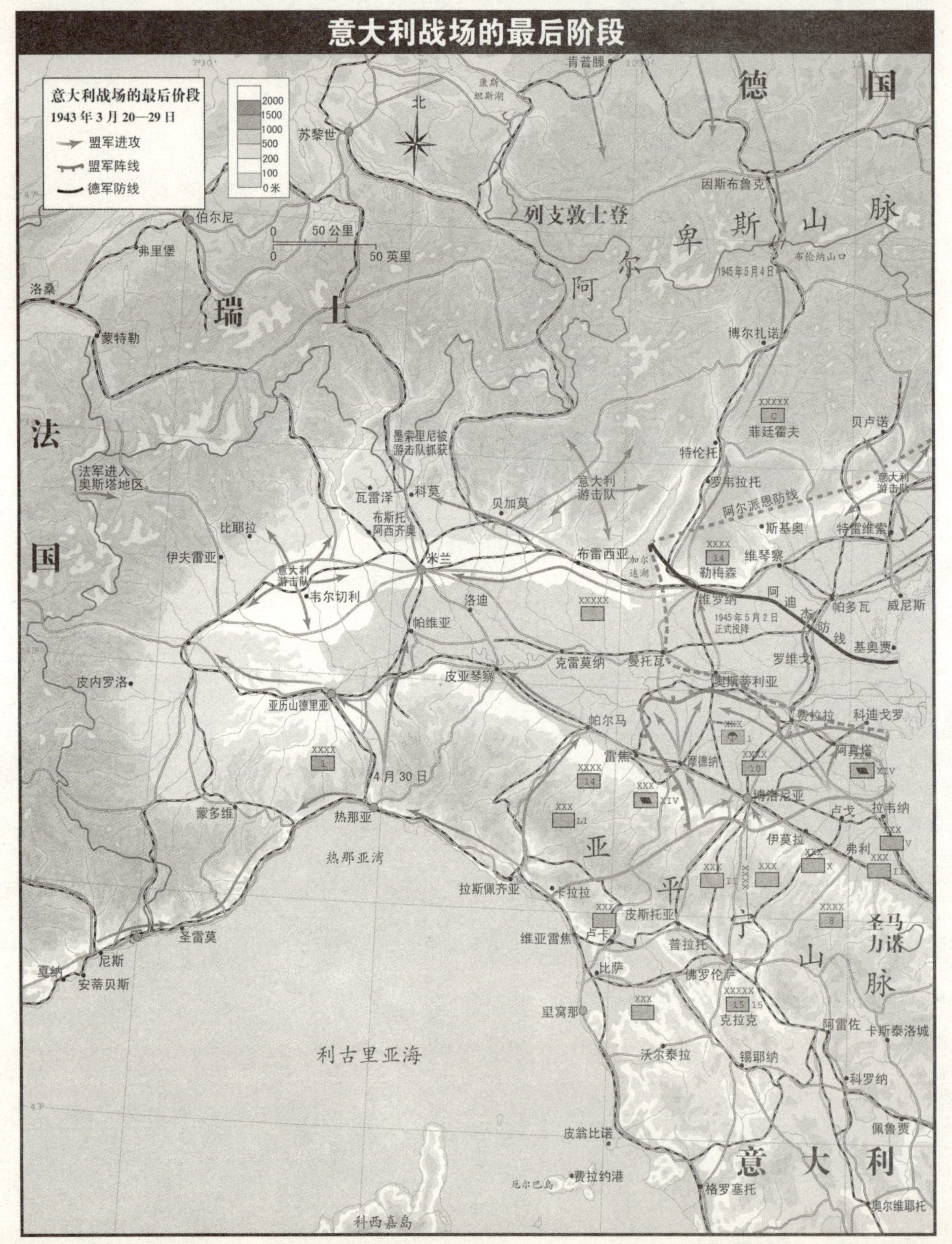

左图：盟军占领罗马后，德军继续进行了顽强的抵抗。1944年11月，盟军地面进攻行动被迫停滞。1945年4月，盟军重新发起了进攻战役，力量大大不如以前的德军被击退。期间，游击队处决了法西斯头子墨索里尼，这一做法虽然不具有任何军事意义，却是轴心国已经陷入绝境的象征。4月25日，盟军接受了德军的投降请求。1945年5月2日，整个意大利战役宣告结束。

腊重建秩序，英军第8集团军部分兵力也被从意大利战场调离。

最后阶段

随着冬季的来临，意大利战场出现了短暂的沉寂，盟军对部分参战部队进行了兵员补充。1945年年初，盟军在意大利战场上的总兵力达到了60万。此外，盟军还向意大利战场补充了大量的弹药、装甲车和履带式两栖作战车辆，后者尤其受到欢迎。这是因为在意大利战场上，地面经常泥泞不堪，普通车辆根本无法通行，作战行动也因此受到极大影响。1945年4月9日，盟军恢复了进攻行动，第5和第8集团军直逼博洛尼亚。这时的德军部队已经疲惫不堪，战斗力较之前已经大大削弱，因此，尽管德军在初期进行了激烈抵抗，但已无法击退盟军的进攻。

凯塞林元帅在一次汽车交通事故中受伤，接替他收拾残局的海因里希·冯·维京霍夫将军认识到德军阵地已无法坚守，于是请求希特勒允许自己将德军撤往波河防线，却遭到希特勒的断然拒绝。海因里希将军未予理睬，下令部队后撤。这一行动导致德军阵地全面崩溃，英国伞兵部队随即占领了米兰和热那亚。意大利抵抗组织的一支游击队在科摩湖附近抓获了墨索里尼及其情妇。

墨索里尼被德军突击兵解救后，希特勒让他再度成为意大利名义上的独裁者，实际上从此变成了德国的傀儡。游击队毫不迟疑地处死了墨索里尼及其情妇和随从，然后将尸体倒挂在城市广场上示众。

紧接着，加尔达湖、维罗纳、的里雅斯特和都灵相继被盟军占领，意大利境内的德军濒临投降的边缘。早在2月份，美国战略情报局官员就开始着手与驻意大利的德国纳粹党卫军首领举行谈判。由于希特勒坚决反对接受任何形式的投降条约，谈判实际上没有取得任何进展。最终，绝望无助的德军指挥官们决定不再理睬希特勒的干涉。1945年4月25日，真正意义上的谈判重新启动。5月2日12时，意大利境内的德军和意大利法西斯部队正式投降，意大利战役宣告结束。

第3 章

苏军在挺进

1943年德国入侵苏联的失利预示了，作战技能和好运气之外的因素正逐渐在东线战场产生影响。在一场全面战争中，如果一方的生产能力超越了另一方，尤其能够向前线输送数倍于敌方的人力资源，将会决定战争的进程。苏联就拥有这两种能力：一方面，它的工业生产能力远远超过了德国；另一方面，苏联在前线拥有足够的男女军人来使用这些装备。

苏联的工业生产能力是斯大林的重要政绩之一。斯大林推动大型工业化进程的原因很简单，那就是，他深切体会到，俄国在第一次世界大战中失败的一个重要原因是严重缺乏进行现代战争的各类资源。第一次世界大战期间，一部分俄军部队装备了类似于“温彻斯特”连发枪这样落后的枪械，这种连发枪最早在19世纪中期就已经开始在美国西部地区使用。但是，相比较而言，这部分俄军士兵还算是比较幸运的，还有许多俄军士兵只能从受伤或阵亡的战友手中获得武器。斯大林决心不让苏联重蹈历史的覆辙，这就是他建设工业化国家的重要动力之一。在此之前，工业化在苏联曾一度被认为是一种历史倒退。

对页图：一幅苏联宣传海报，号召人民为反法西斯战争做出更大的贡献。苏联共产党大量使用这种海报进行宣传，激发广大军民的爱国主义和英雄主义精神。通过艺术家们的认真创作，苏联各民族人民纷纷行动起来，积极投入到战时的各项工作之中。

火星计划

苏联实现工业化的努力经过了非常周密的考虑，在其腹地建立了一个个大型的综合性工业企业。以马格尼托哥尔斯克工业城市为例，1928年，该地区仅有25个居民。1932年，该城市已经拥有了25万居民，全都在这座从荒地上建起的工业城市里工作。由于涉及成千上万的工人的重新安置，这种大型综合性企业的选址工作非常认真，大部分位于乌拉尔河以东、西伯利亚或中亚地

区，远离任何潜在敌人的威胁。当然，这主要是对重工业而言。1941年的苏联轻工业则没有那么幸运，因为许多部门正好位于敌人的入侵区域内。最终，苏联国防委员会下令大规模疏散工厂和工人，撤往苏联腹地。这一情况导致了1941年苏联工业产量的下降，但是，从1942年开始，轻工业产量就开始大幅度增长。

为了更好地说明苏联工业所取得的巨大成就，可以援引一个比较简单的实例：1942年，苏联工厂所生产的战争物资几乎是德国的两倍，但其所能获得的钢铁和煤炭资源仅为纳粹德国的三分之一。这是一个典型的例子。主要原因在于苏联能够非常合理周密地发展工业能力，在这种情况下，一个主要生产拖拉机的工厂也可以生产出坦克。当战争爆发时，坦克和拖拉机的生产比例就可以马上颠倒过来，以确保苏军快速建立起坦克部队。同时，农业机械的产量不可避免地有所下降，但并未完全停止，从而保持向前线部队和后方民众提供食品。

按照斯大林的设想，1942年苏联军工企业将可以生产出近2.4亿吨弹药，大大超出了1940年的产量。更加令人惊讶的是，这一数字还考虑了疏散工厂所带来的产

左图：苏军士兵搭乘T-34坦克奔赴战场。在战争期间，苏军经常使用坦克将部队输送到前线，这些“坦克骑手”们直到与敌军接触时才“下马”参战。

量下降的因素。在战时，苏联工业的产量惊人，1943—1945年间，苏联共生产了8万架飞机，7.3万辆各型装甲车辆，32.4万门火炮。例如，“伊尔”Il-2型攻击机的产量达到了3.6万架，成为历史上单机产量最高的飞机（这一纪录几乎永远不会被打破）。

当然，那种认为在东线战场击败希特勒完全取决于工业产量的观点极其可笑。要想客观地评估1943年之前的战争，必须将苏联超出常人想象的战略物资生产能力和苏军的庞大兵力一并考虑。如果仅从人力资源、机器和其他装备等单方面考虑，就无法抓住问题的本质。总而言之，如果缺乏巨大的工业能力，苏联就不可能在东线取得胜利。

1943年战役的序幕

在斯大林格勒地区取得反攻胜利和德国第6集团军大溃败之后，苏军连续发动进攻，继续向前推进，力图扩大战果。1943年1月29日，苏军发动了“骏马奔驰”行动，瓦杜丁将军的第6集团军和近卫第1集团军对德军阵地发动了全线攻击，取得了相当大的战果。德军防线很快崩溃，苏军深入至德军防线的纵深地区。两天后，瓦杜丁将军下令对德军发起总攻。与此同时，就在1月29日同一天，苏军抽调部队支援沃罗涅日方面军对哈尔科夫发起攻击，在德军防线上撕开了一个巨大的缺口。尽管德军很快恢复了镇静并进行了殊死抵抗，但仍无法抵挡红军的攻势。2月14日，哈尔科夫的德军面临被合围的危险，德军指挥官对此束手无策。这时，希特勒严令要求德军在哈尔科夫城内战斗至最后一人，但也无济于事。最终，守城德军部队被分割歼灭。2月15—16日，经过两天激烈的巷战之后，苏军终于解放了哈尔科夫。

T-34型坦克，第二次世界大战中最好的坦克？

T-34型坦克是第二次世界大战中最负盛名的兵器之一。从战争结束一直到20世纪60年代，仍然有少量的T-34型坦克在军队服役。T-34坦克1940年开始投产，装备1门76.2毫米口径速射炮，在装甲防护与速度、火力之间实现了最佳的平衡。由于该型坦克采取了严格的保密措施，因此它于1941年在战场上的突然出现，令德军大惊失色。1943年，东线战场的形势开始向着有利于苏联的方向发展，经过不断改进的T-34型坦克成为苏军装甲部队的主力。1944年，T-34型坦克进行改装，配置了口径更大的85毫米主炮，拥有了对付包括德国最重型坦克在内的所有坦克的能力。由于T-34是一种全能型坦克，产量非常大，确保了苏军坦克部队对战场主动权的控制。

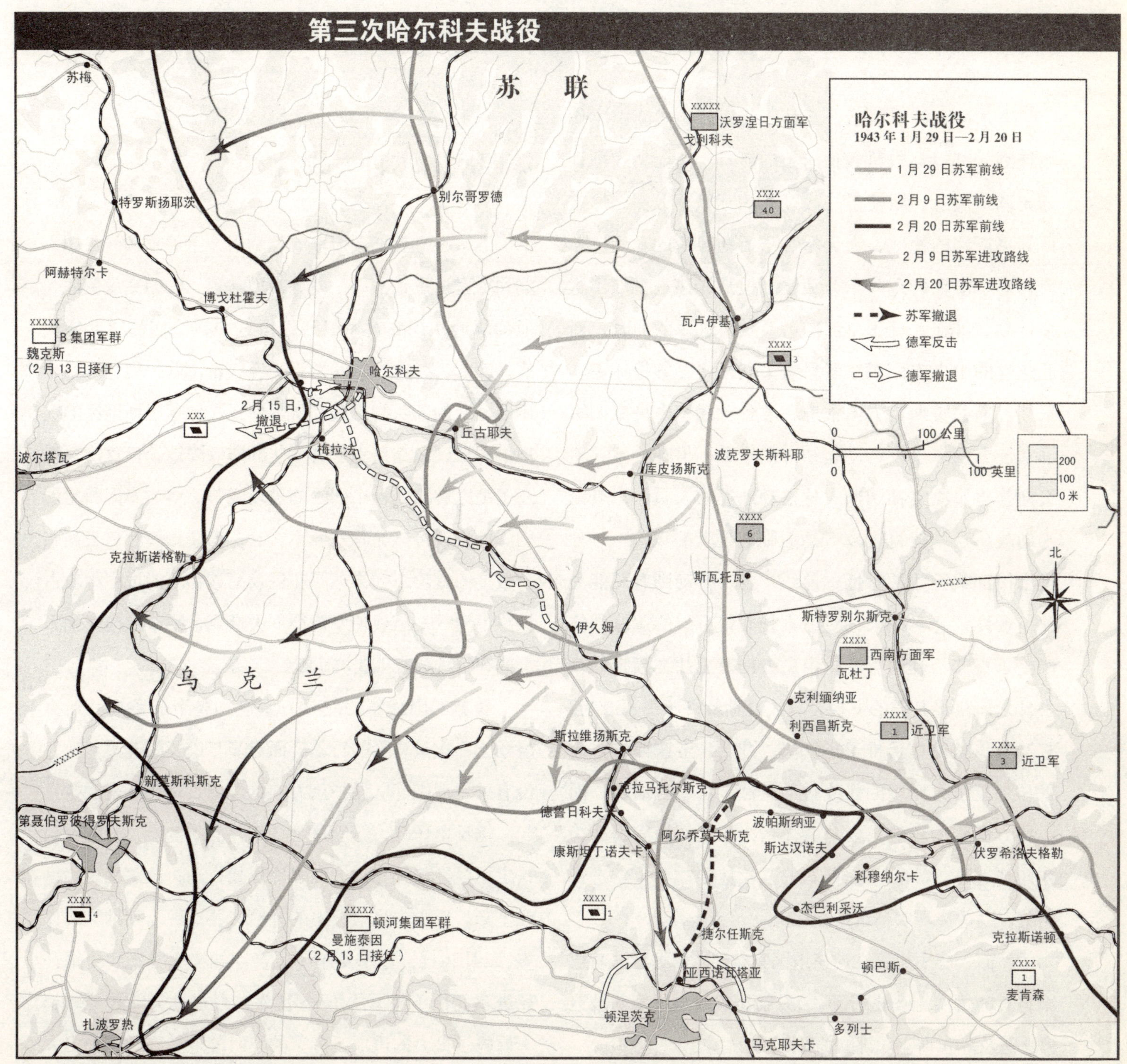

上图：苏军取得斯大林格勒保卫战的胜利后，决定乘胜追击德军，第三次哈尔科夫战役就这样打响了。当时，德军在苏军的强大攻势下被迫全线撤退，沃罗涅日方面军直逼哈尔科夫。

哈尔科夫解放以后，瓦杜丁将军开始重新拟定作战计划，打算夺取第聂伯河上的渡口。然而，这项计划充满了风险，将使得战线过长的苏军分散在比原定计划更广阔的地区，大大增加了后勤补给的难度。斯大林对于潜在的危险十分关注，但最终还是批准了这个计划。就在瓦杜丁率部向第聂伯河进军的同时，新近建立的中央方面军在罗科索夫斯基将军的指挥下，正朝着斯摩棱斯克方向推进，准备对德军中央集团军群实施合围。进攻行动起初开局顺利，但是，罗科索夫斯基将军决定抽调斯大林格勒地区的人员和坦克前来助战，这就使得进攻行动面临着巨大的风险——如果增援部队无法按时抵达前线，整个行动则有可能失败。最终，恶劣的天气对原本就非常有限的运输网络产生了极其不利的影响，中央方面军无法在预定的攻击日之前获得必要的支援，进攻日期最终不得不改为2月25日，整整往后推迟了10天。此时，苏联西方方面军和加里宁方面军的作战行动显然无法获得成功，而中央方面军的攻势需要与其他两个方面军协同行动。在此情况下，罗科索夫斯基的进攻计划需要重新进行调整，以适应现实情况的变化。

然而，德军也正在向该地区集结部队，这意味着德军将有能力实施反击行动。3月初，罗科索夫斯基被迫停止进攻库尔斯克北部的德军防线。

第四次哈尔科夫战役

苏军在进攻初期所取的胜利引起了德军顿河集团军群司令官埃里希·冯·曼施泰因陆军元帅的高度关注，他清醒地认识到德军战线拉得过长，迫切需要紧缩战线。因此，曼施泰因开始设法说服希特勒。经过一番争论后，他的部队终于获准从罗斯托夫和顿巴斯地区的突出部后撤到米乌斯河岸的更佳的防守阵地。但这次后撤还不足以解除瓦杜丁部队的进攻威胁，曼施泰因断定新的阵地也有可能随时被苏军突破。第聂伯河渡口正面临着极度的危险，如果苏军在进攻第聂伯河的过程中攻占铁路枢纽——第聂伯罗彼得罗夫斯克，德军顿河集团军群的补给线很有可能被切断。

曼施泰因将军的应对方案堪称整个战争期间所有战场上一次最冒险的行动。面对步步进逼的苏军，他并没有采用后撤部队保护己方补给线的策略，而是决定发起一场反击作战。尽管这一计划充满了危险，曼施泰因认定，经过连续几周的高强度作战行动，敌军战斗力已经下降。至少，目前苏军的补给线要比进攻初期脆弱许多。2月20日，德军发起了反击，纳粹党卫军装甲军开始进攻瓦杜丁将军的第6集团军。经过几天的战斗，德军取得了很大的进展，苏军的临时阵地遭到了完全出人

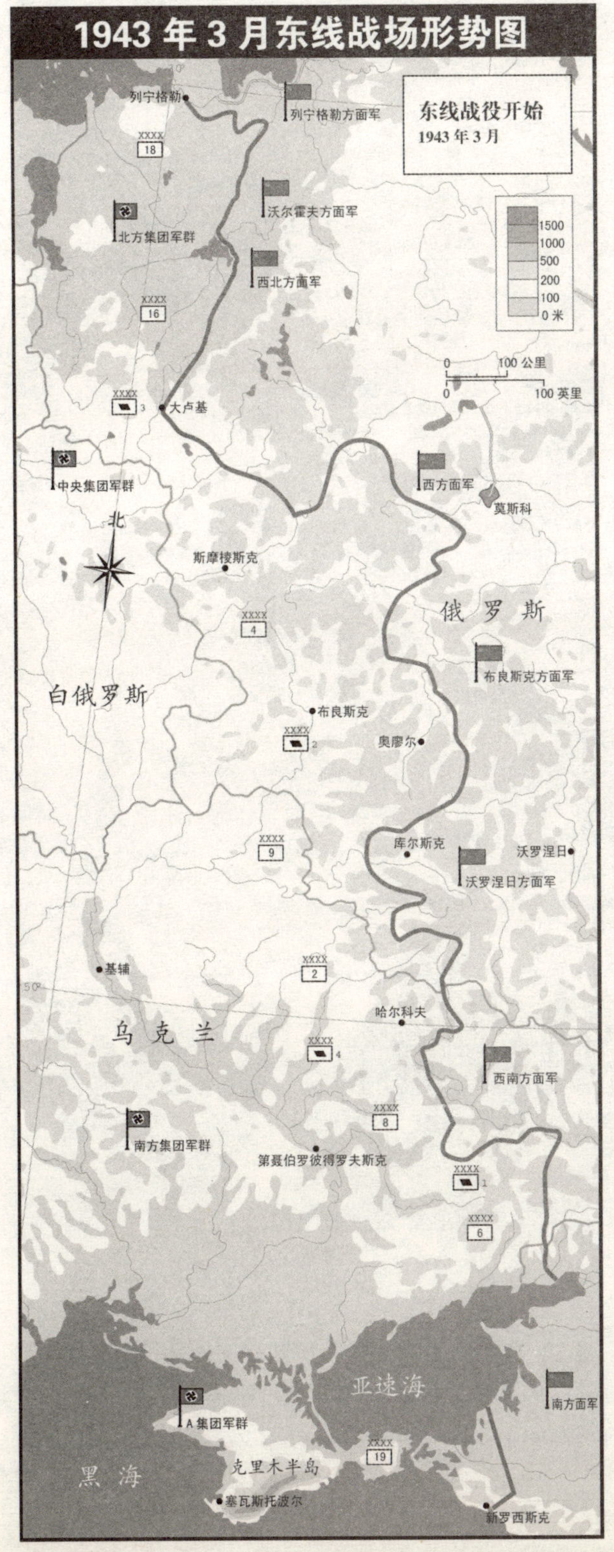

意料的反击。2月25日，瓦杜丁将军的部队已经筋疲力尽，不得不决定转入防守，曼施泰因元帅则获得了发起第二阶段战役的机会。

3月的第一周，德军开始向沃罗涅日方面军的左翼推进，再次抵近哈尔科夫城。3月10—11日，该城再度面临落入德军之手的危险。又经过几天战斗，哈尔科夫城完全被德军控制，曼施泰因元帅的大胆决策避免了灾难性后果。最终，在春季泥泞季节即将到来之前，苏军增援部队及时赶到前线，巩固了己方防线。德军的反击行动被迫停滞下来。然而，德军在曼施泰因元帅的指挥下虽然实施了战果卓著的反击战，但在1943年4月，德军面临的处境丝毫无法令人感到轻松。从1942年11月开始，一直到1943年3月底反击行动停滞时为止，德军整整损失了3个集团军。苏军也付出了巨大代价，但新组建的部队及时补充到了前线，因此处境要比德军好得多。

在其后几个月内，德军将面对更为不利的局面，苏军开始将开战18个月以来积累的许多经验教训应用到实

左图：虽然夺取全面胜利仍需时日，但斯大林格勒保卫战的胜利却标志着苏联战场的转折点。在苏军重新夺回哈尔科夫后，德军意识到自己将面临更为严酷的战斗。尽管苏军已经付出了巨大的人员伤亡，但仍然有能力对德军发起反攻，对德军构成更大的威胁。

上图：一名苏军狙击手趴在废墟里向外瞄准。照片中的这名士兵并没有隐蔽自己的阵位，表明这很可能是一幅宣传照片，并非是在实战中拍摄的。

战中来。这时，斯大林最终认识到，必须完全放手让手下各级指挥官们指挥作战并获得胜利。在1940年之前，他对苏军将领们极不信任，但随着苏军不断取得胜利，这种担心也逐步消失。斯大林废除了以他为中心的庞大指挥机构，最高统帅部从一个贯彻其个人意志、有名无实的参谋机构转变成了一个真正意义上的指挥机构。斯大林尽管仍然掌控全局，但他进行的一系列重大改革使得广大苏军将领们成了作战计划的忠实执行者。

对页图：1943年夏季，两名游击队员正在参加列宁格勒保卫战。从他们之间悬殊的年龄差距可以看出，德军在镇压苏联人民的抵抗过程中所要面临的巨大困难。

格奥尔基·朱可夫将军被任命为斯大林的副最高统帅，成为苏军中权力最大的将领。亚历山大·华西列夫斯基被任命为最高统帅部参谋长。随后，苏军对整个指挥体系进行了重组。此前，为了使苏军保持最大限度的忠诚，苏军中设立了政工干部，但他们经常会影响作战计划的拟定。大多数政工干部由于缺乏组织战斗的经验，往往对作战行动提出不切实际的目标，并对持不同意见的指挥官提出撤职警告。这对作战行动产生了相当

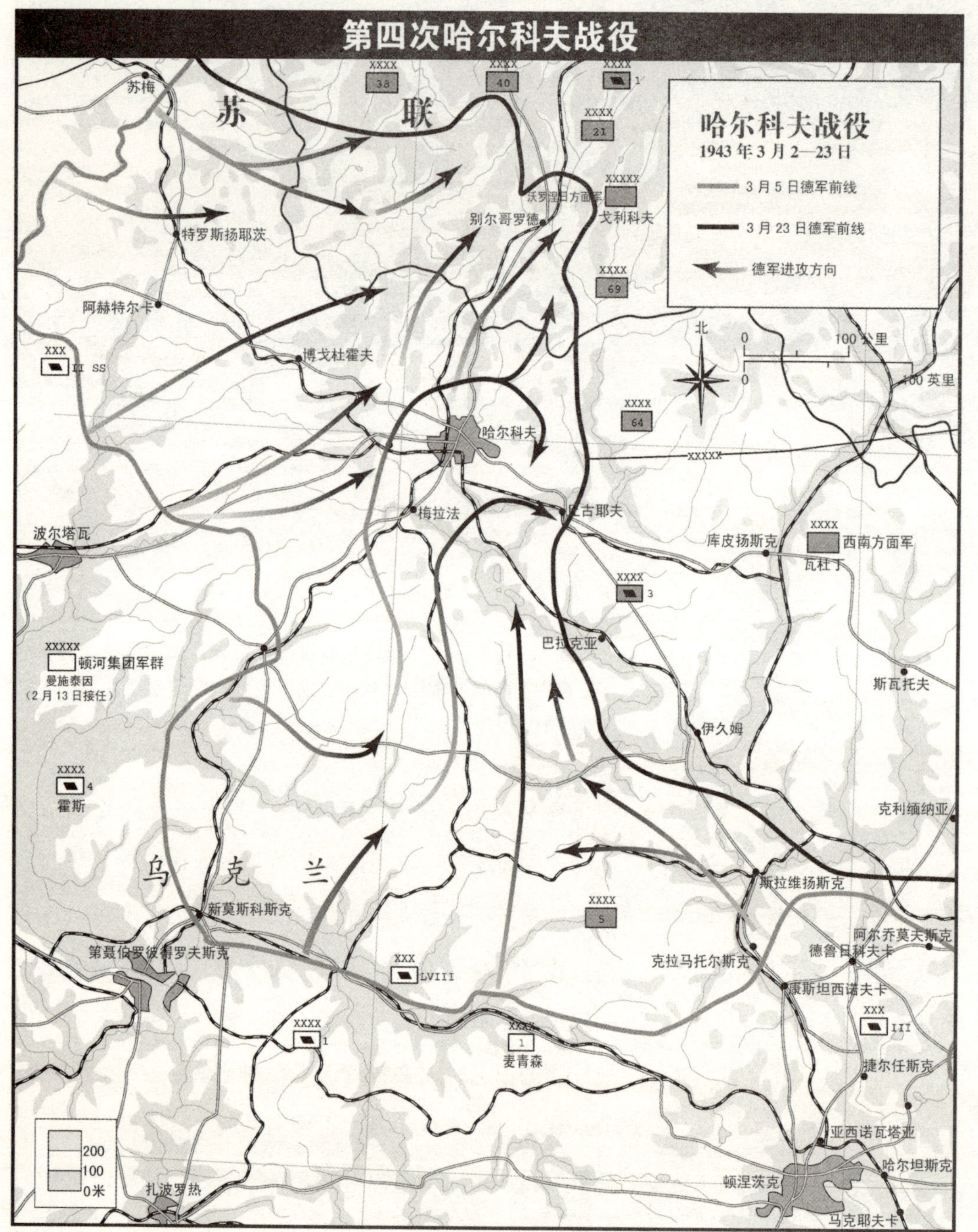

大的负面影响。朱可夫决心马上改变这种面貌，他不断地改进装备、战略和战术，组织更顺畅的指挥体系。此外，他允许政工干部可以继续参与作战计划的制订工作，但强调他们将无权否决部队指挥官作出的决定。毋庸置疑，一旦春季泥泞季节过去后，1943年的夏季攻势即将展开。

左图：随着苏军收复哈尔科夫，德国顿河集团军集开始面临巨大的威胁。在此情况下，德军指挥官曼施泰因元帅于1943年2月20日发起了一场极为大胆的反攻战役，迫使苏军后退到顿涅茨河沿岸，哈尔科夫再度落入德军之手。1942—1943年的冬季战役结束时，双方部队都已经精疲力竭。

库尔斯克会战

在曼施泰因对哈尔科夫的反攻结束后，苏军的阵脚逐渐稳固，形成了一个以库尔斯克为中心的非常重要的突出部。希特勒断定，这是消灭该地区的两个苏联方面军（中央方面军和沃罗涅日方面军）的绝好机会。

希特勒认为，德军在斯大林格勒战役之后遭遇的许多问题，主要是由于缺乏有效对付苏军T-34型坦克的装甲部队。但是，希特勒本人仍然比较乐观，德国已经研制出了两种新型坦克——“豹”式坦克和更大型的“虎”式坦克。他认为，这两种坦克对于德军的进攻行动至关重要，如果在库尔斯克地区投入足够的新型坦克，必将赢得战役的胜利。同时，他还提出了一个更为有利的事实，越来越多的自行火炮即将下线，作为德军进攻战术不可或缺的一部分，自行火炮将为德国陆军的进攻行动提供必要的支援。这一观点的合理性的确值得怀疑，但希特勒无视下属们的任何建议，坚持自己的既定方针。

然而，希特勒忽略了一个非常重要的事实，即使“豹”式、“虎”式坦克以及自行火炮能够按时下线，也无法保证

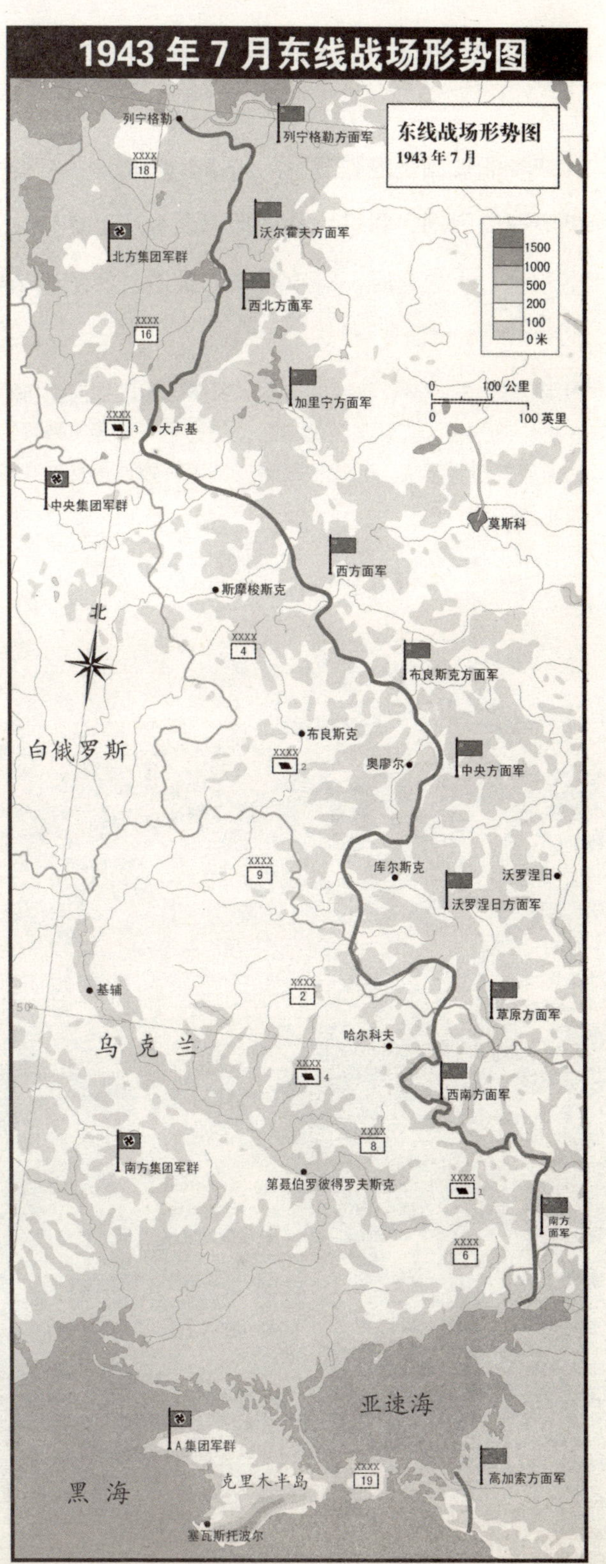

右图：在曼施泰因的反攻行动结束后，苏军战线上形成了一个以库尔斯克为中心的突出部。希特勒认定这是消灭该地区的两个苏联方面军（中央方面军和沃罗涅日方面军）的大好时机，于是拟定了战争史上最大规模的库尔斯克坦克会战计划。

其产量能够满足战胜苏军的需求。为此，希特勒不得不采取冒险行动，将进攻计划推迟至生产出足够数量的坦克和自行火炮之时。进攻行动的推迟，使刚刚结束了冬季攻势的苏军赢得了恢复并增强实力的时间。这就意味着，即使德军拥有了希特勒寄予厚望的新式武器，要想取得突破也将困难重重。

1943年5月初，希特勒把自己打算发起进攻的想法告诉了将军们，但并没有得到他们的热烈响应。当然，他们询问是否拥有发动此次冒险进攻的战斗资源，明确表示希望希特勒推迟进攻，等待新型坦克装备部队。德

下图：1943年7月，纳粹党卫军“骷髅”师士兵向库尔斯克前线开进。双方在大部队集结完毕后，进行了一场异常残酷的战斗，均遭受了巨大损失。相比较而言，苏军有能力承受这些损失，而德军则不然。

军将领们非常清楚，苏军考虑到库尔斯克是其防线上的一个明显薄弱环节，肯定会在其附近修建更加坚固的防御设施。随着德军一天天地壮大，苏军也在逐步壮大。每每听到这些，希特勒都简单野蛮地予以否定。有人向他提出大量可供选择的方案，试图维持德军的阵地，但希特勒还是固执己见。德军装甲部队的海因茨·古德里安将军坚决反对任何向库尔斯克周边苏军发起进攻的想法。

古德里安将军清楚地认识到，轴心国在北非即将全面崩溃，困守突尼斯的大批德军必将被歼灭，无法派往其他地方作战。他同时认为，一旦北非沦陷，盟国必将考虑在西欧开辟第二战场，届时德军将被迫同时在东西两线与盟军开战。盟国虽然在战争中付出了很大的代价，但仍然有能力在一夜之间获得数量庞大的装备。

古德里安认为，这种极度危险的战略形势表明，对苏军发动任何进攻都将于事无补。他进一步强调指出，希特勒寄予厚望的“豹”式和“虎”式坦克应当保留起来用于对付西线的盟军部队，而不应在东线集结大量的装甲部队发动另一场消耗战。他认为，对于德军来说，一种理智的做法应当是在苏联境内保持防守态势，不要发起任何的冒险进攻。希特勒虽然听取了古德里安的报告，但并没有采纳，反而加紧实行这项进攻计划，将德军投入到一场巨大的消耗战之中。

（希特勒）热衷于技术性装备，往往过分夸大武器装备的效能。例如，他认为通过少量的“虎”式坦克和自行火炮就可以扭转战局。但实际上，唯有投入几个师的部队才有赢得胜利的希望。

——德国陆军元帅埃里希·冯·曼施泰因

苏军不断提升的情报搜集能力，使得德军陷入了更为不利的境地。与战争初期遭到德军的突然攻击相比，到了1943年5月，苏军已经能够很好地洞悉德军的意图了。事实上，早在一些德军将领获知实情之前，朱可夫将军可能已获得了足够的情报显示，德军将在库尔斯克发动另一场进攻战役。毫不吃惊的，朱可夫将军采取了必要行动，确保他的部队在进攻之前做好准备。

“堡垒”行动

作为防御准备的一部分，朱可夫从其他方面军抽调了部分部队加强突出部的防御力量，同时还拟定了反击计划，决定等到德军开始进攻后，沿着整个南部战线对敌人实施大规模的反攻。截至7月初，德军在突出部周边集结了近3000辆坦克和大批突击炮。但是，就在德军集结兵力的同时，苏军也在悄无声息地进行战争准备，构筑了一系列坚固的防御阵地。4—7月，苏军先后构筑了7道防线。朱可夫在德军主力部队的对面准备了大量的预备队，确保德军向苏军防线发起进攻时不会立即产生决定性后果。除了当面的7道主要防线外，苏军还在突出部后方建立了另外一道纵深防线，进一步防范德军的突破。

苏联重型坦克

除了生产一些类似于T-34的中型坦克之外，苏联还生产了一批能压制德军坦克并向陆军提供火力支援的重型坦克。T-35是首批生产的重型坦克，其定型和投产要早于T-34好几年。由于T-35型坦克速度慢且机动性差，在1941年与德军遭遇后立即溃不成军。

其后推出的KV-1型重型坦克则十分出众。它被当做一种攻击坦克，主要用于率先进攻并突破德军防线，尔后由更具机动性的T-34型坦克进一步扩大战果。KV-1型坦克的性能较T-35型坦克要优越许多。接下来，苏军在KV-1的基础上发展出了KV-85型和KV-152型重型坦克，前者装备 1 门85毫米口径主炮，后者装备 1 门152毫米口径榴弹炮。尽管KV-1和KV-85已经让德军部队束手无策，苏军随后又生产出了IS系列重型坦克，于1943年中期首次投入战斗。1944年早期问世的IS-2型坦克威力巨大，拥有1门122毫米大口径主炮，能够摧毁与其对阵的任何德军坦克，直到第二次世界大战结束10年后，它依然是世界上火力最强的坦克。

7月初，苏军在德军当面集结了大批兵力，坦克3300多辆坦克，兵员100多万。与此同时，另有600辆坦克和38万兵员作为预备队。然而，上述的3900辆坦克和138万兵员远远不能代表苏军的全部防守实力，而只是对付进攻的战术层次的防御力量。在库尔斯克突出部的后方，苏军还预置了1500辆坦克和50万兵员，随时准备投入战斗。此外，一个对德军更为不利的情况是：数量占优的苏联空军部队（严格地讲，应称为方面军空军），随时可以为阻击德军进攻的地面部队提供直接空中支援。

就这样，在希特勒准备发起他所谓的“决定性进攻”之际，他面临着数量上占据绝对优势的苏军，以及他们构建的极其坚固的防御阵地。在战斗中，德军势必付出巨大的代价来突破它们。与此同时，苏军大批预备队随时可以提供支援。因此，摆在希特勒面前的并非一场即将来临的决定性胜利，而是一场空前严重的灾害。

激烈厮杀

7月4日，德国南方集团军群采取了一系列的准备措施，以确保“堡垒”行动发起地段的安全。次日凌晨4时30分，德军在预定进攻时间内对苏军中央方面军阵地实施了全线炮击，同时，德国空军也轰炸了沃罗涅日方面军的阵地。凌晨5时刚过，苏军前沿阵地向后方首次报告称，已经遭到德军坦克和步兵的进攻。德军第4装甲集团军出动700辆坦克，向苏军近卫第6集团军防线发起攻击。在大部分地段，德军坦克的进攻密度达到每千米40～50辆，在有些地段甚至达到了100辆左右。

德军设法向苏军纵深地带推进了4～6英里。在罗科索夫斯基将军的请求下，斯大林同意第27集团军开赴前线实施增援。然而，形势明朗后发现，沃罗涅日方面军的处境比中央方面军更加严峻。于是，斯大林收回了增援命令，改派第27集团军增援沃罗涅日方面军。7月6日18时之前，参战双方不断地向战场投入人员和装备，

下图：截至1943年7月初，德军在库尔斯克突出部集结约3000辆坦克和突击炮。苏军清楚地意识到进攻即将来临，他们构筑了令人无法想象的坚固防御阵地。苏军在德军对面部署了5000辆坦克和200万部队，使之成为军事史上最大规模的战役之一。

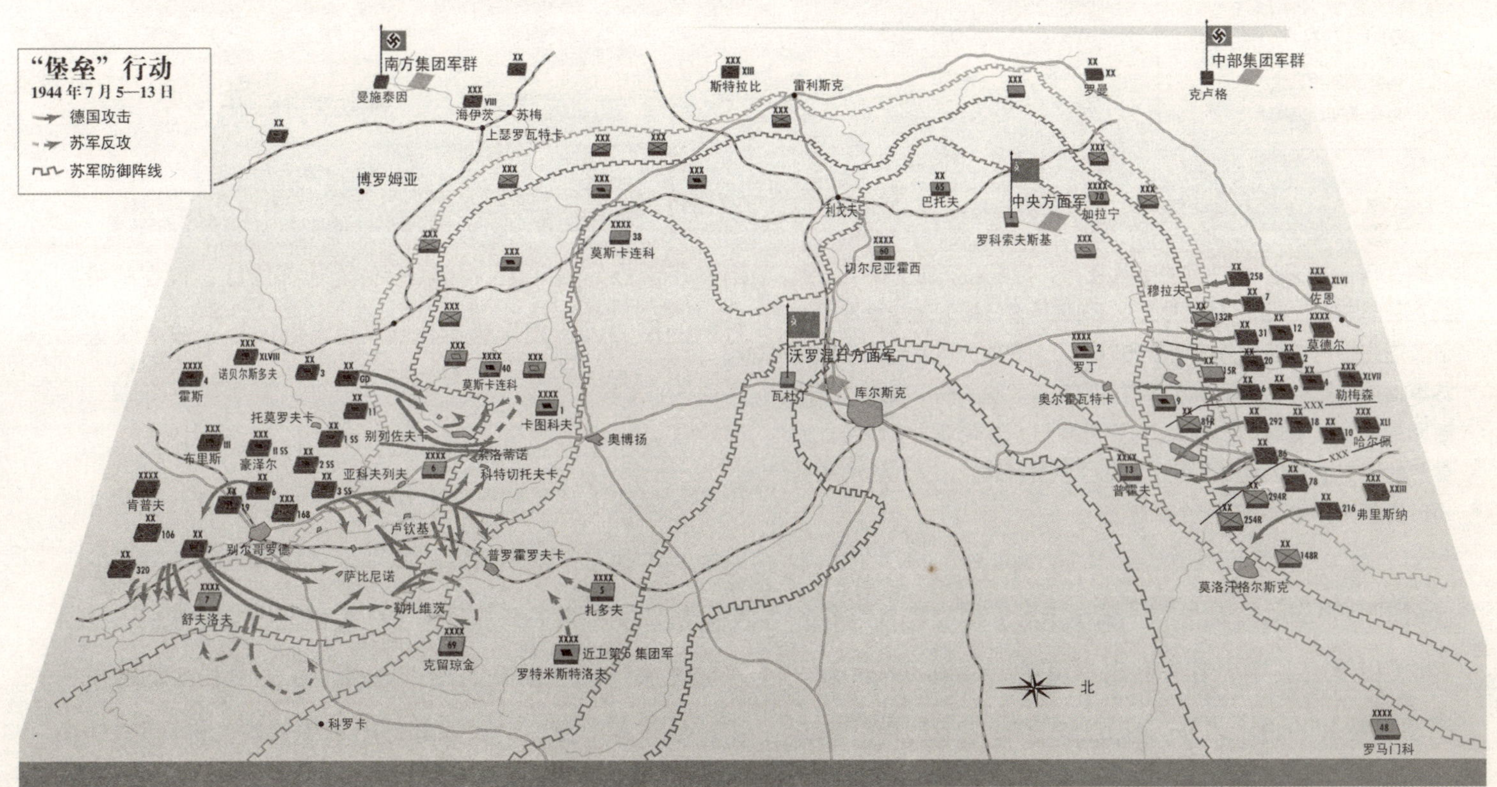

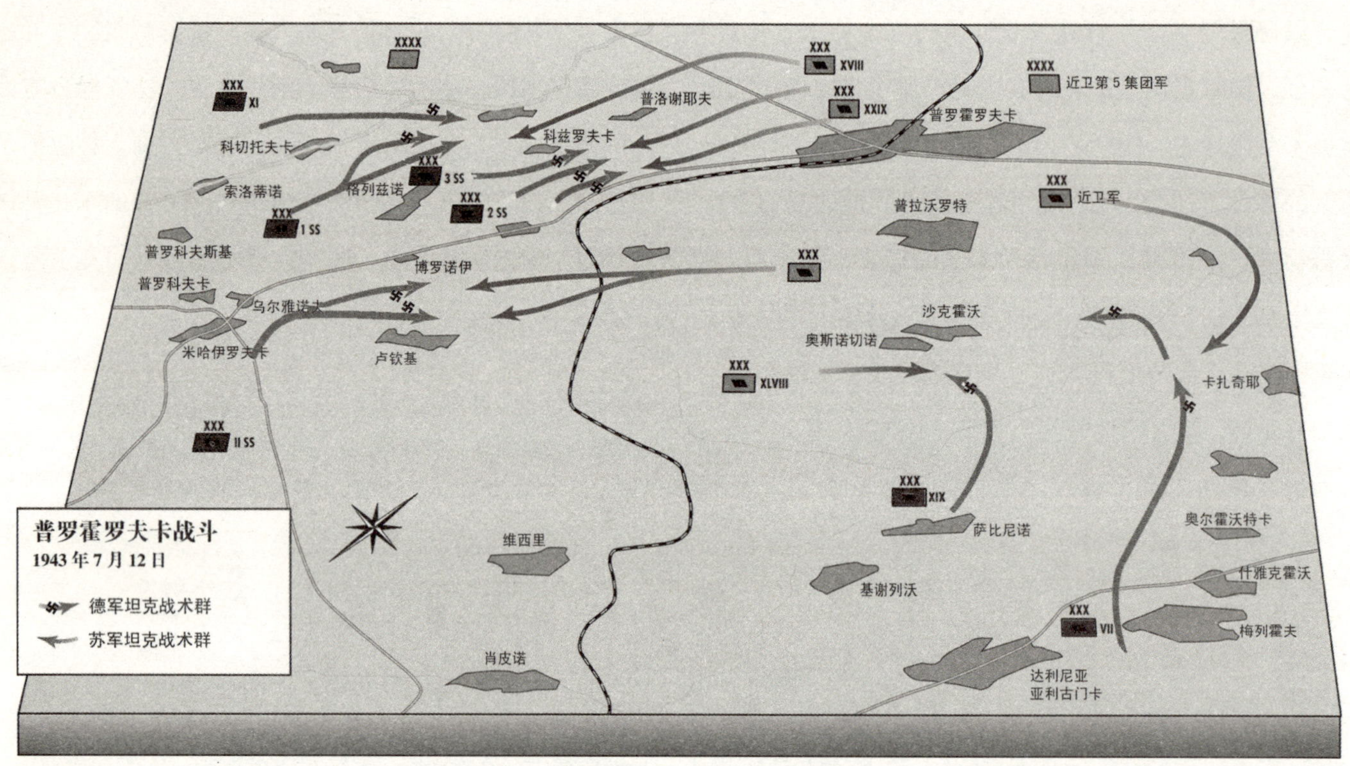

上图：库尔斯克战役打响的当天夜间，德军设法向前推进了大约7英里。7月11日，德国党卫军第2装甲军已抵近至普罗霍罗夫卡，这座小村庄很快将成为有史以来最大规模的坦克会战战场。苏军指挥官瓦杜丁将军断定，德军将从普罗霍罗夫卡发起攻击，随即加强了该地段的防御兵力。7月12日，苏德双方在此发生了激烈的坦克会战，共投入坦克1000余辆进行殊死厮杀。经过36个小时的鏖战，德军被迫停止进攻。

参战的装甲部队数量达到了前所未有的规模，总数多达200支以上。其中，苏军共出动坦克大约4000辆，德军出动坦克3000辆。此外，双方还出动了大量的自行突击炮。在惨烈的战斗中，苏联最高统帅部估计，仅在战役打响的第一天，德军就有600多辆坦克被摧毁或者失去了战斗能力。

就在德军发起进攻后不久，苏军随即实施了反击。但是，德军还是取得了一些进展。7月7日清晨，德军开始威胁奥利霍瓦特卡附近的高地，试图夺取整个战场的主动权。罗科索夫斯基将军立即对该地段实施增援，德军的进攻受到反坦克武器、地雷、装甲车和火炮的阻击，战斗异常激烈，双方都付出了惨重的代价。7月10

日，经过5天的战斗，德军开始重新进行战斗编组。战役的高潮即将来临。尽管德军已经突入奥博扬方向近20英里，但始终无法推进到预定的纵深地带。德军的进攻方向也开始向普罗霍罗夫卡方向转移。这座村庄的最显著特征是村内有一座火车站。24小时后，在普罗霍罗夫卡爆发了史无前例的坦克大会战。

高潮

为了对付德军的部队机动，消除普罗霍罗夫卡村面临的不断增大的威胁，苏军随即向沃罗涅日方面军增派了装甲车辆和人员，增援部队立即进入阻击阵地。如果普罗霍罗夫卡被德军突破，整个苏军防线就可能崩溃。但是，瓦杜丁将军清楚地认识到，截至目前，德军已在战斗中付出了巨大的人员伤亡，因此，他们要想对普罗霍罗夫卡发起进攻，必须从侧翼抽调部队进行支援。而德军侧翼兵力的削弱，将为苏军提供绝好的反击机会，也将有助于苏军实现合围德军的目标。

7月11日拂晓，德军开始进攻普罗霍罗夫卡和奥博扬，德军3个党卫军师和苏军第5近卫坦克集团军之间发生了大规模战斗。夜幕降临时分，普罗霍罗夫卡进攻战陷入了僵局。苏军为了减轻普罗霍罗夫卡方向的压力，及时向北部的奥廖尔突出部发起了进攻，主要的战斗仍然在普罗霍罗夫卡村周边地区进行。苏军近卫坦克第5集团军再次投入火线，主动发起了反击行动。紧接着，双方再度展开了伤亡惨重的激战。德军在战斗中损失了300辆坦克（其中包括70辆“虎”式坦克），苏军近卫坦克第5集团军将近一半的坦克被击毁。尽管付出了巨大的代价，但苏军最终实现了自己的目标：德军的进攻被击退，苏军手中仍然握有预备队，随时可以投入战斗。

德军坚持进攻了3天，但在普罗霍罗夫卡村，他们显然无法取得预期的突破，也无法绕过该地段。至此，进攻行动宣告结束，因为其他战区的形势发展吸引了希特勒的注意力。

7月10日，美英部队在西西里岛成功登陆。很明显，盟军下一步的意图是进攻意大利本土。希特勒担心一旦盟国部队登陆意大利本土，意大利政府很快将会向盟国投降。他认为，如今只有牺牲“堡垒”行动来加强西线德军的防守力量，除此之外别无选择。

希特勒下令从东线抽调部队开赴西线战场。很多时候，那些奉命西撤的部队发现撤退时的情况非常复杂，他们必须首先设法从战斗中脱身，然后才能按照元首的指示向西撤退。由于希特勒的这道命令，德军在库尔斯克前线的兵力锐减，德军部队别无选择，只能调头向7月5日进攻的发起地实施战斗撤退。至此，无论从目的

还是意图而言，整个库尔斯克战役已经彻底结束。

结局

北部德军部队对库尔斯克的地面进攻停顿后，苏军西方方面军（索科洛夫斯基上将）发起“库图佐夫”行动，对德军第2装甲集团军发起了攻击。由于德军将注意力完全集中在进攻上，完全没有料到会遭到苏军出其不意的袭击，防线很快就被突破。很明显，苏军即将切断沃尔特·莫德尔将军指挥的德国第9集团军的运输线。德军被迫进行了激烈抵抗，最终阻止了苏军的进攻。然而，战斗到此远远没有结束。

“库图佐夫”行动开始后不久，波波夫将军指挥布良斯克方面军向奥廖尔发起了进攻。奥廖尔是该地区重要的公路和铁路枢纽，受到德军的高度关注。经过一周的战斗，苏军攻克了奥廖尔，而后继续向前推进。8月中旬，德军已经无法继续坚守在库尔斯克突出部北翼的阵地，最终不得不放弃。

左图：苏军官兵跃出战壕冲向敌人。照片中趴在地上的那名士兵手中拿着的PPSh41型冲锋枪，有着一个71发子弹装的鼓形弹匣。他身后不远处的那名士兵端的是“图卡列夫”自动步枪，苏军大多数部队最初装备的就是该型步枪。

由于从库尔斯克北面发起进攻的企图已经落空，后撤的德军开始在库尔斯克以西75英里处构筑防御阵地。南部地区的德军也遭遇了同样的失败命运。科涅夫的草原方面军和瓦杜丁的沃罗涅日方面军对其发动了代号“鲁缅采夫”行动的进攻，准备消灭突出部南侧的德军部队，而后向别尔哥罗德和哈尔科夫推进。

8月3日，当“鲁缅采夫”行动开始之际，德军再次遭到了苏军出其不意的攻击。当时，尽管德军准确地判断出了草原方面军和沃罗涅日方面军在库尔斯克会战中遭到重创，却低估了苏军向前线补给兵员的能力。因此，他们未对苏军的进攻做好准备。在遭到突然攻击时，他们一个个惊讶得目瞪口呆。苏军突击部队在战斗初期取得相当大的战果，第二天傍晚就收复了别尔哥罗德，而后继续向博尔杜戈夫和哈尔科夫进军。尽管德军当即发起了反击，但没有任何效果。8月21日，哈尔科夫第四次也是最后一次易手。

左图：苏军在库尔斯克战役结束后不久，于1943年8月初发动代号“鲁缅采夫”的进攻行动，东线德军遭受重大打击。参战的苏军部队大约70万人，几乎是德军的3倍。其后数月，苏军迅速向第聂伯河推进。1943年年底，苏军挺进到第聂伯河岸，随时准备向日益虚弱的敌军发起新一轮攻击。

就在“鲁缅采夫”行动进行之际，罗科索夫斯基将军的中央方面军也从库尔斯克周边发起了攻击。此外，南方面军和西南方面军也向德军南方集团军群发起了进攻。最终，1943年9月中旬，南方集团军群被赶到了第聂伯河对岸。9月23日，苏军先头部队在河对岸建立了一处桥头堡，主力部队随即抵近至戈麦尔与扎波罗热亚之间的河岸地带。

苏军持续发起进攻行动。10月25日，苏军已经切断了克罗米亚地区的德军退路。德军在克里沃罗格地区再次进行了反击，击败了部分苏军先头部队。然而，这已无法阻挡苏军向基辅推进的步伐。11月3日，苏军对基辅发起了攻击。48小时之后，基辅再次回到苏军手中。随着圣诞节的临近，德军手中只剩下了第聂伯河西岸的几小块地方，他们希望能够坚守到苏军无力进攻时。然而，苏军并不打算在1943年剩余的日子中有所松懈，他们决心在1943年结束之前再次给德军以毁灭性打击。

右图：图中这名德国军士手里提着两枚地雷，腰里别着一枚手榴弹以及一把防身用的手枪。德军在前线埋设了大量的地雷，用来杀伤苏军坦克，破坏其进攻队形，最大限度地削弱敌军的战斗力。

第4 章

鏖战巴尔干

在整个战争中，巴尔干战场上几乎看不到任何常规战的影子。但是，在南斯拉夫、希腊、阿尔巴尼亚涌现出了许多决心推翻德军占领的抵抗运动战士。巴尔干战场的另一个显著特征是，希特勒在该地区拥有一些较小的盟国，如保加利亚、罗马尼亚、匈牙利等。尽管这些仆从国与德国的关系不尽相同，苏联却并不将它们区别对待，只是简单地将它们看做德国的盟国，应当全部消灭。

1941年，德军在南斯拉夫迅速取得胜利后，曾幻想在该地区度过一段安逸的日子，但这种想法很快就破灭了。德军未曾料到，南斯拉夫共产党一位战前的领导人约瑟普·布罗兹坚持认为，整个南斯拉夫应当团结起来反抗纳粹侵略者。当时，布罗兹化名为巴比奇，潜伏在萨格勒布。尽管克罗地亚傀儡政府试图将所有的共产党激进人员一网打尽，但布罗兹总能够机智地逃脱当局的搜捕。南斯拉夫傀儡政府也曾经花费大量精力，试图找到布罗兹的藏身之处，但总是无功而返。在秘密活动中，布罗兹还使用了“铁托同志”的化名。后来，这个家喻户晓的名字一直伴随了他一生。

对页图：两名英国皇家空军机组人员正准备向南斯拉夫游击队空投给养。在战争期间，英国皇家空军建立了几支“特勤”中队，专门负责为地下抵抗组织提供补给，并向被占领区空投联络官，协助和指导当地抵抗组织进行反纳粹斗争。

南斯拉夫游击队

德国对苏联的入侵促使铁托于1941年7月4日发布公告，号召全体南斯拉夫人民起来抗击法西斯。随后，南斯拉夫全境爆发了游击战，游击队在南斯拉夫各地实施了大量的破袭行动，其中尤以塞尔维亚和黑山地区最引人注目。最终，意大利占领军被赶走。德国占领军对起义活动进行了疯狂报复，成千上万的南斯拉夫人民被杀害，但这种报复行动只能激发更多的南斯拉夫人加入游击队。

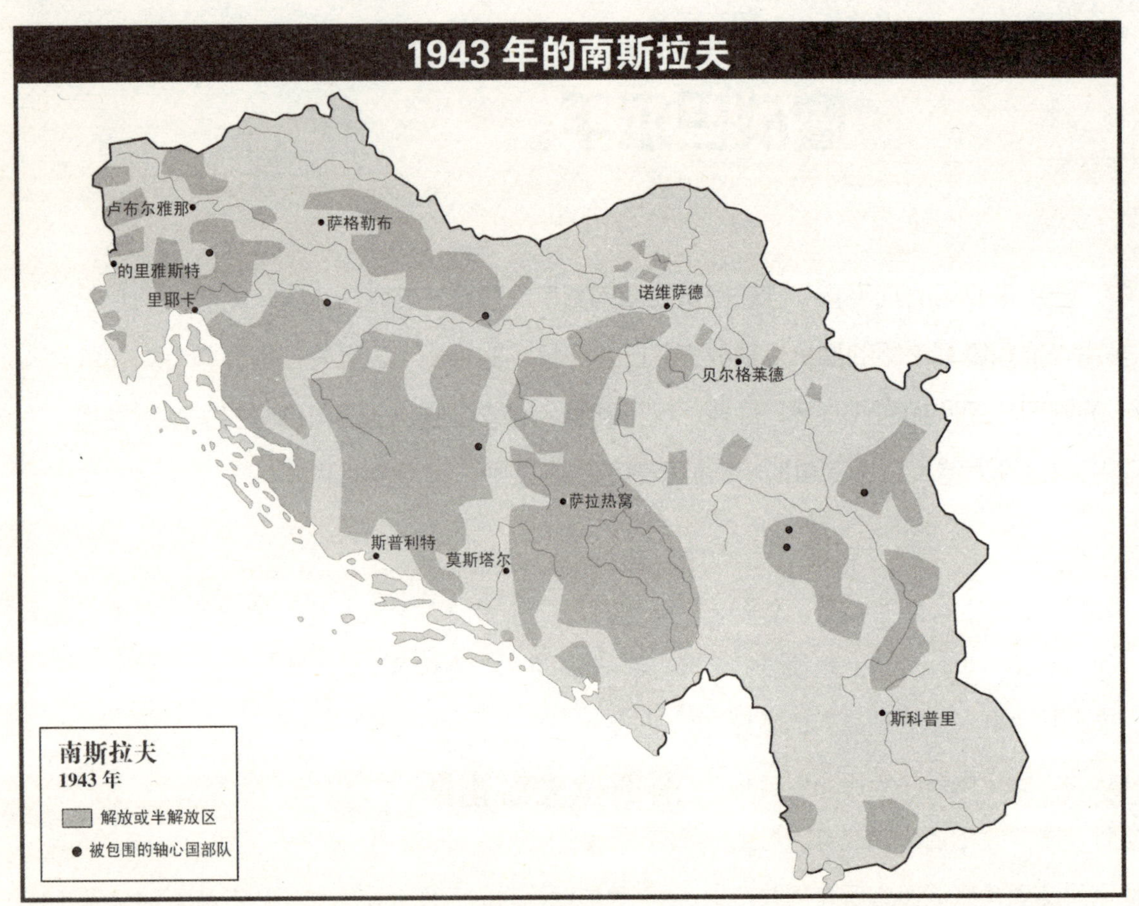

左图：由于南斯拉夫境内独特的地形条件，德军无法对整个国家实施全面控制，铁托领导的游击队控制了很大的一片解放区。当德军向游击队控制区发动进攻时，游击队控制的地区就会大幅度减少，但铁托领导的游击队从未丢失过大块的土地，总能建立起充满生机的作战部队。

铁托认为南斯拉夫解放战争将是一场持久和艰难的斗争，这种看法完全正确。但是，前陆军军官德拉卡·米哈伊洛维奇领导的一个名为“切特尼克”的抵抗组织，使得南斯拉夫的解放运动的进程变得错综复杂。虽然铁托竭力试图与“切特尼克”组织建立起一个联合阵线，但很快就发现这只能是一种不可靠的盟友关系。米哈伊洛维奇是一个狂热的保皇主义分子，一直致力于南斯拉夫国王的复辟，而铁托则希望在赶走德国人后建立一个社会主义国家。最初，“切特尼克”组织占据了比较有利的条件，英国向其派出了联络官，支持他们的抵抗行动。英国联络官赶在铁托和米哈伊洛维奇第二次会面之前抵达了南斯拉夫，却被排斥在会谈之外，“切特尼克”组织只是简单地向他通报了游击队的情况。双方的会谈很快破裂。“切特尼克”组织认为游击队是自己的首要敌人，甚至排在德国人之前。于是，“切特尼克”组织开始与德国和意大利占领当局合作，试图摧毁铁托领导的抵抗运动。

德军的围剿行动

由于南斯拉夫地形和地貌情况非常独特，德国和意大利占领军控制整个南斯拉夫极为困难。游击队利用这一有利条件控制了大片国土，并将这些地区作为解放区，建立起自己的行政机构。为了彻底消灭游击队，从1941年9月份一直到12月份，德军先后在塞尔维亚发动了多起进攻。游击队被迫从大部分控制区撤离，退至波斯尼亚地区由游击队控制的弗加镇。1942年1月15日，德国占领军发动了第二轮攻势，在整个南斯拉夫全境向前推进。5月10日，铁托的部队被迫撤出了弗加镇，退到科扎拉山附近的高地。德军发现根本无法攻占该地

下图：德军伞兵对位于德瓦尔的铁托指挥部进行突袭，但由于铁托成功脱逃，他们活捉或杀害铁托的阴谋未能得逞。经过几天的艰苦战斗，参加突袭的大部分德军伞兵非死即伤，而这种牺牲换来的战果却是微不足道的。

在对铁托游击队的一次突袭行动中，德军士兵俘虏了一群游击队员。尽管德军投入了大量的人力和物力试图消灭游击队，但从未实现这一目标，游击队依然控制着大片的南斯拉夫国土。

区，就暂时放缓了攻势。1941年4月，德军发动了第三次围剿行动，迫使铁托的游击队从波斯尼亚东部退到克罗地亚邻近地区。1942年6月24日，游击队开始撤退，到行动结束，共后撤约150英里。与一般的军事撤退行动不同的是，游击队在撤退期间取得了重大胜利，途中占领了亚伊采和比哈奇两座城镇。占领重镇比哈奇后，游击队控制了大片的解放区，铁托借机召开了一次政治会议——南斯拉夫民族解放反法西斯大会。大会进行了选举，发表了指导抵抗运动未来方向的宣言。会议的召开提高了游击队的士气，并引起了西方世界的关注。

从1941年年中接待盟军联络官开始，直至1942年年中，“切特尼克”组织一直受到英国和美国政府的全力支持。通过对盟国联络小组无线电通信的严密控制，“切特尼克”组织不让伦敦方面获悉任何有关游击队的信息。当时，西方盟国，包括苏联政府早已经承认流亡的君主制政府有权重返南斯拉夫，米哈伊洛维奇也是该流亡政府的内阁成员之一。盟国很难取消对“切特尼克”组织的援助，进而直接影响到向铁托提供援助的规模和效果。但是，从1942年年底开始，伦敦方面开始获得大量的信息，更加全面地了解了游击队所取得的重要战果。显然，“切特尼克”组织与德国和意大利在许多领域进行了勾结，但在组织抵抗的问题上却毫无作为。1942年年底，盟国意识到，必须要对这些因素重新进行考虑和取舍。当时，盟国正在策划西西里岛登陆计划，包括很可能实施的进攻意大利本土的计划。随着游击队抵抗运动的不断深入，轴心国部队必将被牵制在南斯拉夫战场，从而无法从南斯拉夫抽调部队增援其他战场，盟国将是这一局面的最大受益者。然而，虽然游击队是南斯拉夫的主要抵抗力量，但是直到1943年1月德军再次发动攻击之前，盟国方面仍在讨论是否应当以及如何向游击队提供支援的问题。当时，德军之所以再次发起攻击，主要由于希特勒认为，游击队对德军交通线和补给线的不断破坏和袭扰活动，将促使盟军对巴尔干半岛发动攻击，因此必须制止这种行动。为了围剿铁托游击队，德军动员了5个师共15万兵力，意大利军队出动了3个师，另有1.8万“切特尼克”分子和效忠克罗地亚傀儡政府的部队。德军和克罗地亚部队从北部和东部发动攻击，意大利军队从西部和南部发动攻击。铁托下令向波斯尼亚东部地区退却，准备向黑山地区的山地转移。要想实现这一意图，游击队必须穿越敌占区并渡过内雷特瓦河，途中还将受到1.2万“切特尼克”部队的阻击。

果然，游击队抵达内雷特瓦河岸时，遇到了“切特尼克”和意大利部队的阻击，双方之间爆发了激战。游击队重创了意大利占领军；“切特尼克”部队经过此役后也溃不成军，再也无法重组起一支主力部队。铁托领导的游击队成功渡过内雷特瓦河，向黑山地区进军，并继续在沿途消灭残余的意大利和“切特尼克”部队。

铁托

约瑟普·布罗兹生于1892年。早在德国入侵南斯拉夫以前，他就已经是一位知名的共产主义活动家，并且在长期活动中逐渐拥有了一个传奇的名字——铁托。他准确地预见到了抗击德军、夺取胜利的斗争必将长期而又艰苦，对于南斯拉夫人民的抵抗斗争产生了不可估量的深远影响。

铁托在游击队运动中建立了政治组织，于1942年组织召开了全民代表大会，证明德军并没有完全控制南斯拉夫。最初，西方盟国支持“切特尼克”组织抵抗德军，但从1944年开始转而支持抵抗意志更坚决的铁托游击队。

随着欧洲战局朝着越来越不利于德军的方向发展，铁托游击队取得了越来越多的胜利。1944年10月20日，在苏军的支持下，游击队解放了贝尔格莱德。第二次世界大战结束后，铁托出任南斯拉夫总统，但他在斯大林的面前保持着极大的独立性，拒绝将南斯拉夫变成苏联纯粹的卫星国。1980年，铁托去世，南斯拉夫随即发生分裂。许多人认为，完全依赖于铁托的卓越的领导才能，才使整个南斯拉夫国家凝聚在一起。

进攻的战果令德军备感失望，他们将失败的原因归咎于意大利和“切特尼克”武装。德军拟定了进攻计划，在1943年5月第3周，德国人发动了第5次进攻。在此之前，盟军联络官抵达了南斯拉夫游击队，并及时得到了有关游击队战斗力的第一手情况。参与进攻的部队包括德军、意军1个师，一些保加利亚军队和“切特尼克”武装，总兵力达12万以上，企图将铁托部队包围在门德内哥罗的山地。铁托决定实施突围行动，由游击队第3师阻击德军，第1、2、7游击师突破敌军的包围。由于德军成功判断出了铁托游击队的突围方向，战斗进行得异常惨烈，但德军最终未能阻止游击队的突围。7月中旬，游击队成功粉碎了德军的企图。但是，游击队也在反围剿行动中牺牲了8000人。

命运的转折

8000名战士的牺牲使得铁托遭到沉重打击，但是，这也使得盟军联络官确信南斯拉夫游击队是一个可靠并值得支持的组织。于是在1943年9月，英国向铁托游击队总部派出由菲茨罗伊·麦克利什准将率领的一个全权军事使团。对于游击队来说，9月份简直就是一个幸运月。当英国军事使团抵达时，也传来了意大利投降的消息。德军虽然仍旧占据着意大利北部地区，但意大利的

右图：在整个1944年，随着苏军在整个东线战场的全面推进，他们很自然地将注意力转向了巴尔干地区，打算对付德国在该地区的盟友罗马尼亚、保加利亚和匈牙利。保加利亚和罗马尼亚并不希望与苏联发生战争，于是迅速宣布与希特勒德国脱离关系并转换了阵营。但这并不能阻止苏联进攻这两个国家，消灭当地的仆从国政权。匈牙利战场则有些棘手，特别是夺取布达佩斯的战斗。

投降对于南斯拉夫产生了深远影响。南斯拉夫游击队利用这个机会包围了10个意大利师，解除了他们的武装。一些意大利部队表示愿意和游击队并肩作战，最终建立了3个意大利游击队师。

游击队解放了意军控制的大片南斯拉夫国土，不断袭扰手忙脚乱的德军部队。当时，德军一直忙于填补因为意大利投降所形成的真空。游击队充分利用这一有利形势，很快将部队发展到了8万多人。

此外，随着英国援助的到来，游击队及时得到了医疗设备和其他装备的补给。同时，伤员们也有可能被撤运到北非或其他的盟国控制区，游击队再也不必携带着大批伤员转战乡间，解决了游击队主要的后勤负担。

最后的进攻行动

1943年年底，铁托游击队总兵力已经达到了30万，控制了南斯拉夫近三分之二的国土。鉴于这种情况，希特勒再次决定铲除游击队的威胁，但德军第6次进攻的准备工作十分困难。于是，德军放弃了对游击队主力发动一次大规模进攻以消灭游击队的策略，而采取从不同地区发动进攻，利用绝对的兵力优势对各路游击队实施各个击破。德军的进攻取得了一些成效，但是，到1944年1月中旬，整个攻势逐渐停滞下来。当时，第二次世界大战已经进入一个关键时期：苏军已经从整个东线全线出击，向前大力推进；在意大利战场上，盟军已经在安齐奥海滩登陆；在罗马尼亚，德军的防线即将面临重大威胁。鉴于上述种种情况，希特勒决定发动最后一击，彻底消灭南斯拉夫游击队。

1944年4月，德军按计划发起第7次进攻，战斗在几个地区同时打响。在所有的战斗行动中，德军伞兵对位于波斯尼亚德瓦尔的铁托指挥部的突袭最引人注目。5月25日清晨，就在德军空降部队实施滑翔机突袭前，铁托的指挥部遭到了德军飞机的轰炸。德军滑翔机部队着陆后建立起了坚固的防守阵地，随后得到大批伞兵的增援。铁托的护卫队顶住了德军的进攻，同时在其他部队的增援下，掩护铁托同志成功转移。随后两天，整个城镇爆发了激烈的战斗，德军仍在试图抓获早已逃脱的铁托。当德国陆军部队赶到德瓦尔时，他们发现投入战斗的空降部队仅仅剩下大约六分之一的人员。此时，铁托已经从南斯拉夫飞往意大利，在维斯岛建立起了一个新的指挥部。尽管德军在突袭行动中获得了可以用来进行宣传的资本，在事后展示了所缴获的文件、制服及装备，但这根本无法掩饰其计划完全失败的事实。

这时的希特勒已经将注意力转向了法国，因为就在德军消灭或俘获铁托的计划流产后不久，盟国发动了诺曼底登陆战役。就在西线压力不断增大的同时，东线的苏军也显露出向罗马尼亚进军的迹象。

罗马尼亚

1944年8月初以来，在东线战场北部和中部地段，苏军的进攻十分顺利。在考虑到不需要抽调部队支援其他方向的进攻后，苏军立即开始拟定进攻罗马尼亚的计划。按照计划，乌克兰第2方面军将向德军和罗马尼亚部队防守的雅西西北部防线发起攻击。取得突破后，后续部队负责横渡德军第6集团军（该部队是第6集团军在斯大林格勒会战中被消灭后重新组建的）身后的普鲁特河。乌克兰第3方面军向宾杰里发起进攻，突破敌军防线后与乌克兰第2方面军会合，合围位于基什尼奥夫地区的所有德军。与此同时，苏军其他部队将向布加勒斯特和产油区普洛耶什蒂进军。

1944年8月20日，苏军向罗马尼亚发起了进攻。宾杰里方向的进攻遭到德军两个师的阻击，而北部地段的进攻仅遭遇罗马尼亚部队的抵抗。许多罗马尼亚部队并不真心支持德军，许多部队在撤退或投降之前仅仅进行了一些象征性的抵抗。尽管如此，德军最初认为苏军的威胁并不严重，计划撤往雅西南部的一座山脊进行抵抗，他们已经在那里建立起一道防线（图拉真防线）。然而，事实很快证明，苏军的进攻势头比预期的要顺利得多，苏军装甲部队未遭遇任何抵抗就占领了雅西城后面的高地。这种情况打乱了德军的计划，德军指挥官汉斯·弗里斯纳被迫命令部队向普鲁特河方向撤退。次日清晨，乌克兰第3方面军突破了宾杰里阵地，德军立刻面临被合围的危险。

随着苏军不断向前推进，罗马尼亚战线即将全线崩溃，这种局面引发了布加勒斯特的政治危机。罗马尼亚国王卡罗尔二世利用这一机会宣布解散政府，发表了一项愿意同盟国协商停战的声明。德国随即向罗马尼亚首都布加勒斯特派出了6000人的纳粹党卫军部队，但他们很快发现，罗马尼亚人非常乐意调转枪口对准他们名义上的盟友——德国，准备进行积极抵抗。

汉斯·弗里斯纳将军经过研究后认为，罗马尼亚的形势令人沮丧，保持德军在罗马尼亚地位的唯一途径就是废除其国王。于是，他立即下令暗杀卡罗尔二世。8月28日，德军俯冲轰炸机轰炸了罗马尼亚王宫，但未能完成暗杀国王的任务，许多罗马尼亚平民在轰炸中伤亡。然而，德军暗杀罗马尼亚国王的企图，加之轰炸所造成的平民伤亡，只能激起罗马尼亚人对前盟友的反抗。8月29日，罗马尼亚向德国宣战。

弗里斯纳将军现在不得不面对这一灾难性结局，他下令手下所有部队撤往匈牙利，同时在撤退途中封锁喀尔巴阡山脉和以特兰西瓦尼亚阿尔卑斯山口。但是，实

际情况远比想象的复杂得多，德国第6集团军已经在普鲁特河东岸陷入了两个包围圈之中，根本无法撤退。此外，一些德军准备撤入保加利亚境内，这种局面引起了保加利亚政府的不安。当时，虽然保加利亚是德国的盟国，但并没有对苏联宣战。因此，保加利亚政府担心德军使用本国领土，可能促使莫斯科方面认为这是一种敌对行为。于是，撤退的德军刚一进入保加利亚境内，立即被保加利亚军队解除武装，随后被送进了俘虏收容所。就在保加利亚努力削弱与德国的关系的同时，苏军正在忙于继续向前推进。8月30日，苏军攻克普罗耶什蒂，次日攻占了罗马尼亚首都布加勒斯特。

苏军进入罗马尼亚领土的同时，近卫第4坦克集团军群受命消灭企图突围的德国第6集团军的残部。苏军占据了空中优势，可以调用大量飞机阻止德军车队实施机动。8月26日，德军第6集团军群终于突破苏军阵地，打开了一条通向普鲁特河的通道。这是德军唯一可能的逃生之路。当成千上万的德军涌

左图：1944年8月31日，苏军部队搭乘着T-34型坦克进入布加勒斯特。罗马尼亚民众已经厌倦了与德国的盟友关系，纳粹分子暗杀罗马尼亚国王以防其投降的企图，使得两国关系进一步疏远。然而，罗马尼亚民众对于苏军的到来同样顾虑重重。从照片中可以很清楚地看出这种复杂的心态，他们并没有对苏军表现出非常热烈的欢迎。

向相对安全的河边，试图撤向河对岸时，发现苏军已经调集了大批的火炮和坦克在此等候。

结果是可以预料的，苏军的重炮轰炸给德军造成了大量伤亡，幸存的德军被迫跳入普鲁特河拼命向对岸游去。不幸的是，德军很快发现自己认为的河岸实际上只是河道中间的一座小岛。一些德军试图从小岛上继续游向西岸，但发现苏联近卫第4坦克集团军群已经在河对岸守候。为了让残存的德军投降，苏军派出几名使者进行协商。但是，由于德军指挥体系已经被打乱，苏军最终并未获答复。最后，苏军向小岛上发射了大量炮火，迫使德军从岛上再次跳入河中。几千名德军士兵死亡，残存的德军大部分成为了俘虏。炮击结束时，德军第6集团军群已经全军覆没。就这样，在9月初的战斗中，该集团军群的27.5万官兵，阵亡12.5万人，其余15万人被俘。

那种认为通过“柔性攻势”可以使巴尔干地区避免落入共产主义者手中的想法非常可笑。事实上，丘吉尔本人已经为铁托的成功扫清了道路……早在意大利战败之前，铁托就已在英国人的帮助下在南斯拉夫打下了坚实的基础。

——艾伯特·魏德迈将军

保加利亚

在夺取了罗马尼亚的交通线后，苏军将注意力转向了保加利亚。尽管保加利亚尽了最大的努力避免同苏联发生战争，但事实证明这个想法是行不通的。无论保加利亚政府如何解释，都无法使苏联信服，双方之间的谈判最终破裂。苏联宣布保加利亚有可能成为撤退德军的避难所之一，而这是一件无法容忍的事情，于是在1944年9月5日对保加利亚宣战。

1944年9月8日，乌克兰第3方面军越过保加利亚边界，促使保加利亚政府不得不采取新的立场。第二天，保加利亚政府宣布与德国进入战争状态，同时将与苏联并肩作战。这是军事史上最迅捷的背叛行动之一。罗马尼亚和保加利亚的投降，为苏军提供了一条从匈牙利边境至爱琴海的长达425英里的战线。

如今，德军被迫进行重组，来应对来自这条漫长战线的威胁。显而易见，从希腊境内撤军是解决这个问题的办法之一，也是唯一的补救办法。令人费解的是，盟军帮助铁托游击队进军塞尔维亚，然后与苏军会合的计划未能实现。为了破坏德军从希腊和南斯拉夫南部撤退的道路，盟国空军对交通线实施了轰炸。但是，轰炸同样也阻滞了游击队的行动。由于游击队未能取得预期的

右图：1944年中期至年底，不断推进的苏军将德军从其盘踞的巴尔干大部分地区赶了出去。1944年8月31日，苏军解放南斯拉夫首都贝尔格莱德，但是与盘踞在南境内的德军残部的战斗一直持续到战争结束。同时，随着苏军对布达佩斯的合围，进攻匈牙利的行动也达到了高潮。经过几个星期的艰苦奋战，苏军最终占领了布达佩斯。

进展，引发了一些混乱。希特勒和德国将军们最终认识到，盟军空袭是为了牵制德军在希腊的部队，以防止他们重新部署到其他地方。

匈牙利

罗马尼亚接连发生的事件引起了匈牙利对于自己国家未来命运的关注。第二次世界大战之前，罗马尼亚和保加利亚是匈牙利的最主要对手，《凡尔赛条约》使它们之间存在几处领土纠纷，双边关系一直非常紧张。1944年9月5日，面对苏联的威胁，匈牙利军队冒险向罗马尼亚发动了进攻。苏军随即作出反应，向匈牙利方向投入大批军队。这种情况引起了布达佩斯当局的恐慌。9月7日，匈牙利政府发表声明：除非德国派遣5个装甲师保护匈牙利，否则匈牙利将被迫从本国利益出发行事。这一说法表明，如果德国不采取救援行动，匈牙利将采取和罗马尼亚、保加利亚相同的举措。然而，希特勒更加关心的是，如果德军进一步后撤，匈牙利方面将不再相信德国人的承诺，因此下令德军停止后撤。这一决定使德军陷入了十分不利的境地。但是，由于当时苏军向匈牙利边界推进的步伐十分缓慢（由于前几周的全速前进，载重卡车和装甲车辆均不同程度地出现了机械故障），德军在撤退问题上的迟疑不决所导致的问题没有立即暴露出来。

对页图：保加利亚军队正在构筑防御工事，耐心地等待苏军的到来。图中这挺老式的MG05型机枪是第一次世界大战期间装备奥匈帝国军队的武器，虽然它在1944年略显陈旧，但依然保持着良好的耐用性和可靠性，是一种非常实用的战斗武器。

正在向前推进的乌克兰第2方面军接到苏联最高统帅部的命令，要求其兵分三路对德军发起攻击：第一个目标是攻克布达佩斯，第二个目标是夺取德布勒森和米什科尔茨，第三个目标同样是德布勒森。然而，这项计划过于宏大，苏军部队面临着巨大的补给困难（罗马尼亚铁路的轨距与苏联的完全不同，苏军不得不大量依靠载重卡车运送补给）。10月6日，苏军按计划打响了第二个方向的进攻，近卫坦克第6集团军群从奥拉迪亚向德布勒森进军。苏军的进攻很快受到了德军的阻击，紧接着，德军也发起了反攻。双方之间爆发了一场大规模的坦克会战，苏军3个军被德军分割包围和消灭。德军尽管取得了巨大胜利，但仅仅是延缓了苏联取得最终胜利的时间，其意义并不显著。

德布勒森反击战开始的当天（10月10日），另一支苏军已经推进到距离贝尔格莱德10英里的地方。德军显然无法固守阵地，于是决定从南斯拉夫首都撤出。与此同时，德军也认识到继续驻守在希腊的做法十分愚蠢，于是也开始从希腊境内撤离。

ТЬ на ФАШИЗМА
ЖИВѢЕ ВОЖДЪТЪ НА ЧЕРВЕНАТА АРМИЯ
МАРШАЛЪ СТАЛИНЪ!
РУСК

希腊

三年以来，德军在希腊一直受到当地抵抗组织的袭扰。希腊抵抗运动由共产党和保皇党两大阵营组成，每个阵营又分为若干团体和派系。希腊抵抗组织的情况非常复杂，几乎每个团体之间都互不信任，在每个团体内部共产党成员和保皇党成员也互不信任。当时，共产党和保皇派这两大阵营之间完全对立，但是出于对德国占领军的共同仇恨，这种对立没有演变成公开的敌意，因此在德军占领军撤离之前未发生内战。但是，当德军撤离希腊后，情况立即发生了变化，保皇党和共产党之间很快爆发了战争。

为了帮助流亡的君主政府重返希腊，1944年10月12日，英军登陆希腊本土。很快，英国人发现希腊已经陷入了苦涩的内战。1944年11月4日，希腊全境得到了解放，但此后几年，内战却在持续进行，共产党和保皇党都试图在内战中占据上风，直到1948年保皇党取得最终胜利。

左图：在保加利亚首都索非亚的解放集会上，保加利亚人民热烈欢迎苏军的到来。在战争后期，保加利亚对其德国盟友的不满情绪不断增加。尽管保加利亚没有和苏联处于战争状态，但这并未阻止苏联对保加利亚宣战。1944年9月，保加利亚迅速作出了政治抉择，背弃了德国盟友并在几天之内向德国宣战。

布达佩斯和维也纳

随着苏联进攻匈牙利的危险不断增加，布达佩斯政府日益惶恐不安，他们要求德国至少派出5个装甲师帮助匈牙利保卫国土。除了提供部队支援外，希特勒极力鼓励匈牙利领导人霍尔蒂海军上将，允诺匈牙利将获得它所要求的部分罗马尼亚领土。出于反对罗马尼亚的强烈民族主义情绪，匈牙利人大多对此表示欢迎。然而，霍尔蒂对此并不相信，非常怀疑希特勒是否有能力扭转德军所面临的灾难性局面。1944年10月6日，就在苏军发起进攻之前，霍尔蒂与苏联进行了秘密谈判。尽管进攻德布勒森的战斗遭受严重挫折，苏军进军布达佩斯却比较容易。3天内，苏军抵达距离布达佩斯70英里的地区，这种情况导致匈牙利首都陷入混乱。

希特勒认为霍尔蒂海军上将缺乏对付苏联人的决心，决定更换布达佩斯的政府领导人。为了强化匈牙利领导人的抵抗决心，奥托·斯科尔兹内率领一支党卫军突击队绑架了霍尔蒂的儿子。随即，霍尔蒂宣布辞职。10月16日，亲纳粹的费伦科·萨拉希接管了政权。尽管德军成功地阻滞了苏军的进军速度，但这仅仅表明德军尚未被击败，战局仍无法出现本质的逆转。苏军很快向前继续挺进，截至10月底，距离布达佩斯只有50英里。

马利诺夫斯基将军请求给予乌克兰第2方面军5天时间，以便做好进攻布达佩斯的准备。但是，斯大林却命令他立即发起进攻。进攻进展缓慢，不久后，乌克兰第3方面军也投入了战斗。1944年圣诞节，布达佩斯这座姊妹城被团团包围，乌克兰第2和第3方面军的战线也连接起来。

苏军首先向佩斯城发起了进攻，但是这座城市的布局——庞大的城区、易于固守的工厂和街区——使得坦克部队无法展开，担负进攻任务的苏军部队遇到了极大困难。考虑到进入街区作战将付出巨大的伤亡，苏军采取了比较野蛮的进攻方式：在抵近一座建筑物之前，首先用火炮和坦克将防守者赶出阵地。在整个战斗中，短兵相接的场面随处可见。1945年1月12日，苏联部队攻占了城内的跑马场。此前，德国守军一直使用这座跑马场作为空投补给地，跑马场的失守表明德国守军无法再支撑下去。1月18日，德国守军向苏军投降。在攻克布达城的过程中，苏军也遇到了同样的困难。在布达城，街区的两侧是狭窄的山崖，对于任何进攻者都是极大的挑战。1月20日，苏军开始进攻布达城。防守该城的匈

右图：一名英军士兵正在对一名德军战俘进行搜身，在旁边观看的是一个阿尔巴尼亚农民。虽然英军占领阿尔巴尼亚的行动十分顺利，但占领希腊却面临着很大的挑战，主要阻力来自希腊内部各派系的争斗，而非德军部队。当时，大部分德军已经在英军登陆前撤出希腊。

左图：1944年10月6日，苏军开始进攻布达佩斯，于12月24日包围了布达和佩斯这两座姊妹城。佩斯城的布局易守难攻，直到1945年1月12日，苏军才将德军赶出了佩斯城。攻克布达城的战斗同样非常艰难，直到2月13日德军投降之前，苏军不得不与德军展开逐条街道、逐幢房屋的激烈争夺。苏军随即挥师向维也纳挺进，经过一个星期的浴血奋战，于4月13日攻占了这座城市。

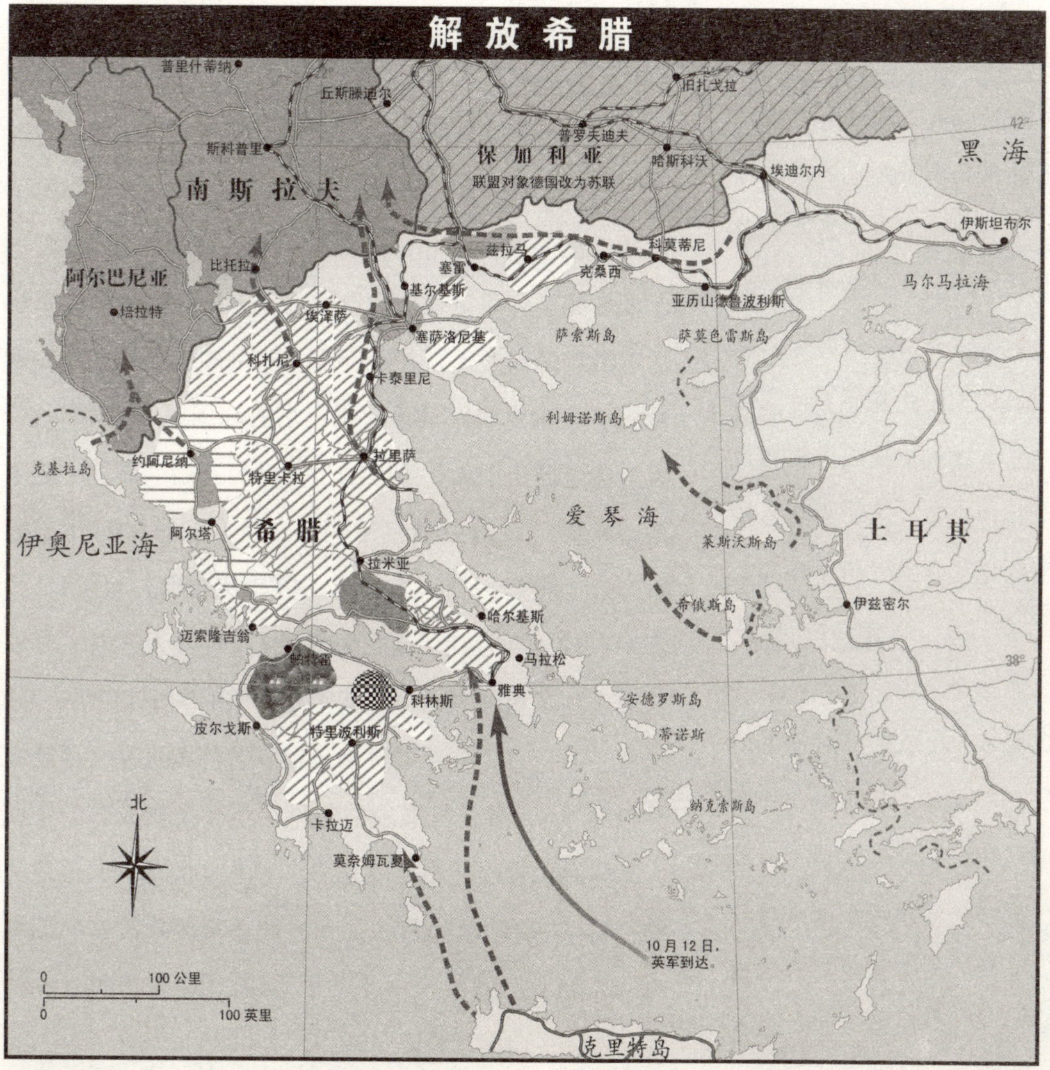

解放希腊

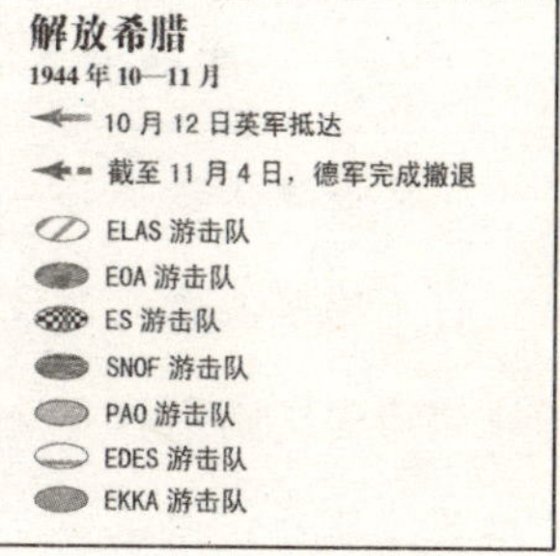

左图：德军撤离希腊的决定，为盟军解放希腊提供了极大的便利。很显然，德军之所以决定撤离，是由于担心苏军解放南斯拉夫后，部署在希腊的德军的退路完全被切断。1944年10月12日，英军在希腊登陆后，立即开始追击撤离的德军，直到进入阿尔巴尼亚境内。随着德军的撤离，希腊的保皇派和共产党都谋求建立自己的政权，很快陷入了长达4年的内战。

牙利部队不是被击溃，就是缴械投降。但是，参加匈牙利“箭十字”青年运动的成百上千名狂热的青年人自发组织起来，抗击苏军进攻部队。在交战中，这些青年人利用熟悉地形的优势从侧翼包围苏军，展开狙击战或者小规模的进攻行动，迫使苏军不得不采取另一种进攻方式：苏军用自行突击炮开路，击毁了前进道路上的所有建筑物。2月12日，形势的进展已经非常明朗了，任何抵抗都已经毫无意义。此时，大约1.6万名德军企图突

德拉卡·米哈伊洛维奇将军

米哈伊洛维奇是一位前南斯拉夫王国陆军军官，1941年德军入侵南斯拉夫之前任南斯拉夫总参谋部作战局局长。南斯拉夫沦陷后，米哈伊洛维奇离开贝尔格莱德前往塞尔维亚，在当地组建起了一个叫做“切特尼克”的小型抵抗组织，英国方面立即对其予以承认。随后，该组织得到了苏联和美国政府的支持。然而，“切特尼克”组织不久就表现出了强烈的反共产主义而非反纳粹主义的倾向。1941年，这种分歧直接导致了铁托游击队和“切特尼克”组织之间合作的瓦解。

由于游击队在两个组织的斗争中占据了上风，米哈伊洛维奇决定改变自己的战略。他放弃了对德军的斗争，希望能够借此消灭铁托及其游击队组织，不久“切特尼克”组织开始奉行与纳粹合作的政策。通过精心控制发往伦敦的消息，米哈伊洛维奇设法将这种事实隐瞒了很长一段时间。最终，当盟国发现他的通敌行动之后，立即转而支持铁托领导的游击队。在丧失外援之后，米哈伊洛维奇当即失去了进行军事行动的能力。同时，由于种种背信弃义的行为，他失去了在战后南斯拉夫政府的位置。1946年，米哈伊洛维奇以叛国罪被处死。

围，次日被围困在利普托米兹山谷，2月14日被歼灭。至此，布达城落入苏军之手。随着德军有组织抵抗的失败，1945年2月13日10时，残余的抵抗者宣告投降。

3月23日，德军在巴拉顿湖西部地区构筑了阵地。但是，他们遇到了非常严重的困难。乌克兰第3方面军已经占领了包科尼森林旁边的重要的公路枢纽。德军将被迫沿着湖岸撤退，并且面临着随时被包围的危险。赫尔曼·巴尔克将军（再次重组后的德国第6集团军司令官）清楚地认识到，部队的士气已经开始崩溃，于是决定尽快撤退以避免被包围。巴尔克向柏林如实作了汇报，这个报告虽然令人震惊，但非常准确。3月24日，苏军在匈牙利发动了最后阶段的行动。4天之内，苏军就推进到了奥地利边境，德军指挥下的匈牙利部队开始溃散。4月7日，苏军推进到奥地利首都维也纳。尽管战斗持续了6天多，但维也纳的战斗不存在变成另一个斯大林格勒或者布达佩斯的危险。德军在奥地利其他地区的抵抗一直持续到5月初。大多数德军部队没有向苏军投降，随着巴顿将军指挥美军第3集团军进入奥地利，他们选择了向美军投降。

最后行动

巴尔干地区最后一次大规模作战行动发生在南斯

拉夫。1944年10月11日，苏军进入南斯拉夫。苏军的到来加速了贝尔格莱德城内德国守军的瓦解。随着苏军和游击队的逼近，德军进行了战斗撤退。毫无疑问，继续滞留在城内将面临被消灭的命运。1944年年底，塞尔维亚、黑山、马其顿和波斯尼亚大部先后获得解放，德军在南斯拉夫开始全面溃退。1945年3月7日，南斯拉夫发生了引人注目的变化，铁托组建了临时政府，成员包括一些流亡政府的内阁成员（铁托在很短时间内更换了他们）。巴尔干地区的最后日子终于来临。1945年5月8日，当萨格勒布获得解放之际，德军签署了全面投降协议。一些被分割包围的德军仍然坚持战斗了一周左右，但很快被消灭。巴尔干的战事全面结束。

右图：一群南斯拉夫游击队员围在几名“切特尼克”分子的尸体周围，流露出深恶痛绝的神情。作为南斯拉夫的一个抵抗组织，“切特尼克”不仅背弃了谋求南斯拉夫解放的职责，甚至企图和德军联手来消灭游击队，因此遭到南斯拉夫人民和游击队的唾弃。

第5 章

大西洋海战

1942年年底开始，大西洋海战的重点发生了转移，盟军开始倾注全部力量对付德国U型潜艇，而水面交战寥寥无几。大西洋海面下的战斗对于战争的结局具有至关重要的影响，如今，有关一些护航作战的朴实无华的文字和数字描写以及一些人们耳熟能详的战役名称已经成为第三帝国走向灭亡的历史见证。

1942年12月19日，由45艘舰船组成的ONS154护航运输队在英国皇家C1护航大队的护送下起航。护航大队在出发以前没有经过训练，因此经验不足。除此之外，为了避开北大西洋地区恶劣的天气，护航运输队被迫选择了一条直接穿越两个U型潜艇大队“虎口”的航线，随时可能面临20艘U型潜艇的攻击。12月26日，U-154号潜艇首先发现了ONS154护航运输队的踪迹。当夜，U-356号潜艇发起了首轮攻击，先后两次穿过护航运输队，击沉4艘船只。护航运输队击沉了U-356号潜艇，但这是它们唯一的收获。第二天，U-225号潜艇击沉了一艘油船。12月28日，13艘U型潜艇组成的“狼群”围攻了护航运输队。后来，至少又有5艘潜艇加入进来，在短短两个小时内，护航运输队有9艘船只命丧海底。12月31日，当英国皇家海军“荣誉”号驱逐舰到达时，情况开始有所好转。但是，很明显，德国人已经取得了这场战斗的胜利，他们以1艘U型潜艇的代价击沉了对方14艘船只。

对页图：一艘英国皇家海军驱逐舰对一个被怀疑是德国U型潜艇的目标发射了一枚深水炸弹，舰员们正在观看炸弹爆炸的场景。居于照片显著位置的那位向前弯腰的船员正在准备装弹。

当ONS154护航运输队之战到达高潮时，TM1护航运输队从特立尼达出发，驶往直布罗陀。TM1护航运输队由9艘油船组成，护航力量相当薄弱，仅有4艘护航舰船。英国军情部门设在布莱奇利公园的无线电侦察台发现，一个由6艘潜艇组成的“狼群”正在亚速尔群岛和马德拉群岛之间的海域游弋，正在虎视眈眈地等待着

TM1护航运输队的到来。1943年1月3日，U－154号潜艇首先发现了目标的踪迹。

当天夜里，U－125号潜艇向TM1护航运输队发起了进攻，重创英国“警戒”号油轮。U－125号潜艇在成功逃离时，与TM1护航运输队失去了信号接触。但是，邓尼茨海军元帅授意，绝不允许这支护航运输队逃脱“狼群”的手心。另一支U型潜艇大队部署在TM1护航运输队上一次通过的航线上，倘若目标再次沿同样航线前进时，就可以乘机进行突袭。事情果然不出所料，TM1护航运输队选择了与上次相同的航线。1月8日，U－381号潜艇发现护航运输队，很快就有4艘潜艇加入了战斗。当晚，U－436号潜艇在击沉了2艘油船之后被护航运输队击毁；U－552号潜艇击毁了2艘船只，U－442号潜艇也击沉了护航运输队的另一艘船只。在随后的3天里，“狼群”成功击沉了70%的护航运输队船只和一艘单独航行误入“狼群”的船只。

卡萨布兰卡会议

1943年1月14日，丘吉尔和罗斯福在卡萨布兰卡会面，在愉快地回顾了“火炬”行动的成功以后，他们又对ONS154护航运输队和TM1护航运输队事件所引发的问题进行了磋商。虽然北非登陆取得了巨大的成功，但是大西洋海战的前景不容乐观，这一点不容置疑。

会议进展十分顺利，双方一致同意增强大西洋方向的力量，这让反英派的美国海军作战部长欧内斯特·金海军上将非常恼火。丘吉尔告诉罗斯福，要想赢得大西洋海战的胜

右图：1942年1月—1943年2月，大西洋上的海战优势在盟军和德军之间不断转换。在这一阶段的初期和末期，U型潜艇取得了不俗的战绩。但是，当盟军使用远程轰炸机填补了纽芬兰岛、格陵兰岛和英国之间的空中缺口以后，德军的优势逐渐消失并一去不返。

大西洋海战
1942年1月—1943年2月

- 1942年8月护航作战控制完全由英国转换至美国区域
- 空中护航覆盖范围
- 截至1942年7月英国护航站
- 主要护航线路
- 被U型潜艇击沉的盟国商船
- 被击沉的U型潜艇
- 同盟国控制区
- 轴心国控制区
- 中立区

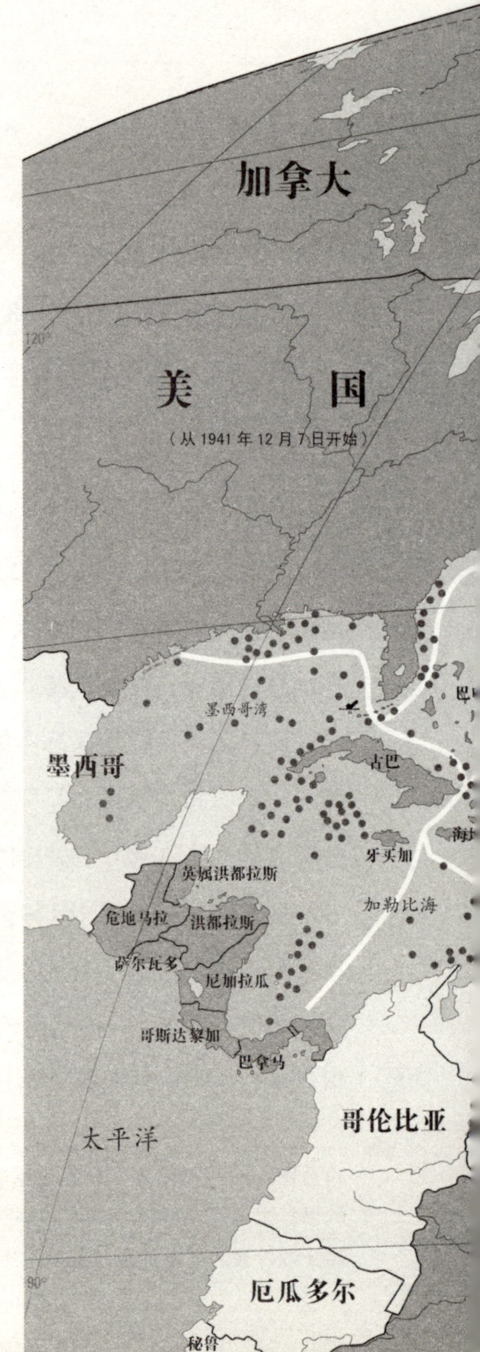

从 1941 年 4 月开始，
成为护航船只的燃料补给基地。
格陵兰岛
（1941 年 4 月以后，受美国保护）
挪威海
冰岛
北极圈
瑞典
挪威
拉布拉多
纽芬兰岛
圣约翰斯
哈里法克斯
北海
丹麦
爱尔兰
英国
荷兰
比利时
德国
法国
瑞士
维希政府
控制区
意大利
纽约
自 6 月份开始，北美至
英国运输船队实施全程护航。
亚速尔群岛
葡萄牙
西班牙
百慕大群岛
直布罗陀
地中海
自 7 月份开始，冈比亚／直布罗陀至
英国的运输船队实施全程护航。
摩洛哥
突尼斯
阿尔及利亚
南
美
中
立
区
大西洋
加那利群岛
西撒哈拉
非洲
法属非洲
佛得角
达喀尔
冈比亚
几内亚比绍
英属圭亚那
荷属圭亚那
法属圭亚那
弗里敦
塞拉利昂
利比里亚
尼日利亚
黄金海岸
圣保罗礁
西

利，他们需要65支护航运输队、12艘护航航空母舰和尽可能多的B-24"解放者"轰炸机（远程反潜飞机）。双方达成了一致意见。接下来，他们需要时间来部署这些作战资源。护航运输队和德国潜艇之间的战斗仍然是战争的焦点。

1943年年初，盟军占据了一定的天气优势，因为大西洋地区的恶劣天气使得U型潜艇很难发现护航运输队的踪迹。因此，在此期间，盟国损失的运输船舶的吨位数减少到了261000吨。此外，尽管TM1护航运输队的损失是一个沉重的打击，但只有一支北大西洋护航运输队——HX222运输队——在此期间遭到了攻击，但只损失了1艘船只。但是，这种缓和状况只持续了很短时间。1月29日，HX224护航运输队被德国人发现，德国海军司令部迅速组织起一支"狼群"，在随后的3天里击沉了3艘船只。在战斗中，来自英国海岸司令部的一架"飞行堡垒"轰炸机击沉了U-265号潜艇。商船上的一名幸存者被U型潜艇救起。他透露说，另外一支船队——SC118护航运输队正沿着同一条航线驶来。根据这一情报，德军组织了一个由20艘潜艇组成的"狼群"，耐心地等待着SC118护航运输队的到来。

> 我们必须集中所有的力量来打赢这场战争，以确保我们的生存，确立我们对海上交通线的控制权，保障船只能够自由进出我们的港口。
>
> ——丘吉尔对大西洋海战的评论

2月4日清晨，"狼群"开始逼近护航运输队。战斗刚一打响，理查德·斯坦纳德海军中校指挥的"维米"号驱逐舰就击沉了U-187号潜艇。中午以前，就有5艘U型潜艇与护航运输队交火。在整个2月5日白天和6日到7日夜间，在盟军空中力量的严密掩护下，U型潜艇的进攻受阻，但是进攻并没有停止。U-402号潜艇在4个小时内就击沉了对方6艘船只。7日白天，盟军又恢复了空袭。来自第220中队的一架"飞行堡垒"轰炸机将U-624号潜艇击沉；"自由法国"军队的"半边莲"号护卫舰也将U-609号潜艇击沉。然而，到了7日夜晚，U-402号潜艇击沉了盟军第7艘船只。2月9日，战斗结束，SC118护航运输队损失了13艘船只；德军损失了3艘U-艇，另外有4艘U型潜艇遭到重创。这是此次战役中最为惨烈的战斗之一。

在强大的护航力量（包括5艘驱逐舰）的保护下，护航运输队在战斗中仍然遭受了如此重大的损失，这让英国海军上将马克斯·霍顿爵士非常忧虑。然而，就在英国人为SC118护航运输队的损失而忧心忡忡时，邓尼茨元帅（1月底被任命为德国海军总司令）对自己潜艇部队所遭受的重创同样坐卧不安。当时，德军虽然占据了上风，但他们并不能随心所欲地活动，同时还对盟军行之有效的护航作战行动非常担忧。

对于盟军而言，当2月21日ON166护航运输队遭到21艘U型潜艇的攻击时，形势变得更加糟糕。德军的首轮进攻并不顺利：U-225号潜艇被击沉；第二天，由于指挥塔的密封舱门出现故障，U-606号潜艇被迫浮出水面，并遭到美国海岸警备队“坎贝尔”号快艇的攻击。潜艇长时间地处于漂浮状态，幸存人员在甲板上一边吃着腊肠、喝着香槟，一边等待救援人员的到来。期间，一名艇员在酒精的壮胆下还将一位不受欢迎的中尉揍了一顿。尽管盟军的护航舰艇作战经验丰富，仍然有14艘船只，也就是整个护航运输队的22.2%的船只在U型潜艇的攻击下葬身海底。但是，正是护航舰艇的奋力苦战，才使得护航运输队免遭全军覆没的厄运。这时，战场局势已经非常明显，战斗的高潮即将来临。

战斗高潮

对于盟军而言，当4支护航运输队——SC121、HX228、SC122和HX229 ——接连遭到德国潜艇的攻击时，危机时刻终于到来了。3月6日到7日夜间，U-566号和U-230号潜艇与SC121护航运输队遭遇，双方随即展开交火，一艘商船被击沉。第二天，海面上刮起了10级大风，交战双方的接触暂时中断。后来，德军潜艇又很快恢复了接触。在随后的3天里，又有12艘船只被击沉。

在“狼群”的攻击下，HX228护航运输队损失惨重，被迫奉命向南撤退。但是，德军截获了这道命令，随即派出另一支“狼群”前往阻击。3月10日，HX228

潜艇技术

技术的发展，尤其是反潜战技术的发展，可能是大西洋海战中最具影响的因素。战争初期，英军完全依靠声呐来探测水下的U型潜艇。但是，他们没有意识到，德军更喜欢在夜间浮出水面，偷袭英国的船只；除非别无选择，才从水下发射鱼雷。英军在护航船只上安装反潜雷达后，U型潜艇的水面进攻才有所收敛。与此同时，反潜巡逻机的使用也迫使德军潜艇不得不长时间潜伏水下，以免遭到深水炸弹的袭击。

为了解决这个问题，德国在延长潜艇水下续航时间方面做了大量的试验，最终为潜艇发明了通气管。通气管的使用使处于潜航状态下的潜艇能够获得发动机正常运转所需要的空气，极大地延长了水下续航时间。但是，德军对此并不满足，开始研制不需要通气管的封闭循环式发动机。然而，直到战争结束，这种发动机也未能完全交付使用。

护航运输队被U－336号潜艇发现。与SC121护航运输队不同的是，HX228的护航力量异常强大，其中包括4艘驱逐舰、5艘快艇和美国海军TU24.4.1航母支援大队（也称第6护航大队）。该航母支援大队包括1艘“博格”级护航航空母舰和2艘驱逐舰。由于天气恶劣，“博格”级航空母舰无法起飞舰载机进行作战，这就意味着在保护护航运输队的安全时，它不能够发挥应有的作用。

盟军首先发现了U－336号潜艇，随即对其进行驱逐，战斗正式打响。随后，U－444号潜艇开始与护航运输队保持接触状态，并对U－222号潜艇进行导航支援，协助其击沉了2艘船只。在短短几小时内，U－336号（再次加入）、U－86号、U－406号和U－757号潜艇相继加入战斗，又

左图：U型潜艇艇员们正在监视头顶上方的仪表盘。U型潜艇内部空间狭窄，环境极差。在赤道地区执行任务时，艇内闷热如同蒸笼；在北极地区执行任务时，又冷如冰窖。

击沉了2艘船只，其中一艘是满载弹药的“布兰特郡”号商船。弹药被引爆后，将商船炸得粉身碎骨，同时也殃及了U－757号潜艇。就在此时，战斗形势发生逆转，护航运输队开始转守为攻，向U型潜艇发起进攻。英国皇家海军“收获者”号驱逐舰发现了浮出水面的U－444号潜艇，立即向其发动进攻。U－444号潜艇旋即下潜，但是在深水炸弹的追击下被迫浮出水面，“收获者”号随后对其进行猛撞。当两船相撞时，潜艇剐到了“收获者”号的龙骨，被螺旋桨绞住。最后，U－444号潜艇虽然得以摆脱，但是只能保持漂浮状态，于是再次遭到法国轻型护卫舰“阿库尼特”号的撞击，最终沉入海底。

上午，“收获者”号受损的螺旋桨无法继续转动。U－432号潜艇发现了这艘“受伤”的舰船，将其击沉。“阿库尼特”号发现了正在下沉的“收获者”号冒出的浓烟，匆忙赶往现场。通过声呐，“阿库尼特”号发现了U－432号潜艇，向其发射了深水炸弹。潜艇被迫浮出水面，结果被撞沉。随着天气的好转，3月12日，“博格”航空母舰已经能够起飞舰载机，U型潜艇再也不敢浮出水面。英国皇家空军海岸司令部的飞机也前来保护护航运输队，这使得U型潜艇的进攻行动更加危险，不得不撤退。战斗随即结束。盟军损失了4艘商船和1艘驱逐舰；德军2艘潜艇被击沉，另外2艘严重毁伤。

海战高潮

SC121和HX228护航运输队之战非常激烈，但是与SC122和HX229护航运输队遭遇的战斗相比，其激烈程度却相形见绌。3月5日，在美国海军1艘驱逐舰、1艘护卫舰、5艘小型护卫舰和1艘武装扫雷艇的护航下，SC122护航运输队驶离纽约港。在B4护航大队的护送下，HX229护航运输队也于3月8日离开纽约。

为了对付SC122护航运输队，德军部署了8艘U型潜艇，后来又增派了一支由18艘潜艇组成的“狼群”。另外11艘U型潜艇奉命攻击HX229护航运输队。克服恶劣天气带来的问题以后，3月16日，由8艘潜艇组成的“狼群”（代号“掠夺者”）在U－653号潜艇的引导下进入战场。但是，它的攻击目标已经不是SC122护航运输队，而是HX229护航运输队。因为SC122护航运输队借助海风的推动，已经将这支“狼群”远远抛在了后面。当天夜间，有3艘船只被击沉。第二天上午，又有5艘船只被炸弹命中，葬身海底。3月17日，由18艘潜艇组成的代号为“攻击者”的“狼群”到达预定战场。此时，SC122护航运输队已经到达该地区，从而为“狼群”提供了大量的攻击目标。这种情况引起了德国海军潜艇司令部的巨大困惑，但是也给潜艇提供了千载难逢的

N°4

良机。U－338号潜艇击沉了SC122护航运输队的4艘船只，后来又击沉了1艘，将战果扩大到5艘。午饭时分，HX229护航运输队又有2艘船只被击沉，似乎已经完全陷入“狼群”的魔爪之中。护航运输队遭受的损失非常严重，但是，英国皇家空军海岸司令部的参战使它们得以绝处逢生。

3月17日，2架从北爱尔兰起飞的“解放者”轰炸机到达SC122护航运输队上空，将U型潜艇压制在水下整整一天。另外1架“解放者”轰炸机飞抵HX229护航运输队上空，不断使用深水炸弹攻击U－221号和U－608号潜艇。深水炸弹用完后，它又使用机关枪和航空炮袭击另一艘不知名的潜艇。HX229护航运输队的2艘船只在空中掩护改变方向后被击沉；SC122护航运输队在当天晚上又损失了2艘船只。但从此以后，这两个护航运输队仅仅损失了3艘船只。强大的空中掩护迫使12艘U型潜艇放弃了进攻。18日下午，英国皇家海军驱逐舰“高地人”号发现了HX229护航运输队。截至19日上午，护航运输队和空中护航飞机都没有发现U型潜艇的踪影。在此之前，护航运输队都已进入西航道。英国海岸司令部的近程轰炸机奉命出动，加入战斗，将跟踪护航运输队的U－384号潜艇击沉。

对页图：几名艇员正在将一枚鱼雷装上U型潜艇。海战初期，随着鱼雷性能的改进，U型潜艇很快成为盟军船只的致命杀手。

护航运输队的到港并没有受到热烈的欢迎，因为人们觉得大西洋上的胜利似乎属于德国人。事实上，为护航运输队提供空中掩护已被证明行之有效，但首先需要有足够多的飞机。

寻求解决办法

尽管远程轰炸机、护航运输队和护航大队都在不遗余力地履行使命，但是，英美之间的海上生命线却似乎难逃被德国“狼群”掐断的命运。在1943年3月份的头20天里，95艘船只被U型潜艇击沉。为了商讨下一步计划，盟国军事领导人准备召开一次会议。但是，上述的重大损失使得此次会议在一个非常不利的大背景下举行：如果不能找到一种解决问题的有效办法，他们就很有可能失去这场战争。

会议一开始就陷入了僵局。美国海军作战部长、海军上将金在会上宣布，他准备从大西洋航线上撤回所有的美国海军部队（丘吉尔后来说，倘若有人开枪将金上将打死，大西洋海战就不会如此复杂。有关撤回兵力的说法可能是促使丘吉尔发表这种言论的原因之一）。解决这一问题的办法是，在大西洋西北海域组建一个加拿大作战司令部，于5月份投入运转。当时，金的观点虽然不受欢迎，但是其重要性不容忽视。海岸司令部作战研究中心的帕特里克·布莱克特教授向会议提供的一项分析报告显示，一支200架超远程（VLR）轰炸机组成的护航兵力可以至少拯救400艘舰船。当时，海岸司令部仅拥有两个“解放者”轰炸机中队，第三个中队正在组建之中。加拿大虽然已经组建了几个中队，但是只有飞行员，却没有作战飞机。与此同时，除了太平洋战区以外，所有美军“解放者”轰炸机都被赋予了轰炸任务。英美双方在卡萨布兰卡会议上达成一致意见，认为应当在大西洋地区部署80架超远程飞机。但是，金却不愿执行这个协定，执意将自己的超远程飞机部署在太平洋地区。面对这种情况，罗斯福极为恼火，对金大加训斥，随后下达命令，将60架美国海军“解放者”飞机部署到北大西洋地区，执行空中护航任务。同时还部署了75架美国陆军航空队的飞机，执行反潜任务。另外，计划出售给英国皇家空军的飞机也将交货。这样一来，北大西洋地区将拥有120架“解放者”飞机。

“提尔皮茨”号始终让我们感到忧虑，时刻威胁着我们的全局。它神出鬼没，使我们手足无措、惶恐不安。如果能将它摧毁或炸沉，使之退出海战，整个海战的形势将彻底改观……

——丘吉尔对大西洋海战的评论

3月底的最后10天，第一批20架增援飞机陆续到位，大西洋的“空中漏洞”最终得以封堵。在此以前，由于不在盟军飞机的作战范围之内，护航运输队在通过大西洋中部地区时始终面临着巨大的风险。

士气高涨

此时，英国海军部也逐渐明白了护航运输队的失利原因，发现情况并不像当初那样糟糕。随着护航制度的引进，运输船只单独航行的现象减少到了最低限度，U型潜艇的攻击目标大为减少。鉴于这种情况，德国潜艇部队就不得不对护航运输队进行攻击，但这就需要规模更大的“狼群”，只有这样，才能对护航运输队造成重创。

空中掩护是解决这一问题的有效方法。在空中兵力的压制下，U型潜艇不得不保持长时间的潜航状态。同时，它们还面临着盟军深水炸弹的威胁，这使得水下作战更加困难重重。当然，这是当时所有潜艇都面临的问题。英国海军部开始意识到，增加超远程飞机的数量将对护航行动有所帮助。此外，使用护航航空母舰也是一种非常有益的手段。有人认为，德军在SC122和HX229护航运输队之战中取得的巨大胜利，对于盟军是一个不祥的先兆。但经过分析和思考之后发现，这是一种极具

> 我们的潜艇部队并没有因为1943年的挫折而遭到削弱，相反，它变得更强大了。1944年……我们将向英国护航运输队发起更加猛烈的攻击。
>
> ——德国海军元帅卡尔·邓尼茨，1943年12月

误导性的观点。对于盟军而言，现在就下悲观的结论尚且为时过早。虽然德军正在为取得的显著战果而狂喜，但他们的对手只是4支经验不足的护航运输队。

这些观点在1943年4月得到了证实。4月4—7日，由61艘商船组成的HX231护航运输队遭到攻击。护航大队击退了德军的一次协同进攻。U-635号潜艇被一艘护卫舰击沉；英国空军一架“解放者”轰炸机也将U-632号潜艇击沉。在此期间，空中和海上护航力量重创了另外4艘潜艇，迫使其返回基地。德军只击沉了3艘船只，这样的收获很难让他们满意。到了5月份，U型潜艇面临的形势急剧恶化。

ONS5护航运输队

4月29日，ONS5护航队被U型潜艇发现，遭遇到了大西洋海战期间最大的一支“狼群”。这支“狼群”由40艘潜艇组成。当天晚间，1艘舰船被U型潜艇击沉。但是，真正的战斗发生在5月4日，有6艘船只遭到“狼群”的攻击，葬身海底。第二天，加拿大皇家空军的一架“卡塔琳娜”远程轰炸机将U-630号潜艇击沉。当天夜晚，U型潜艇击沉了7艘船只。但是，护航运输队也将对方7艘潜艇击毁。5月5日，英国皇家海军“平克”号护卫舰击沉了U-192号潜艇。紧接着，护航运输队击退了所有德军潜艇的进攻。黄昏过后，又有4艘商船被击沉，但是，护航运输队此时已经开始占据上风。“黄莲花”号小型护卫舰用深水炸弹击中了U-638号潜艇，将其摧毁；“维迪特”号驱逐舰发现了U-125号潜艇，用“刺猬”反潜深水炸弹将其炸得粉碎；U-531号潜艇在遭到“奥里比”号的撞击之后，沉入海底。当时，海面上的雾越来越大，但“皮利坎”号护卫舰设法用舰载雷达发现了U-438号潜艇，同样将其击沉。5月6日上午9点15分，德国U型潜艇司令部下达了停止进攻的命令。虽然盟国有12艘商船被击沉，但是，德国U型潜艇同样遭受了一次致命的打击。在战斗中，没有护航船只被击沉或严重受损。但是，德军却有8艘U型潜艇被击沉，2艘潜艇发生相撞，另外5艘严重受损后仓皇逃回基地。

5月16日，另一支护航运输队HX237顺利到港。期间，该护航运输队仅仅损失了3艘商船，却将U-89号和U-456号潜艇击沉，将U-402号和U-223号潜艇击成重伤。这一次，德国“狼群”损失惨重，却收获甚微。

胜利

SC130是另外一支非常有名的护航运输队。当时，该护航运输队遇到大雾，险些撞到一座冰山上，幸亏“维迪特”号驱逐舰的船员们高度警戒、反应敏捷，适时向护航运输队发出了警告，才避免了灾难的发生。接下来，护航运输队通过无线电探测设备，发现了一支由33艘潜艇组成的“狼群”。3月18日，护航运输队没有发现任何潜艇。但是，第二天晚上，英舰“邓肯”号捕捉到一条无线电信号，及时发现了一艘处于潜航状态的U型潜艇。破晓时分，英国皇家空军的“解放者”飞机到达，向护航运输队报告了船队周围的敌人潜艇的位置。在随后的12小时里，U型潜艇企图逼近护航运输队，却遭遇到了护航船只的驱赶。U－381号潜艇做了数次努力，却遭到英舰“邓肯”号和“雪花”号的一再攻击，最终被一连串的“刺猬”炸弹击中，沉入海底。当天晚些时候，第1护航大队加入护航编队，护航力量又增加了1艘快艇和3艘护卫舰。在此情况下，德国U型

左图：英国皇家海军第2护航大队指挥官沃克上校正站在旗舰“燕八哥”号的舰桥上指挥其他舰船作战。在照片所示的这次巡逻行动中，第2护航大队在不到24小时内就击中了6艘U型潜艇，将其中3艘送入海底。

潜艇并未退却，反而再一次发起了进攻。在战斗中，U－954号潜艇被一架“解放者”轰炸机击沉；U－209号潜艇也被护航舰船击中。为了击沉U－237号潜艇，一架英国皇家空军“洛克希德·哈德森”轰炸机也加入战斗。20日，漂浮在水面上的U－273号潜艇被另外一架“解放者”轰炸机发现，在惊慌失措中被击沉海底。5月21日，“狼群”被迫放弃了进攻。在这次战斗中，SC130护航运输队没有损失一艘船只。相反，德国“狼群”甚至一枚鱼雷都没有发射，却损失了5艘潜艇，再一次遭受重大打击。这时，除了战绩锐减以外，德军还发现，他们的潜艇处处被动挨打。

就在盟国超远程轰炸机不断取得赫赫战果的同时，在比斯开湾上空作战的近程轰炸机也逐渐夺取了优势。当时，这些飞机使用了最新型的雷达，使得U型潜艇上的雷达预警设备无法探测到飞机的到来。因此，无论在白天还是夜晚，U型潜艇都只能从水下穿越比斯开湾。但是，U型潜艇上的电池需要充电，这就意味着它们在一定时间段内必须浮出水面。在此情况下，邓尼茨下令要求U型潜艇用高射炮对抗盟军飞机，以此来消除空中威胁。但是，在抗击空中攻击的同时，U型潜艇也暴露了自己的位置，处境更加危险。

5月份，7艘U型潜艇在比斯开湾之战中被英国海岸司令部的飞机击沉。至此，战局已经发生了明显的转变。尽管英国海军部在1943年3月对战局进展的预测令人沮丧，但还是竭力筹集对付U型潜艇所需的各种作战资源。当时，海军部感到唯一不足的就是空中兵力。随着飞机数量的逐渐增多，盟军开始在力量上占据优势。截至

右图：1943年4月，海战形势对于U型潜艇发生明显不利的逆转（在上个月还给盟军带来了严重的损失）。在陆基航空兵的支援下，盟军的护航行动取得了巨大的成功。与此同时，盟军在比斯开湾对于U型潜艇的空袭也使德军陷入了困境。到了9月份，海战最终以德国人的失败而告终。

大西洋海战第二阶段

1943年5–9月

空中护航覆盖范围

主要护航线路

被U型潜艇击沉的盟国商船

被击沉的U型潜艇

同盟国控制区

轴心国控制区

中立区

格陵兰岛
挪威海
冰岛
北极圈
瑞典
挪威
北海
丹麦
爱尔兰
英国
荷兰
德国
比利时
法国
瑞士
意大利
拉布拉多
纽芬兰岛
圣约翰斯
哈里法克斯
纽约
亚速尔群岛
百慕大群岛
葡萄牙
西班牙
直布罗陀
地中海
摩洛哥
突尼斯
阿尔及利亚
加那利群岛
西撒哈拉
大西洋
非洲
法属非洲
佛得角
达喀尔
冈比亚
几内亚比绍
弗里敦
塞拉利昂
利比里亚
黄金海岸
尼日利亚
英属圭亚那
荷属圭亚那
法属圭亚那
巴西
圣保罗礁

1943年5月22日，德军已经损失了31艘U型潜艇。5月24日，邓尼茨给潜艇指挥官们发电报指出，战斗正变得越来越艰难。他告诉他们，只有U型潜艇能够有效地打击敌人，第三帝国的前途寄托在他们身上。同一天，邓尼茨命令U型潜艇离开北大西洋海域，前往较为安全的亚速尔群岛南部水域。尽管邓尼茨反复叮咛，但他明白，那些决心殊死一战的艇员们并没有离去，他们将与自己的潜艇一道同归大海。

U型潜艇作战的终结

经过3年零9个月的连续作战之后，盟军取得了对U型潜艇作战的胜利。尽管德军实际上已经输掉了这场战争，但是盟军也不敢掉以轻心，因为德军很可能会不惜一切代价重新夺回优势。盟军必须将对U型潜艇的绝对优势保持到战争最后一刻。

随后，德军开始努力研制能够在水下高效作战的潜艇。盟军也针锋相对地研发足以反制这种潜艇的技术，使其难以对自己构成严重的威胁。因此，德国潜艇和盟国飞机之间的技术战不断加剧。德军成功研制了第一艘真正意义上的潜艇，能够在下潜状态下保持高效的作战能力。但是，一切为时太晚。盟军的连续进攻使得U型潜艇经常处于不利地位，技术上的革新已经无济于事。

1943年6月，德国的XXI型和XXIII型潜艇设计方案出炉。这两种型号使用了新的发动机技术，从而具备了长时间水下作战的能力。早期潜艇的水下航速通常在10节以下，而XXI和XXIII型潜艇能够以18节的时速在水下航行90分钟，或者以12～14节的航速行驶10小时以上。德军从这一成就中看到了希望，但是仍然面临一个重要的问题：新型潜艇的生产过程非常缓慢，首批2艘XXI型潜艇预计要到1944年年底才能下线，大规模的生产要到1945年年初才能实现，而完全投入使用则要等到1946年。在军备部长阿尔伯特·施佩尔的直接参与下，德军对海军的生产计划进行了整改。为了解决生产中遇到的问题，他们引进一些革新性的方法，例如，首先生产潜艇的零部件，然后在沿海基地进行组装。这些方法的使用使得第一批XXI型潜艇在1944年就能够全部投入现役，其数量也能满足同年秋季的作战需要。

计划听起来完美无缺，但实施起来却困难重重。盟军的轰炸所造成的破坏严重影响了生产工作的顺利进行。8月份，盟军对汉堡的空袭迫使生产工作至少延误

对页图：1942年7月拍摄的正在锚泊的德国“提尔皮茨”号战列舰。虽然“提尔皮茨”号大部分时间停靠在挪威海湾，很少出海作战，但是对于盟军舰船来说，它始终是一个潜在的威胁。“提尔皮茨”号先后遭到了英国皇家海军的袖珍潜艇和皇家空军的猛烈袭击，最终于1944年被英国皇家空军“兰开斯特”轰炸机击沉。

了4个星期。盟军随后的轰炸行动也使得生产计划尚未开始实施就遭到严重破坏。德军企图在不来梅设立一个工厂，首先却要耗费大量的时间进行建设。另外，德军必须使用运河航运才能将潜艇从工厂运抵海岸。但是，自从1944年第4季度以来，盟军加强了对运河网络的空袭力度。1944年9月，英国皇家空军轰炸了多特蒙德—埃姆斯运河，使其交通运输完全瘫痪，直到11月份仍然没有得到修复。但是，就在此时，英国空军又对该运河进行了轰炸。倘若德国在1943年和1944年没有遇到各种各样的困难，其潜艇发展计划很可能会对海战产生巨大的影响。但即使如此，德国也很难通过该计划获得他们为实现目标所需的潜艇数量。盟军一旦取得了对德潜艇作战的优势，就永远不会再拱手相让。

水面战

与潜艇部队截然不同的是，德军水面舰艇部队对于战争结果基本没有产生太大影响。在1941年击沉“俾斯麦”号战列舰以后，盟军已经占据了全面优势，德国舰船基本上不能构成太大的威胁。但是，德军一些水面舰艇，特别是“提尔皮茨”号战列舰和“沙恩霍斯特”号战列巡洋舰，仍然具有非常强大的威胁，这种情况令英国人心有余悸。这两艘战舰仍是英国皇家海军的心头之患，虽然它们平时躲藏在港口内，但随时有可能向北大西洋和北冰洋的护航运输队发起进攻。

在一段时间内，英国海军部一直为“提尔皮茨”号战列舰的存在感到焦虑不安。后来，他们决定使用一些袖珍潜艇对其进行突袭，消除这个威胁。这些小型潜艇可以将2个大型炸药包直接放置在目标下面的龙骨上。1943年9月11日，6艘袖珍潜艇在大型潜艇的牵引下驶向目标。但是，有2艘潜艇的拖绳在途中被拉断，另外一艘在与牵引潜艇分离时也出现了故障，剩下的3艘潜艇在9月26日进入“提尔皮茨”号停泊的海湾。2艘潜艇艰难地穿越障碍区和水雷网后，将炸药包放到了战舰下方。到达目标区的2艘潜艇（第三艘潜艇下落不明）成功放置了炸药包，却未能逃离现场。艇员们仓皇逃出潜艇，结果被德军俘获。后来，两艘潜艇的艇长（戈弗雷·普莱斯上尉和唐纳德·卡梅伦上尉）因其勇敢精神而被授予维多利亚十字勋章。

炸药被引爆后，“提尔皮茨”号被巨大的爆炸震得摇摇晃晃。所有的发动机立即停止了工作，方向舵和操作盘遭到严重破坏，几百吨的海水涌入船舱。虽然这次袭击使得“提尔皮茨”号在几个月内将不能出海，但它仍然漂浮在海面上。这就意味着盟军也无法确定袭击是否取得了成功。

英国海军部由于担心“沙恩霍斯特”号和“提尔皮

茨”号战舰仍然具有威胁，一度中止了前往摩尔曼斯克的护航运输计划。11月份，护航运输队恢复航行。在几个星期内，“沙恩霍斯特”号一直蠢蠢欲动，伺机进行伏击和拦截。但是，这一切都在英国本土舰队司令、海军上将布鲁斯·弗雷泽爵士的预料之中。当时，弗雷泽推断，德军早在夏季结束后就想对前往摩尔曼斯克的一支护航运输队下手，但是未能得逞。因此，他们必将出动力量，向下一支可能出现的护航运输队发动袭击。鉴于此，弗雷泽为即将出行的运输船队配备了一支力量异常强大的护航力量。这支护航队被命名为JW55B，由14艘驱逐舰、2艘小型护卫舰和1艘扫雷艇组成。

1943年12月22日，德国侦察机发现了JW55B护航运输队。圣诞节下午，在海军少将埃里希·贝伊的指挥下，“沙恩霍斯特”号与一支小型驱逐舰舰队驶离港口。贝伊完全不知道，除了护航船只外，还有一支庞大的舰队正在远处对JW55B护航运输队进行支援。这支舰队由英国本土舰队司令弗雷泽的旗舰“约克公爵”号战列舰和巡洋舰“牙买加”号、“诺福克”号、“谢菲尔德”号、“贝尔法斯特”号以及若干艘驱逐舰组成。

虽然德军已经意识到为该船队护航的水面舰船力量可能十分强大，但“沙恩霍斯特”号战列巡洋舰并没有返回，而是继续前进。对贝伊更为不利的是，英国人知道他的位置。相反，他除了知道对方运输船队的位置以外，其他则一无所知。12月26日上午9时20分，“沙恩霍斯特”号遭到“诺福克”号、“谢菲尔德”号和“贝尔法斯特”号战舰的攻击。在贝伊的指挥下，“沙恩霍斯特”号未发一颗炮弹，仓皇逃跑。几艘巡洋舰同时全速前进，切断了它前往运输船队的航道，迫使其直接向其他方向逃窜，而弗雷泽的主力也正在朝这个方向驶来。下午4时17分，“约克公爵”号的雷达发现了“沙恩霍斯特”号。4时50分，“约克公爵”号和“牙买加”号开始向其开火。与此同时，其他巡洋舰也逐渐围拢过来，从其他方向发起了进攻。

晚上6时20分，“沙恩霍斯特”号被一发炮弹击中，被迫放慢了航速。到了7时30分，已经无法继续航行，只能垂死挣扎，用副炮向射程以外的英舰开炮。晚上7时45分，“沙恩霍斯特”号被弗雷泽的驱逐舰用鱼雷击沉，舰员中只有36人获救。

与此同时，“提尔皮茨”号战列舰依然稳稳地停靠在港口内。英国海军部计划通过空袭将其击沉。1944年4月，英国皇家海军航母舰载机发动了第一轮空袭，有6枚炸弹首发命中。紧接着，第二轮空袭开始，又有8枚炸弹命中目标。随后计划的其他空袭行动由于天气恶劣，先后被迫取消。直到1944年7月7日，新一轮的空袭才重新开始。但是，德军在发现来袭的飞机编队后，向“提尔皮茨”号上空发射了烟幕弹。由于看不到目标，

英军飞机无法准确投弹，只有1枚炸弹落到了“提尔皮茨”号附近的水面。到了8月份，英军又发动了另一轮空袭行动，代号“古德伍德”（在诺曼底登陆期间，也有一次行动被命名为“古德伍德”，二者极易产生混淆）。“古德伍德Ⅰ”和“古德伍德Ⅱ”行动都没有任何收获。在“古德伍德Ⅲ”行动中，有2枚炸弹命中“提尔皮茨”号，但其中一枚炸弹没有爆炸，另一枚也未能给其造成太大的损伤。

就在此时，英国皇家空军也加入了战斗的行列。来自第9和第617中队的“兰开斯特”轰炸机发动了两次空袭行动。在第一次行动中，飞机从苏联境内一个临时基地起飞，但没有取得成功。1944年12月12日，第二次执行空袭任务的飞机从英国本土起飞，他们共投下了28枚5443千克重的“高脚柜”穿甲炸弹，至少有2枚命中目标，炸翻了“提尔皮茨”号，船员伤亡惨重，许多人被困在船舱内。后来，第617中队又再次返回，以同样的方式消灭了“吕佐夫”号战列巡洋舰。虽然该

左图：德国海军“沙恩霍斯特”号战列巡洋舰上的幸存人员被带到英国的一个港口。出于港口保密的考虑，德军战俘通过港口上岸时，英军特意将他们的眼睛蒙住。所有德军都穿着英军的衣服，他们自己的衣服在沉船后丢失了。

巡洋舰的船体已经触到海湾底部，但是其甲板仍在水面以上。因此，英国皇家海军戏称，皇家空军不应宣称战舰已经被击沉，因为它的甲板仍然露在水面以上。

走向末路

尽管U型潜艇的处境已是江河日下，但是在1944年并没有完全陷入绝境。这是因为，通气管的广泛使用减少了潜艇被敌机发现的几率。这种情况让盟军非常头痛。对于他们而言，最有效的反潜办法是首先发现潜艇，然后将其击沉；或者迫使它们长时间地待在水下，尽量减少其在水面的时间。这是盟军前期取得反潜战胜利的基础。但是，通气管的使用意味着潜艇面临的空中威胁大大降低。另外，U型潜艇在下潜状态下无法使用它们的无线电设备，这样一来，布莱奇利公园的情报人员也就没有任何信号可以拦截，从而也就无法发现潜艇的位置。

从1944年9月开始，U型潜艇转入英国水域活动，不再冒险前往更远的地区去袭击大西洋上的护航运输队。11月份以后，它们频繁活动，给对手造成的伤亡与日俱增。由于U型潜艇一直在近岸活动，盟军的反潜探测设备很难发挥作用，因为这些设备只适合深海探测。此外，德国海军的XXI和XXIII级潜艇凭借较快的水下航速和较强的续航能力，给对手造成一定的损失，但它们已经没有机会改变战局了。在整个欧洲大陆，德军开始全线退却，盟军正从东西两条战线向第三帝国开进。战争的结束已经指日可待。虽然U型潜艇在挪威海域的战斗一直持续到1945年4月，但是，指望它们来改变战争的最终结局简直是天方夜谭。德军U型潜艇在英国水域击沉了10艘商船，但自身却付出了23艘的代价。在盟军的轰炸下，德军的潜艇基地陷入混乱之中，U型潜艇也被迫逃往波罗的海。在战争的最后5个星期里，由于遭到各种飞机的轰炸，又有83艘U型潜艇命丧波罗的海。此外，来自第2战术空军的“台风”战斗机也前来为海岸司令部战斗机联队助战，使得濒临绝境的潜艇部队再遭重创。5月7日，最后一艘U型潜艇U－320号被盟军一架“卡塔琳娜”飞机严重击伤，于两天后沉没。

最后的较量

尽管最初战果辉煌，但是由于各种原因，U型潜艇并没有改变德国最终失败的命运。最主要的原因是，德军始终未能获得数量足够多的潜艇，对盟军的护航运输队发动协同作战。1942年年初至1943年年末，海战进入高潮时期，德军继续实施“狼群”战术，取得了辉煌战果。这说明，只要德军能够获得足够的U型潜艇，迫使护航运输队的防御陷入被动，那么就能够不断地扩大战果。但是，当德军获得了足够多的U型潜艇之后，英军也大幅度增加了护航舰船的数量，同时采取了海空立体协同的反潜战术：利用远程轰炸机，将U型潜艇压制在水下，或者在它们穿越比斯开湾时对它们发动空袭。随着美国的参战，在其造船能力的保障下，新建造的舰船吨位超过了被德军击沉的舰船吨位。在美国没有加强生产能力以前，德国人认为，他们已经严重消耗了盟军的船只，英国可能会因此与自己媾和。但是，一旦美国的造船厂恢复了战时生产能力，德国人的这个美梦就成了泡影。

当盟军采用了新的技术、增加了更多的护航力量、采取了海空协同的立体战术以后，U型潜艇的行动举步维艰，最终只能走向失败。对于德国水面舰队来说，在战争初期，它们给盟军制造了一些麻烦，但是，在“俾斯麦”号战列舰被击沉后，德国海军水面舰队的威胁就变得微乎其微了。虽然1943年以后战争主要在陆地上进行，但大西洋海战的胜利对于盟军赢得整场战争具有决定性的意义。1945年发生的一切充分证明了这一点。

第6 章
轰炸德国

第二次世界大战的显著特点是空军力量的崛起，特别是利用战略轰炸机对敌国本土实施轰炸。虽然，轰炸行动并不能像两次大战之间的理论家们所称的那样，能够让第三帝国屈服，但无论如何，轰炸行动依然是最终战胜纳粹德国的重要因素。

20世纪20和30年代，英国皇家空军已经形成了基于战略轰炸效果的作战理论。但是，截至1939年战争爆发时，英国皇家空军轰炸机司令部对于轰炸德国本土的准备工作仍然不足。除了派出轰炸机空袭德国存在实际困难之外，英国人还担心对德国城镇的轰炸将引发德国人的报复行动，因此，英国轰炸机司令部主要对德国军事目标实施空袭。由于德军战斗机的拦截，最初的轰炸行动出现了灾难性的后果，最终英国决定将轰炸改在夜间进行。英国轰炸机装备的导航设备十分原始，再加上多数皇家空军导航员缺乏夜间精确导航的训练，轰炸机的突袭效果并不明显。

对页图：英国皇家空军机械师们为“兰开斯特”轰炸机装载1枚1000镑炸弹。“兰开斯特”轰炸机是第二次世界大战期间欧洲战场上用途最广的轰炸机，也是1943年之后英国皇家空军轰炸行动的主力军。

另外，影响轰炸效果的另一个事实情况是，英国皇家空军的主力轰炸机（惠灵顿、惠特利、汉普登）的载弹量不够大，无法装载足够多的炸弹实施切实有效的轰炸。同时，英军轰炸机也缺乏足够的油料向第三帝国腹地发动空袭。战争爆发前，英国已经认识到了这些不足，开始下令研制重型轰炸机。1940年8月，第一种重型轰炸机“肖特 · 斯特灵”正式加入现役，紧接着，“阿诺 · 曼彻斯特”和“汉德利 · 佩奇 · 哈利法克斯”等重型轰炸机也先后加入服役。1941年年初，这三种重型轰炸机分别组建了三个轰炸机中队，但仍然无法达到空袭德国并对其产生重大影响的程度。在轰炸行动中，老式轰炸机首当其冲地担负了对外围目标的轰炸任务。更为糟糕的是，曼彻斯特出产的罗尔斯－罗伊斯“秃

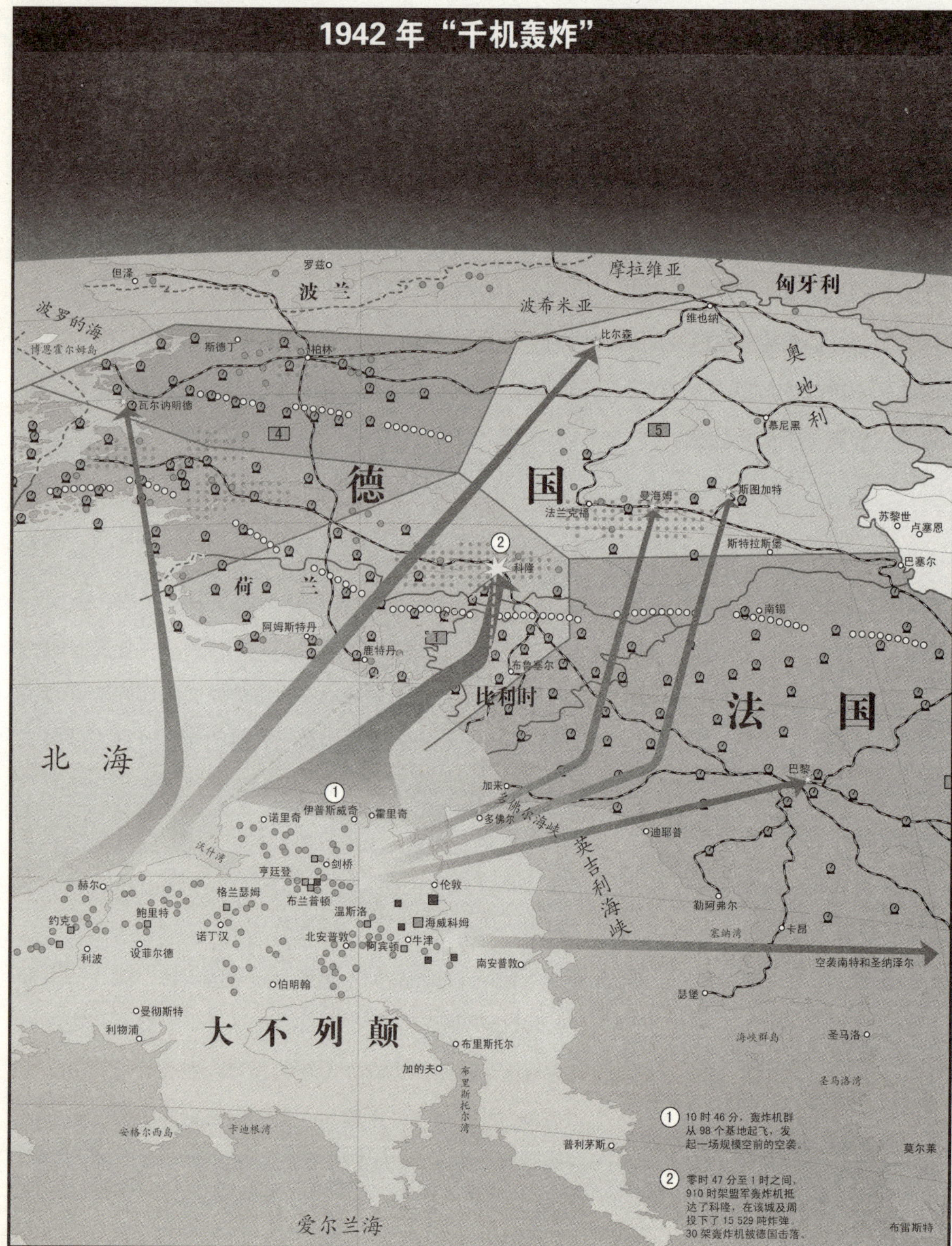

左图：在被任命为英国皇家空军轰炸机司令部司令后不久，空军上将亚瑟·哈里斯爵士就调集了1000余架轰炸机，对德国科隆、埃森和不来梅等城市发动了三次轰炸行动。为了调集兵力，哈里斯不得不从训练中队抽调飞机参战。在这三次轰炸结束后，要想再次发动这样规模的轰炸行动还需一定时间积聚力量。

鹰”发动机的性能很不稳定。最终，英国皇家空军不得不用4部罗尔斯-罗伊斯“梅林”发动机替换了原始设计的2部“秃鹰”发动机，这就是所谓的“阿弗罗·兰开斯特”轰炸机。然而，英国皇家空军对轰炸机进行重新改装和设计，意味着第一个重型轰炸机中队在1941年年底之前无法编入现役。

由于无法在夜间实现精确打击，轰炸机司令部倾向于采取区域轰炸的方式，实现摧毁德国工业的预期目标。这就不可避免地需要对德国所有城镇发动空袭，同时也伴随着大量平民死伤的风险。空军元帅亚瑟·哈里斯出任轰炸机司令部司令后，于1942年年初逐渐开始采用这一方法。哈里斯是区域轰炸的坚定支持者，他认为这一方法将帮助英国最终赢得战争。如果实施足够规模的空中轰炸，那么不必动用地面部队就可以击败第三帝国。

千机轰炸行动

1942年5月30日至31日夜间，哈里斯派出1000多架飞机对德国科隆实施轰炸，这就是所谓的“千机轰炸”行动。可以说，这不仅是英国轰炸机司令部的转折点，还是轰炸机成为一种极其关键的战争武器的转折点。这次空袭行动主要是为了宣传，旨在显示轰炸机司令部有能力对重要目标实施破坏性轰炸。为了使轰炸机数量达到所需的1000架，哈里斯被迫从教练机部队抽调兵力参加进来。这是一次非常冒险的行动，但最终仅仅损失了40架飞机。在对科隆进行轰炸后，英国皇家空军紧接着对埃森和不来梅进行了轰炸。但是，这种大规模轰炸行动给轰炸机部队的训练带来了不利影响，加之后来凸显出来的维护需求等问题，轰炸行动的价值大大降低。

哈里斯同样非常关注如何改进轰炸准确度的问题，他下令优先研发一种辅助导航设备，帮助更多的飞机抵达预定目标。他还推进战术创新，集中更多的轰炸机对目标实施轰炸。这些做法产生了立竿见影的效果。但在最初的时候，哈里斯却反对一项对提高轰炸机攻击精度贡献最大的提议。在1940年至1941年冬季，德军对英国发动“不列颠空战”期间，德军轰炸机在一支导航部队的引导下抵达目标上空，导航部队利用一种特殊的炸弹来指示目标。对于英国轰炸机司令部而言，这是一种非常简便的办法，组建一支携带目标指示炸弹而非常规炸弹的导航部队，为随后而至的轰炸机群清楚地标示出攻击目标。但是，哈里斯却反对这项计划，他的意见最终被空军参谋部的决策者驳回。1942年8月15日，轰炸机司令部成立了第一支由空军准将唐纳德·班尼特指挥的导航部队（后被命名为第8轰炸机大队）。1942年年底，导航部队开始发挥作用，在它的引导下，越来越多的轰炸机准确轰炸了目标。同时，一种新型的无线电导

航设备——欧波系统，也开始装备到“蚊”式轻型轰炸机，使其能够精确地抵达预定目标上空。

1942年，哈里斯采取的种种措施极大地提高了轰炸机部队的战斗力，但是仍不足以向德国发起一场决定性进攻。到1942年年底，出现了一种非常重要的情况，美国陆军航空队的第一支轰炸机部队抵达英国，使得24小时昼夜轰炸德国成为可能。战争进入1943年，盟国轰炸机部队将面临更多的考验和困难，但是已经稳步发展成为战争的重要武器。尽管单纯的轰炸行动并不能赢得战争的最终胜利，但是已经对德国产生了明显作用。

令人畏惧的第8轰炸机中队

美国同意遵守“优先攻击德国”的政策，据此向英国本土派出了轰炸机部队参战。美国陆军第8航空队在英国建立了第8轰炸机司令部。1942年2月，第一批美国陆军航空队人员，主要是司令部参谋人员，在卡尔·A.斯帕茨少将的率领下抵达英国。但是，直到5月份，第一支轰炸机部队才抵达英国，机型主要是B-17和B-24型轰炸机。8月17日，在英国皇家空军“喷火”式飞机的护航

左图：德军高射炮手向他们的88毫米口径高射炮阵地迅速冲去。在防空作战中，德军强大的高射炮部队击落了大量的盟军轰炸机，在白天的战斗中更是如此。

上图：美军B-17“空中堡垒”轰炸机编队在德国目标上空投弹。最初，盟军轰炸机执行任务时保持着密集的战斗队形，希望在遭遇敌军战斗机时互相提供火力掩护，利用机载机关枪的密集扫射来阻止德军战斗机穿过。但实践证明，这并非一种可行的办法，最终仍然需要远程护航战斗机来对付德军战斗机的攻击。

> 客观地讲，重型轰炸机在赢得这场战争中的作用超出其他任何武器。
>
> ——亚瑟·哈里斯，1945年10月

下，美国陆军航空队首次执行任务，轰炸法国鲁昂港。两天后，他们再次执行轰炸任务。美国陆军航空队对于战斗机护航的做法不太赞成，他们认为轰炸机的厚重装甲足以保护他们免受战斗机的攻击，这种观点在随后的12个月里受到了严格的考验。1942年后期，盟军主要对欧洲占领区内的目标实施近距离轰炸。此外，盟军还计划在1943年对德国本土发动首轮轰炸。1942年年底，德军战斗机日益受到盟国的关注。当时，德军飞行员们已经迅速地改变了战术，可以向盟军轰炸机部队发动非常有效的前沿攻击。由于B-17和B-24轰炸机的前射武器的威力相对不足，主要装备的是手动航炮而非电动炮塔，德国战斗机充分利用了这一不足。看起来，必须彻底放弃无护航轰炸行动的主张，但由于缺乏能够护送轰炸机抵达目标的远程战斗机，盟军别无选择。

鲁尔空战

在1943年的卡萨布兰卡会议上，盟国再次明确了对德国本土实施昼夜轰炸的政策。哈里斯接到明确指令，发动一场空袭战役，对德军兵力、工业和经济体系实施破坏性轰炸，挫伤德国人的士气，重创其抵抗能力。哈里斯集中精力执行了命令的后半部分，除了破坏和摧毁德国工业中心之外，还执意将德国工人的住宅区夷为平地，希望能够打击德国工人的斗志。

哈里斯适时增加了对德国鲁尔工业区的夜间轰炸强度，这一空袭行动被称为“鲁尔空战”。1943年3月5—6日，英国皇家空军首次对埃森实施了空袭，这也是盟军首次大规模使用欧波系统辅助导航。这套辅助导航系统对于轰炸机部队的帮助很大，因为在德国工厂释放的滚滚浓烟中，轰炸机机组人员很难发现攻击目标。其后6个星期内，盟军对鲁尔区进行不间断的持续轰炸，在高潮阶段进行了著名的“惩戒”行动，这个行动还有着另一个更加广为人知的名字——“水坝破袭”。

水坝破袭行动

早在第二次世界大战爆发之前，各国已经将水坝视为轰炸目标之一。很明显，盟军轰炸鲁尔水坝将产生几个方面的作用。轰炸所造成的实际破坏将不仅仅是数百万加仑的洪水泛滥，而且在该地区工业生产恢复之前，德国人必须首先设法使水坝重新合龙并正常运作。

1943年战略轰炸
1943年战略轰炸
总司令部
集群司令部
轰炸机司令部机场
美国第8航空队机场
皇家空军轰炸的目标
美国陆军航空队轰炸目标
英美空军轰炸目标
战斗机师分界线
战斗机师
德军雷达站
德军夜间战斗机站
探照灯连
高射炮连
瑞典
波罗的海
波兰
波希米亚
摩拉维亚
德国
荷兰
比利时
北海
大不列颠
爱尔兰海
英吉利海峡
多佛尔海峡
哥本哈根
柏林
汉堡
汉诺威
不来梅
卡塞尔
科隆
杜塞尔多夫
埃森
杜伊斯堡
阿姆斯特丹
鹿特丹
安特卫普
布鲁塞尔
里尔
敦刻尔克
加来
亚眠
鲁昂
勒阿弗尔
维也纳
法兰克福
曼海姆
斯图加特
伦敦
诺里奇
伊普斯威奇
剑桥
北安普顿
牛津
伯明翰
诺丁汉
约克
利兹
设菲尔德
纽卡斯尔
曼彻斯特
利物浦
爱丁堡
格拉斯哥
贝尔法斯特
布里斯托尔
加的夫
埃克塞特
普利茅斯
伯恩茅斯
南安普顿
多佛尔
但泽
格丁尼亚
罗兹
斯德丁
罗斯托克
吕贝克
基尔
弗伦斯堡
库克斯港
威廉港
艾登
明斯特
多特蒙德
奥斯纳布吕克
施韦因富特
纽伦堡
雷根斯堡
威斯巴登
美因茨
路德维希港
萨尔格米讷
1
2
4
5

轰炸水坝并不是一件简单的事情。由于投弹精度不够，无法将足够当量的炸弹直接击中大坝。而且，由于德军在坝体内侧加装了防护网，能够有效地防止坝体受到攻击，采用鱼雷轰炸的方式也不可行。科学家巴恩斯·沃利斯提出了一个解决问题的全新方法，他提出通过从低空投下的特制炸弹来实现所设想的效果。这一爆炸原理十分简单，但首次接触他的想法总让人感到有些奇怪。沃利斯根据计算认为，要想破坏一座大坝，必须使炸弹紧贴坝体引爆，同时借助水库的强大水压进一步扩大爆炸的力量。为了使炸弹能够按要求准确命中，沃利斯灵机一动，想出了让炸弹从湖水表面跃入而后击中坝体的办法。就在沃利斯改进他的设计计划的同时，英国皇家空军组建了一支特别行动中队，由飞行联队司令盖伊·吉布森直接指挥，编号为第617中队。盖伊中队进行了无数次的低空飞行训练，还想出了使飞行高度保持在距水面60英尺、在距水坝固定距离处投弹的临时解决办法。

1943年5月16日至17日夜，盟军19架轰炸机对水坝发动了空袭。莫奈和埃代尔水坝被炸毁，索尔培水坝受到重创。美英空军在水坝空袭行动中也付出了重大代价，8架轰炸机被击落，56名机组人员遇难。空袭引发的水灾给德国造成了相当大的损失，德国人随即进行了大规模的修复行动，设法将空袭对工业生产的影响降到最低限度。人们对这次空袭行动成功与否争论不休，但盟军在空袭中的英勇无畏的精神被广为传颂，极大地鼓舞了盟国的士气。

左图：1943年以后，美英盟军轰炸机编队昼夜对德国本土和占领区的目标实施战略轰炸。1943年年底之前，由于缺乏战斗机护航，美军轰炸行动受到了一些影响。但是，当护航行动恢复后，它们对德国首都柏林发动了行之有效的轰炸行动。

汉堡

轰炸水坝的行动结束后，哈里斯派出轰炸机部队对德国大城市汉堡实施了更大规模的常规轰炸。7月24日、25日直至8月3日和4日期间，汉堡城先后4次成为盟军的轰炸目标。哈里斯选择汉堡作为持续轰炸的目标，充分体现出它对于德国继续进行战争的重要性，尤其是它的潜艇制造能力。盟国轰炸机在空袭中启用了代号"窗户"的新装备，在执行任务时投下数以百万计的薄片状锡箔条，通过锡箔条反射雷达波束实现对德军雷达的干扰作用。

7月25日凌晨2时，第一架轰炸机抵达汉堡上空。导航部队立即投下了一枚照明弹和一枚250磅的目标导引炸弹，为第一波轰炸机群清楚地指示出了目标的位置。首批轰炸机向汉堡倾泻了大量的燃烧弹，引燃了汉堡城内为数众多的木质结构建筑。当抢险人员紧急出动刚刚扑灭引燃的火焰时，第二波轰炸机群又投下了高爆炸弹，炸毁了楼房和供水管线，造成4000多名救火人员的伤亡。这个午夜，汉堡遭受了巨大的破坏，但这仅是

右图：1943年，德国救火队员在英国皇家空军轰炸科隆后进行紧急救火。在区域轰炸行动中，盟国空军使用了大量的燃烧弹，使得德国大片城区陷入火海，德国抢险人员很少能够扑灭大火。

上图：1945年，在盟军猛烈空袭德国德累斯顿后，一些遇难者的尸体堆放在干柴堆上准备火葬，这种场面令人发指。空袭对德累斯顿所造成的破坏程度已经达到了极限，这引起了盟国一些领导人对于如此猛烈地轰炸城市是否合乎道义的质疑。

这座城市痛苦历程的开始。7月27日，英国轰炸机再次飞临汉堡，半数以上的轰炸机投下了燃烧弹。很快，整个汉堡陷入了一片火海之中，空气变得异常灼热。大火开始从火场外围吸取燃烧所需的氧气，出现了令人恐惧的大面积风暴性大火。燃烧的木头被大火卷向城区中央，引发了更大范围的火灾。当空袭结束时，整个城市已经陷入了熊熊大火之中，大火形成的炽热火柱时速高达150英里，造成了巨大的人员伤亡。许多在防空掩体内的平民窒息而死，而另一些想逃脱的德国居民不得不勇敢地面对大火。许多人跳入了附近的水渠，这是他们从身边大火中逃生的唯一办法。第二天清晨，大约10平方英里的城区已被大火夷为平地。但是，哈里斯仍然没有停止行动。两天后，英国皇家空军再次发动了轰炸行动。上次轰炸后仍未熄灭的火焰为机组人员提供了指示作用，这次轰炸再次引发炽热火柱。紧接着，盟国飞机对汉堡进行了最后一次轰炸，尽管轰炸过程中一直下着暴雨，但依然引发了第三次炽热火柱。

汉堡轰炸结束时，该城大约60%的居住区被毁，600多家工厂被破坏。德军装备部部长艾伯特·施佩尔心有余悸地认为，如果盟军再连续进行6次类似的轰炸，德国就有可能被迫投降了。轰炸行动造成了巨大的人员伤亡，共有4.1万多人死亡，3.7万多人受重伤，但汉堡的工业产量在6周之内得到了恢复。汉堡没有再次受到轰炸，英国空军无法持续进行类似轰炸，主要是由于缺乏轰炸所需要的资源。经过连续不断的作战之后，英国轰炸机司令部进行了休整，哈里斯开始考虑轰炸德国首都柏林。这是最后一个目标，同时也是最难的一个轰炸目标。哈里斯决心对敌人发起致命一击，赢得战争的最终胜利。

昼间轰炸

当哈里斯在夜间轰炸德国之际，美国陆军航空队加强了轰炸行动的强度。1943年1月27日，美国陆军航空队对德国威廉港实施了首次轰炸。1942年的经验表明，轰炸行动需要战斗机护航，但盟军缺乏能够深入德国腹地执行护航任务的远程战斗机。尽管P-47“雷电”战斗机携带副油箱后可以为轰炸机的一大半航程提供掩护，但对德国腹地的首次大规模空袭行动依然显示出了战斗护航的重要性。1943年8月17日，美国陆军航空队对雷根斯堡和施韦因福特实施了首次轰炸，但是，最初出动的200架轰炸机中有59架被击落。盟军如果持续遭受这种损失，结果必将令人无法承受。P-51“野马”战斗机的出现解决了这一问题。该型战斗机最初由英国皇家空军设计，携带副油箱后的航程可达2000英里以上。1943年12月，“野马”战斗机抵达英国本土，盟军的处境立

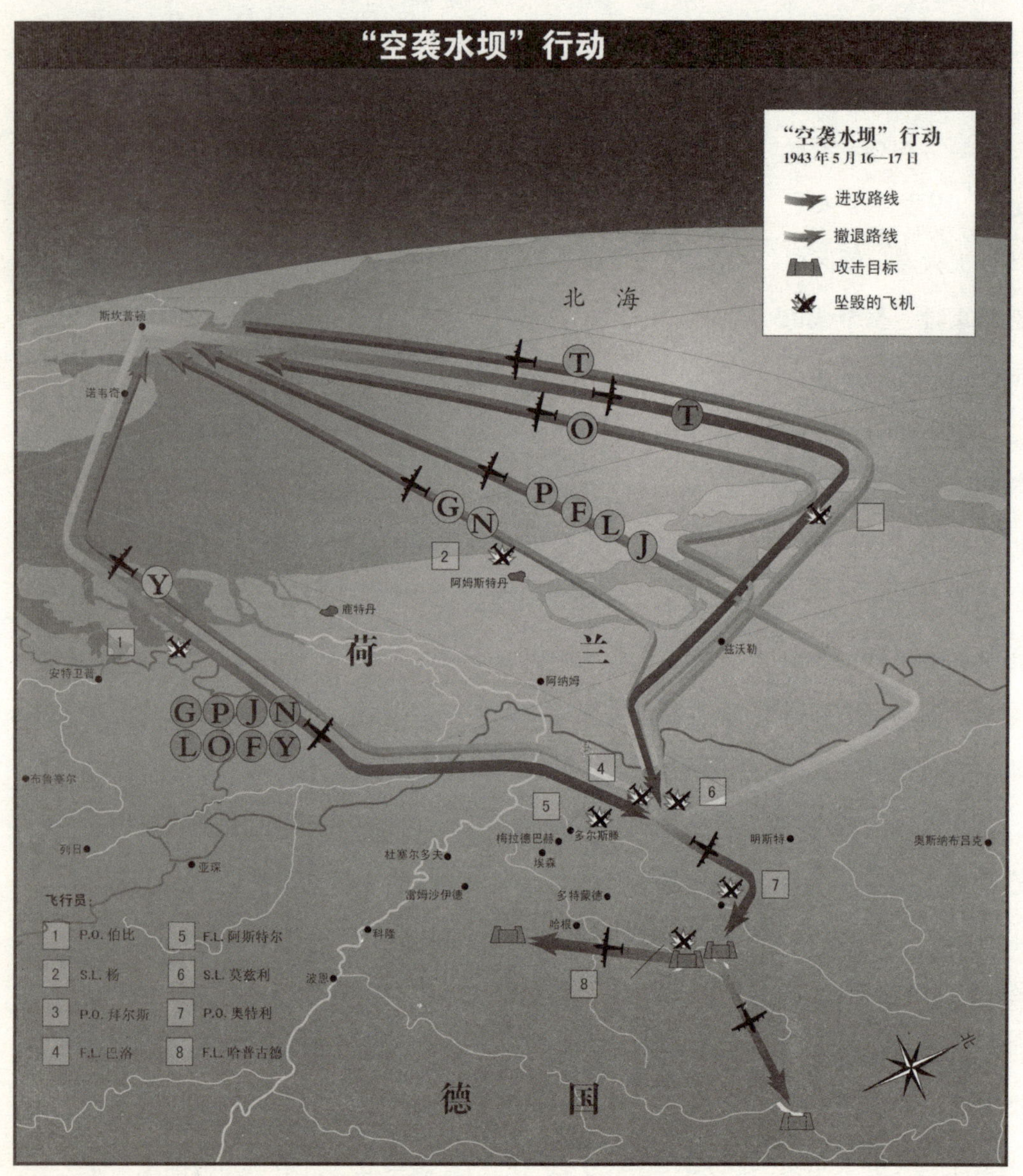

左图：1943年5月16—17日，盟国空军对于德国水库的轰炸是第二次世界大战中最大胆的空袭行动之一。在空袭中，盟国空军用非常著名的"跳跃炸弹"炸毁了德国两座大型水坝，重创另外两座水库。与此同时，盟国空军也付出了巨大代价，在19架参与轰炸的飞机中，有8架未能返航。

即得到了改观。护航战斗机的出现，意味着德国空军的战斗机部队也成为盟军空军的轰炸目标。1944年年初开始，美国陆军第8航空队开始对德国目标实施大规模空袭。1944年3月6日，美国陆军航空队轰炸机首次飞临德国首都柏林上空，揭开了盟军轰炸机司令部对德国柏林轰炸的新阶段。

空袭柏林

哈里斯自信，对于柏林发动大规模空袭将打乱德国的战争部署，并迅速结束战争。于是，从1943年11月18日夜开始，哈里斯对德国首都柏林先后发动了16次大规模空袭。柏林是一个极难轰炸的目标，轰炸行动并未产生哈里斯所预期的效果。在对柏林轰炸期间，盟国空军共出动飞机9111架次，损失飞机587架，3500多名机组人员死亡或失踪。最终，哈里斯被迫停止了轰炸柏林的行动。1944年3月30日夜到31日凌晨，盟军对纽伦堡实施了轰炸。由于受到德军夜间战斗机的拦截，盟国空军损失惨重，100多架轰炸机被击落。此外，令哈里斯感到极为不满的是，他接到命令将轰炸重点转向德国和法国境内的运输线路，以便为即将发动的地面进攻提供帮助。哈里斯争辩称，他的飞行员无法胜任对此类目标的轰炸任务。但是，盟国空军参谋部下达了试验性轰炸任务，结果证明哈里斯的轰炸机部队担负破坏铁路线和交通枢纽的任务绰绰有余。至此，轰炸的重点已经从德国城市转移至了法国和比利时境内的目标。在此之前，美国陆军航空队一直设法通过轰炸行动与德国空军展开大规模的消耗战。

最后的空袭

1944年8月起，美国陆军航空队开始对第三帝国境内的石油工业和其他各类工业目标进行猛烈攻击。当时，由于盟军护航战斗机的出现，德国空军很快发现很难再在空战中有效地消耗盟军的轰炸机了，而自身却在空战中遭受了重大的损失。

德军夜间战斗机在对付英国皇家空军的轰炸方面取得了很大的成就，但丝毫影响不了英国皇家空军不断提升的轰炸效果。到了1945年年初，英国皇家空军轰炸机司令部夜间轰炸的精度比美国陆军航空队白天的轰炸精度还要高，而在5年前，这种技术简直难以想象。1945年2月，在英国皇家空军对德累斯顿的轰炸行动中，发生了整个空袭战役期间最具争议性的事件。由于轰炸造成了极其惨重的平民伤亡，引发了对于以城市为目标、不可避免地包括城市居民在内的轰炸行动是否符合伦理道德的激烈争论。盟军从未出台过对德国实施恐怖式轰炸的政策，但批评者们一直坚持确有其事，并以已经发生的悲惨事件为例。到了1945年4月，盟军轰炸机的攻击目标已经大幅度减少，英国皇家空军也开始恢复白天轰炸。由于油料基本耗尽，德国空军战斗机的威胁已经完全消失。最终，英国皇家空军第617中队以轰炸希特勒别墅所在地贝希特斯加登的行动结束了对德国的全部空袭，同时也证明了他们是德国上空不可战胜的轰炸机部队。

轰炸第三帝国的行动使盟军付出了极其高昂的代价。战后，围绕空袭所造成的大规模人员伤亡争议不断，但在战争期间这一切却备受赞赏。德国没有因为轰炸行动而马上投降的事实，被认为是轰炸行动失败的象征。但实际上，这一观点过于片面。轰炸行动牵制了德国大量的人力和物力，破坏了德国的工业生产。德国工业被迫开始生产防御武器，而不是西线和东线战场所急需的进攻武器。尽管轰炸行动备受争议，但在战胜纳粹德国的进程中发挥了重要作用。

第7 章

法国解放

1942年年底至1943年年初，盟军逐渐扭转了战局。这就意味着英美联军势必将考虑进军欧洲大陆，将德军赶出被占领土并向第三帝国发动最后一战。对于盟军来说，要想打败第三帝国，除了在欧洲发动一场必不可少的地面战争以外（尽管空军力量的支持者极力主张通过空战达到目标，但是仅仅通过战略空袭很难赢得战争），还必须考虑诸多政治因素。

斯大林公开声称，第二战场的开辟与否是考验英美两国与苏联之间合作诚意的一个标志。虽然进军意大利可以算作盟军开辟第二战场计划的一部分，但斯大林认为，西方盟军在缓解苏军压力方面并没有竭尽全力（然而，他却忽略了这样一个事实，即盟军在此关键时刻进军意大利已经迫使希特勒从库尔斯克战场撤军，进一步动摇了其部队的士气）。事实上，为了打败纳粹德国，英美两国一直都在考虑进军法国，这一点毫无疑问。就像在第一次世界大战中一样，具有决定性意义的战场应当在法国，而不是意大利和其他任何地方。

对页图：经过 4 年的被占领之后，法国获得解放。当盟军部队在巴黎街道上行进时，照片中这名年轻的法国女子脸上洋溢着幸福的笑容。

前期计划

事实上，在卷入战争之初，美国就对进军法国怀有热切期望。1942年年初，虽然美国没有能力立即对欧洲大陆的德军形成威胁，但美国人并没有因此碌碌无为，而是积极地构思怎样有所作为，以加快战争早日结束。由于在第一和第二次世界大战之间奉行孤立主义政策，美国的军事实力比较弱，因此在参战初期处于劣势。与其他一些国家相比，美军的规模虽然较大，但是，要想与欧洲大陆的德军抗衡，它还需要时间进一步壮大。另外，一旦参加对德作战，美军将面临在欧洲和太平洋战区两线作战的局面，这也将对美军实力的壮大产生影

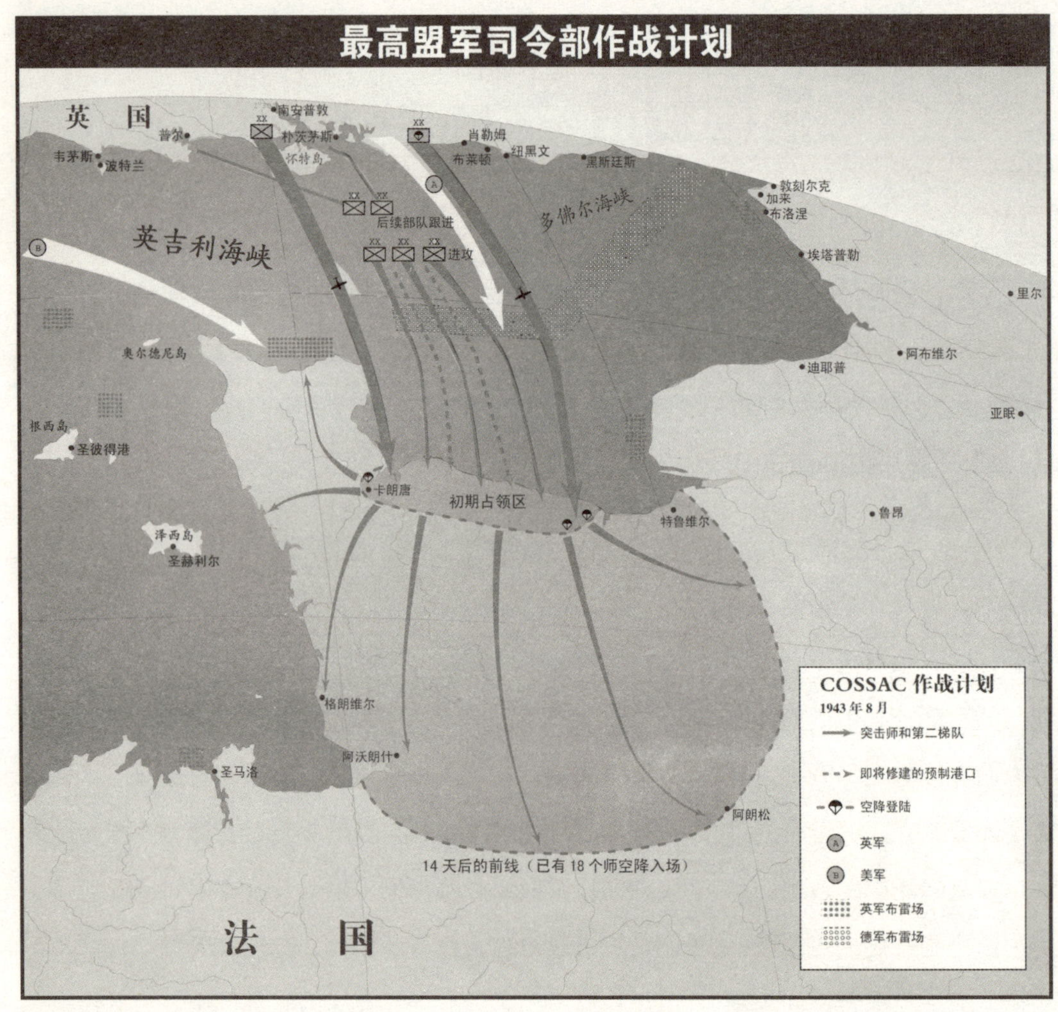

左图：1943年，艾森豪威尔尚未出任盟军最高司令官之前，盟国进攻法国的计划工作就已经开始准备。整个计划是在最高司令部参谋长摩根少将的领导下完成的。

响。德国人也很快意识到了这一点，并据此认为，美军最早要到1943年年初才能到达英国，并以此为跳板向欧洲大陆发起进攻，开辟第二战场。除此之外，德军在苏联的攻势也没有像当初预想的那样顺利；斯大林格勒战役和库尔斯克战役也即将打响。基于以上两点原因，德军决定仍将主力部署在东线战场。

在将德军主力继续部署在东线的同时，希特勒认为有必要沿着欧洲西北海岸线构筑一条强大的防线，抵御盟军可能发起的进攻。1942年3月，希特勒正式将这个想法付诸实践，下令要求沿着法国—西班牙边界至挪威北角修筑一条巨大的防线。希特勒确信英军将把挪威作为首选的登陆地点，他认为英军急于保护在北极地区的运输船只免遭U型潜艇的蚕食。虽然这一推理具有一定的合理因素，但盟军在决策时非常明显地避开了这一点。英军或美军根本不会选择挪威作为登陆点，因为这里距离英国本土太远，与法国相比，从挪威登陆将面临很多后勤问题。即便如此，希特勒还是下达了优先修建挪威海岸防御工事的命令。他的命令得到了不折不扣的执行。截至1943年年底，德军在挪威建成了当时世界上最坚固的海防体系。由于德军将主要精力花费在修建挪威海防线上，法国海岸相对被忽视，防御工事的修建工作刚一开始就步履缓慢。当英、加军队1942年8月18日在法国迪耶普海滩登陆时，那里的防御工事仅仅完成了一部分。

迪耶普突袭战的影响

盟军的迪耶普突袭行动虽然未能取得成功，但它为后来的诺曼底登陆作战提供了许多宝贵的经验和教训。

下图：艾森豪威尔将军与一名即将参加登陆行动的士兵交谈。站在左侧的是副参谋长特德空军上将（身穿一件翻毛夹克）；蒙哥马利陆军上将站在他的身后，但只能够看到他的半张面孔。

针对此次行动带来的影响，希特勒又颁布了一条命令，要求加强法国海岸防御工事的修建力度。但是，当希特勒命令部队尽快完成这项工作时，那些负责执行任务的人对此难以理解：仅仅完成一半的防御工事就已经粉碎了敌人的一次主攻，况且这些防御工事配备的还只是一些经验不足、年事已高的预备役军人，这说明修建工作不必如此急迫。即使是这些尚未完工的防御工事，登陆部队也难以突破。

到了1943年秋天，这种态度发生了彻底改变。突尼斯、西西里岛和萨莱诺的成功登陆表明，盟军的两栖登陆能力远远超出了德国人的预想。为此，希特勒又发布了一道指令，敦促部队火速修建一系列的防御工事，确保“在敌人登陆之前，如果可能的话，最迟在登陆真正开始之际”，将其击退。

盟军最高司令部

1943年1月，英国首相丘吉尔、美国总统罗斯福和他们的联合参谋部高级官员在卡萨布兰卡举行会议，随

左图：1942年，一辆“丘吉尔”坦克在德军的致命性空袭后被遗弃在迪耶普海滩。盟军从迪耶普行动中吸取了许多教训。为了避免类似的惨剧在诺曼底登陆中重演，参谋人员在制订计划时非常谨慎。

后盟军开始起草英美联合进攻计划。2个月后，华盛顿的“三叉戟”会议放弃了有关在1944年5月1日实施“霸王”行动的登陆计划，将制订进攻计划的任务交给了盟军最高司令部参谋长——英国陆军上将弗雷德里克·摩根爵士。摩根的头衔容易使人产生误解，这是因为盟军最高司令官的人选此时尚未确定。摩根将军雷厉风行，立即带领参谋班子投入进攻计划的制订工作之中。

盟军最高司令部面临的首要任务就是确定进攻地点。他们在法国海岸上选择了三个比较合适的地点：加来、诺曼底和布列塔尼。加来海岸具有几个有利条件，最明显的是可以提供穿越海峡的最短路线。但是，该地区的地形条件非常不理想。另外，德军早就认识到加来是一个非常可能遭到攻击的地点，已经开始加强那里的防御。除此之外，加来海岸周围的海滩出口非常狭窄，装甲车辆和重型装备在登陆后很难继续前进。为了使此类装备能够顺利上陆，登陆点必须选择在比利时海岸或塞纳河口。最后，肯特郡的港口无法容纳整个登陆舰队，这就意味着许多舰船必须从朴次茅斯和南安普敦港出发，而这100多英里的路程都在德军岸炮的射程之内。

布列塔尼拥有许多良好的海滩，在较短一段时期内，一些美军计划人员对布列塔尼较为青睐。但是，和加来海岸一样，它最终也被放弃了。主要原因有以下两点：首先，布列塔尼距离低地国家（指荷兰、比利时和卢森堡）的西部太远，当盟军的后勤资源耗尽需要补给或向德国开进时，无疑将面临一条更长的补给线；其次，盟军最高司令部内的英国海军代表对于在布列塔尼登陆感到恐惧，认为那里的气候条件十分恶劣（即使不是很恶劣，也是很糟糕），水文条件也比较差。仔细分

英德坦克的较量

在西线战场，德军坦克与英军坦克相比，一直占据着绝对优势，这是第二次世界大战最显著的特点之一。当德军将坦克作为诸兵种联合作战中的理想兵器时，英军对于如何使用坦克尚处于迷茫状态。德军坦克速度快、火力猛且防护能力强。与之相比，英军坦克总是存在不足，要么防护性能强，但速度慢且火力不足；要么速度快，但火力不足且防护性能差。总之，无法与对手相匹敌。1944年以前，英军的主战坦克是“克伦威尔”和“丘吉尔”坦克，同时还有一定数量的美制M4“谢尔曼”坦克。

虽然德军的“豹”式和“虎”式坦克以及经过改进的Ⅳ坦克在一对一的交锋中能打败它们的对手，但是盟军却在坦克数量上占有优势。这就意味着，盟军往往可以利用数量上的绝对优势来赢得坦克战的胜利。

析起来，上述这些反对原因颇具说服力，诺曼底于是就成了唯一的选择。

选择诺曼底作为登陆点并不说明它没有缺陷，而是因为与其他选择相比，诺曼底海岸的不利因素相对较少。登陆地点一经选定，更加细致的准备工作就开始了。大批美国部队陆续到达英国，所有在英国的盟军部队都加紧了登陆训练。盟军建造了各式各样的登陆舰艇，准备了所需要的战区地图，制造了可以进行航渡、扫雷和发射重型炸弹的专门坦克。截至1944年5月，盟国陆海空三军300万人在英国集结待命，他们分别来自英国、美国、加拿大、新西兰、澳大利亚、波兰、法国、比利时、挪威、荷兰和捷克斯洛伐克。

在此以前，盟军最高司令部已经拥有了自己的最高司令官。1943年12月7日，德怀特·D.艾森豪威尔将军被任命为盟军最高司令官，负责指挥整个登陆行动。艾森豪威尔面临的首要问题之一就是处理手下指挥官之间因为骄傲自负所导致的冲突，例如英国陆军元帅伯纳德·蒙哥马利上将和美国陆军中将乔治·S.巴顿。对于艾森豪威尔而言，这是一件十分棘手的工作。尤其是蒙哥马利，他经常制造一些麻烦，让艾森豪威尔非常头痛。作为一名英国军人，蒙哥马利理所当然地认为，在登陆以后，应当由他来指挥欧洲战场上的所有战斗（而不仅仅是第一阶段的战斗）。如果只把这种想法保留在内心深处倒也无可厚非，但他从来毫不掩饰这个想法。

1944年6月初，一切准备工作就绪。登陆行动原定于6月5日发起，由于天气恶劣，被迫推迟了24小时。第二天，尽管天气没有多大好转，艾森豪威尔还是发出了进攻命令。1944年6月5日夜晚至6日黎明，250000多名盟军将士发动了一场世界战争史上规模罕见、极为复杂的军事行动，在诺曼底半岛建立了桥头堡，率先为西线法西斯德军的灭亡敲响了丧钟。

对手

德军在法国的防御态势让希特勒日渐忧虑，为此，他特委派他的爱将陆军元帅埃尔温·隆美尔视察所谓的“大西洋壁垒”防御体系。1941年1月1日，希特勒又任命隆美尔为B集团军群司令，负责指挥驻法国北部的所有德军部队。此时，德国人愈发意识到，盟军将很快对欧洲大陆发起进攻，却无法判断出具体的时间和进攻地点。

刚一开始，隆美尔就发现，在抵御盟军进攻的方法上，他与西线总司令格尔德·冯·龙德施泰特陆军元帅之间存在着重大分歧。龙德施泰特主张首先放手让盟军登陆，而后趁其正在建立滩头堡时动用6个德军装甲师发起猛烈攻击，全歼敌人于滩头。隆美尔不同意这种观

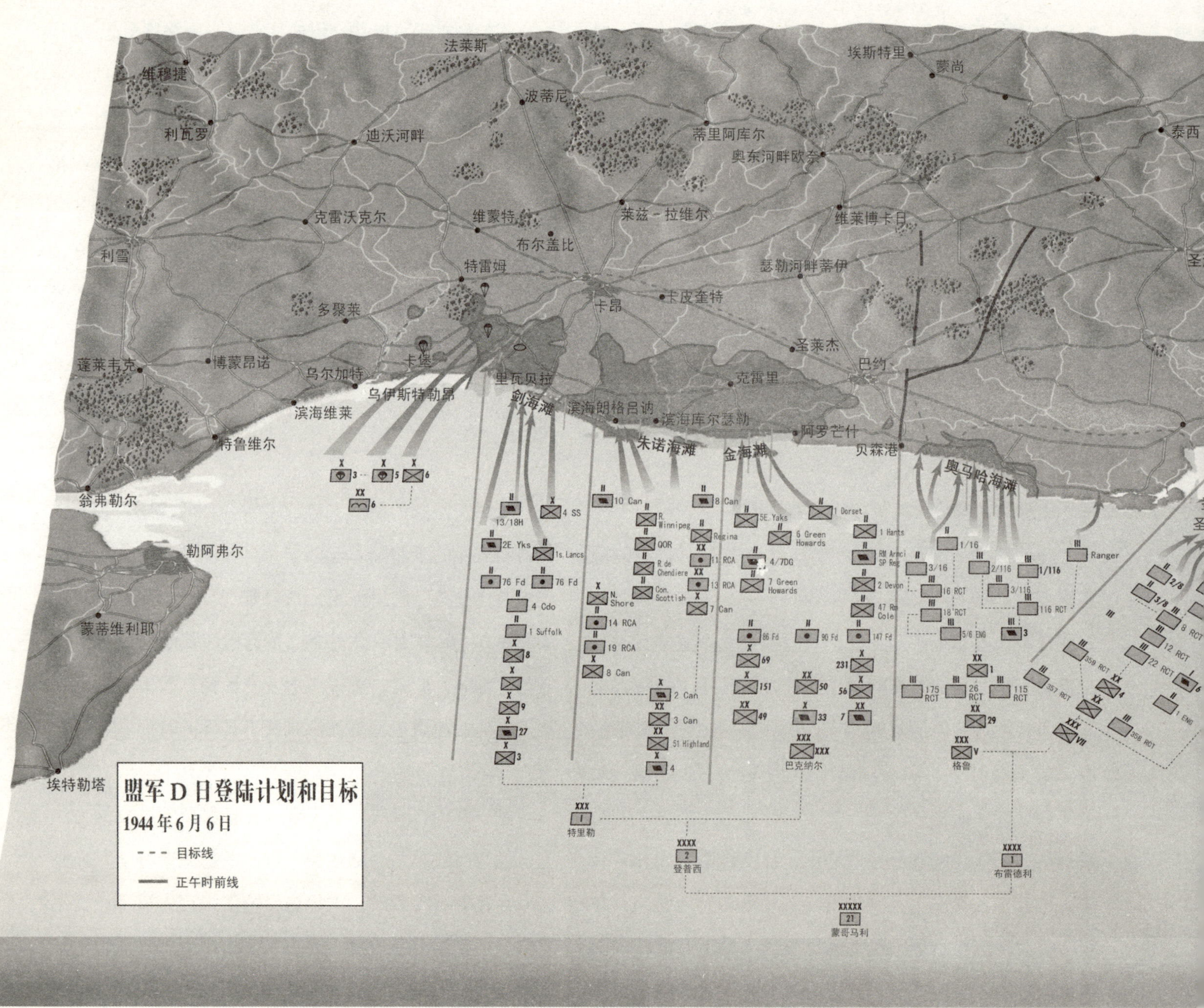

法莱斯
维穆捷
利瓦罗
波蒂尼
迪沃河畔
埃斯特里
蒙尚
蒂里阿库尔
奥东河畔欧奈
泰西
克雷沃克尔
维蒙特
布尔盖比
莱兹－拉维尔
维莱博卡日
利雪
特雷姆
瑟勒河畔蒂伊
卡皮奎特
卡昂
多聚莱
圣莱杰
蓬莱韦克
博蒙昂诺
乌尔加特
卡堡
里瓦贝拉
巴约
克雷里
乌伊斯特勒昂
剑海滩
滨海朗格吕讷
滨海库尔瑟勒
滨海维莱
阿罗芒什
朱诺海滩
金海滩
贝森港
奥马哈海滩
特鲁维尔
翁弗勒尔
勒阿弗尔
蒙蒂维利耶
埃特勒塔
13/18H
4 SS
2E. Yks
1s. Lancs
76 Fd
4 Cdo
1 Suffolk
10 Can
R. Winnipeg
QOR
R. de Chendiere
Con. Scottish
N. Shore
14 RCA
19 RCA
8 Can
8 Can
Regina
11 RCA
13 RCA
7 Can
2 Can
3 Can
51 Highland
5E. Yks
6 Green Howards
4/7DG
7 Green Howards
86 Fd
90 Fd
147 Fd
1 Dorset
1 Hants
2 Devon
47 Rm Cdo
1/16
3/16
16 RCT
18 RCT
5/6 ENG
2/116
1/116
3/116
116 RCT
Ranger
175 RCT
26 RCT
115 RCT
8 RCT
12 RCT
22 RCT
359 RCT
357 RCT
358 RCT
1 ENG
特里勒
巴克纳尔
格鲁
登普西
布雷德利
蒙哥马利
盟军D日登陆计划和目标
1944年6月6日
目标线
正午时前线

左图：1944年6月6日，“霸王”行动开始，美军从奥马哈和犹他海滩登陆，英军在剑海滩、朱诺海滩和金海滩登陆。其中，犹他、金、剑和朱诺海滩登陆行动进展比较顺利，但在奥马哈海滩的战斗却极为惨烈，美军登陆部队在付出沉重的伤亡代价之后，最终得以登陆，建立了陆上滩头阵地。

点，他在指挥“非洲军团”时曾深刻体验过空袭对于装甲纵队的影响：当装甲车辆冲向滩头进行攻击时，很容易遭到敌人空中和海上火力的袭击。隆美尔认为，摧毁敌人进攻的唯一方法就是在登陆部队开始抢滩之前，将他们消灭在水际滩头。

冯·龙德施泰特和隆美尔之间的分歧促使希特勒直接介入此事，他提出了一个折中方案：由他本人直接指挥装甲部队，在必要时，他将通过发布命令来调遣装甲部队。这种方案得到了两人的认可。但是，这种方案将意味着，在抵御盟军登陆时，德军的作战指挥体系将变得非常僵硬，可能导致装甲预备队在必要时无法及时部署到位。虽然隆美尔在争取装甲预备队方面未能取得成功，但是他提出的有关建立强大防御工事的主张被希特勒接受了。到了1944年春天，在法国海岸的初具规模的防御体系逐渐形成。

D日

实际上，发动首轮进攻行动的部队并非是来自海上的登陆部队，而是“自由法国”抵抗组织和6月6日午夜刚过搭乘运输机和滑翔机空降入场的盟军空降部队。虽然空降行动混乱不堪，伞兵降落在距离预定空降区几英里外的地方，但他们在着陆后立即向德军发起了袭击。两栖部队的海上登陆行动紧随空降行动之后，除了奥马哈海滩以外，整个登陆行动相当顺利。在奥马哈海滩，登陆行动曾一度陷入困境。但是，美国陆军第29师副师长诺曼·科塔准将在关键时刻临危不乱，设法在海滩上集合了一支由别动队员、工兵和步兵组成的连级规模的合成部队，率领他们从海滩向悬崖峭壁中的一个山坳前进，躲开了敌人机枪的射击。

随后，科塔带领部队开始向德军阵地发动进攻。截至晚上11时，他们已经成功占领了维耶维尔的海滩出口。经过半小时的浴血奋战，他们又占领了圣洛朗出口。与此同时，美军主力部队也正在离开海滩，向内陆推进。在其他地方，英国和加拿大部队已经从剑海滩、朱诺海滩和金海滩向前开进。与奥马哈海滩相比，犹他海滩的美军部队登陆较为顺利。

德军的反应可谓手忙脚乱。他们将盟军的第一轮伞

右图：美军部队跳下一艘登陆舰艇，冲向海滩。在登陆之前，盟军进行了无数次的登陆突击训练。因此，登陆日（D日）当天盟军的登陆行动非常成功，得以在法国海岸建立起一个比较完整的滩头阵地。

降行动误认为是向抵抗组织空投补给物资。但在一段时间以后，当他们意识到抵抗组织收到的武器装备早已远远超出了其实际需要之后，才明白这轮伞降行动的真正意图。当盟军舰队出现在驻守诺曼底的德军视野里时，他们认为这只是一次佯攻行动，真正的进攻目标是在加来地区。冯·龙德施泰特对此坚信不疑，希特勒也不例外。当时，德军雷达发现一支进攻部队正向加来海岸开进，但后来才意识到，这是盟军制造的一个假象。事实上，德军雷达截获的是英国皇家空军空投的铝箔金属片在雷达屏幕上产生的假信号。

虽然德军第21装甲师已经开始向奥恩河大桥周围的盟军空降兵开战，但希特勒仍然不愿下令出动自己的装甲部队。直到6月6日黄昏，德军各个军兵种才开始真正发起了反击，但盟军部队这时已经实现了成功登陆。

继续突进

建立滩头堡只是盟军进攻的首要任务。一旦登陆成功，他们必须向纵深地带突进。这确实是一项非常困难的任务，因为这里的自然条件非常复杂，易守难攻。

在卡尔皮奎特和科唐坦半岛之间，是一片树木花草丛生的地区，狭窄的乡间小道深陷在高大浓密的灌木丛之间，弯弯曲曲地通向一些错落有致的村落和七零八落的农家小院。总而言之，这种地形对于防御一方十分有利。在诺曼底战役期间，英军第7装甲师的经历充分展示了战斗的惨烈程度。蒙哥马利决定命令素有“沙漠之鼠”之称的第7装甲师穿越丛林地区，与第51高地师会合，而后合围卡昂。6月10日，第7装甲师开始由蒂伊向丛林地区集结。负责该地区防御的是德军装甲教导师，尽管这支部队力量相对薄弱，但在作战条件艰苦的诺曼底地区，对于盟军仍然是一个强大对手。第7装甲师师长决定从相对较窄的正面向德军发起进攻，这一决定从某种程度上帮了德军的大忙。因为对于德军而言，沿着宽广的防线抵御盟军的进攻非常困难。第7装甲师先头部队花了3天时间才进入丛林地区，期间遭到德军一辆“虎”式坦克的伏击。这辆坦克由来自东线的王牌坦克车手迈克尔·魏特曼驾驶，战斗刚一打响，他就摧毁了英军坦克纵队的先头坦克和后卫坦克，切断了坦克纵队的逃脱路线，随后将敌人逐一摧毁。在随后的战斗中，一枚6磅反坦克炮弹击中了魏特曼的坦克履带，使其无法继续前进。魏特曼被迫徒步逃跑，留在身后的是一片惨不忍睹的尸体（在后来的战斗中，英军战斗轰炸机击中魏特曼的坦克，这位王牌坦克车长最终死于非命）。当日下午，德军装甲教导师向第7装甲师发动了一次反攻，将其赶回了蒂伊。在战斗中，英军损失了25辆坦克、28辆其他车辆和大量人员。由于德军在法国的顽强

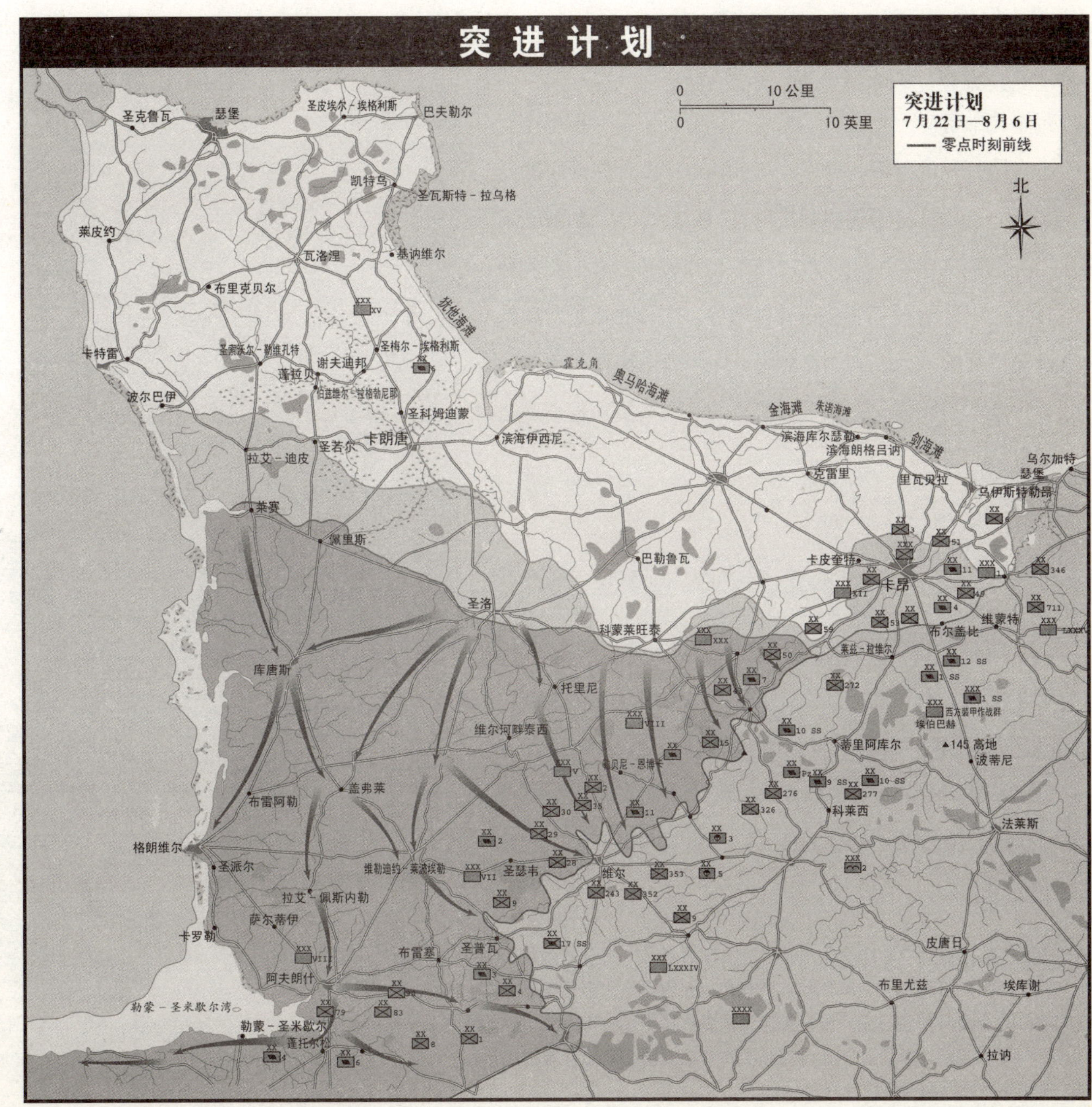

右图：在成功登陆并建立起一个滩头阵地后，盟军开始向乡村地区突进。美军的任务是首先清除瑟堡半岛上的德军，随后调转矛头与进攻卡昂的英军会合。

抵抗，类似的惨剧不断上演。英军面对的德军力量非常强大，进攻行动步履维艰、代价惨重。7月初，盟军和德军统帅部对于各自的战果均不满意：盟军的推进速度没有达到预期目标，德军同样面临着一个非常严峻的问题——反攻目标未能顺利实现。7月3日，希特勒解除了冯·龙德施泰特的职务，由陆军元帅冈瑟·冯·克鲁格接替。克鲁格以“唯命是从”著称，这可能是他受到希特勒重用的原因之一。在当时，大多数德国将军认为，希特勒“不顾强敌，急于求成”的不现实要求是不可能实现的。

7月20日

1944年7月20日，希特勒在位于东普鲁士的大本营召开会议。由于希特勒平时居住的水泥掩体正在进行加固，会议临时改在一个大棚屋内举行。会议按时举行，但德军总司令威廉·凯特尔陆军元帅未能准时到会。几分钟后，凯特尔才和克劳斯·冯·施道芬堡上校一起到

右图：英国皇家空军地勤人员正在为一架“台风”战斗轰炸机装载６０磅火箭弹。“台风”战斗轰炸机以使用火箭弹袭击德军坦克和交通线而闻名遐迩。虽然火箭弹的精确打击能力实在令人不敢恭维，但是就“台风”战斗轰炸机本身而言，仍然是诺曼底登陆期间作战效能最高的武器平台之一。

达会场。冯·施道芬堡是训练和补给司令部的代表，这次前来向希特勒提交一份有关新组建师团补给问题的报告。凯特尔将他向希特勒作了介绍。随后，施道芬堡在会议桌前坐了下来，将一个黄色皮包放在了桌子下面。过了一会儿，他对身旁的人嘀咕了几句，解释说他必须出去打个电话。几分钟后，当凯特尔还在为施道芬堡的去向感到纳闷时，一声巨大的爆炸声打断了他的思绪。

卫兵们纷纷跑来。第一批幸存者逐渐逃出了房间。凯特尔也侥幸脱险，他赶紧跑上前搀扶希特勒。希特勒脸上的伤口血流不止，手臂也暂时无法动弹。后来，医生还从他的腿上取出了大量碎片。希特勒很快意识到自己遇到了暗杀，立即派他的军官调查炸弹的线索。调查小组最终推断，爆炸发生在棚屋内部，爆炸装置可能被放在会议室的地图桌下面。

嫌疑重点逐渐集中到了冯·施道芬堡身上：首先，他这时已经从现场消失了，逃到附近一个机场；其次，会议室里到处散落着他携带来的黄色皮包的碎片，据此推测刺杀分子非他莫属。下午3时到4时，希特勒的“狼穴”大本营开始不断收到从柏林传来的消息，声称一群道德败坏的军官和政客已经暗杀了元首，政府已经宣布进入紧急状态。几小时之内，政变似乎取得了成功：由于所有效忠希特勒的高级指挥官都在前线指挥作战，他现在处于孤立无援的境地。

令希特勒自鸣得意的是，他的好运气还远远不止于在爆炸中死里逃生。晚上6时30分，他接到了宣传部长约瑟夫·戈培尔费尽周折发来的一封电报，向希特勒报告柏林城内唯一的一支作战部队的指挥官——警卫营营长伦纳少校还在他们的控制之下。戈培尔解释说，伦纳少校被当时的情况搞得晕头转向，不知所措：他先是接到了一连串的命令，要求他将政府官员在各自家中就地逮捕，随后又接到了另外一道命令，要求他逮捕维茨勒本和冯·施道芬堡。戈培尔问希特勒是否愿意与伦纳通话，希特勒表示同意。他指示伦纳少校尽快结束柏林的混乱状况，对于一切不服从命令者格杀勿论。午夜之前，冯·施道芬堡和其他三名反叛者被处死。随后，一场大规模的逮捕行动开始了。嫌疑者受到了残酷的审问，有时被迫将那些与密谋无关的人也牵扯进来。埃尔温·隆美尔就是其中之一。希特勒给了他两个选择：要么选择自杀，死后给他举行国葬，让他流芳百世；要么选择处死，使他的家族永远蒙羞。隆美尔选择了服毒自杀。这次事件虽然使德国失去了一位天才的指挥官，但更为重要的是，它极大地助长了阿道夫·希特勒的自信心。

暗杀事件发生仅仅一小时后，希特勒就邀请墨索里尼共进午餐。他兴奋地谈论着自己大难不死的经历，认为这一切都清楚地预示了他和德国的真正命运，无论当前形势多么不利，胜利最终将属于德国。在场的人说，希特勒欣喜若狂，早把死里逃生的恐惧感抛之脑后，确信自己必将取得胜利。这种重新树立起来的自信也产生了其他后果。除了极少数人之外，希特勒从此不再相信其他军事指挥官，很少接受来自部队的建议。在战场形势判断上，不再愿意听取与其想法相左的意见。这对后来的战争进程产生了严重影响。当时，战局对于德军已经十分不利，盟军经过几星期的苦战后已经开始了突破行动。

盟军的空中支援

空中支援的重要性已经在北非沙漠的战事中得到了充分认可，这促使盟军空军部队开始研究极为有效的空地协同战术。通过这些战术，盟军可以用战斗轰炸机攻击战场目标和运输车队。“台风”和P－47“雷电”战斗轰炸机是执行这种任务的最著名的战机。这两款飞机机体坚固，武器装备先进，在战斗中使德军地面部队屡遭劫难。“台风”战斗轰炸机携带的火箭弹更让德军坦克部队闻风丧胆。由于盟军在法国上空的空中优势，德军很难消除由盟军空袭所产生的影响，根本无力阻止盟军穿越法国。

“古德伍德”行动和“眼镜蛇”行动

到了7月初，盟军各路进攻部队向内地突进的距离都不到15千米。尽管没有人公开议论，但是这种僵局所导致的恐惧感不断蔓延。到了7月的第二周，似乎只有蒙哥马利的部队能给盟军带来一些乐观情绪，他已经决定发起一次具有决定意义的突破行动。7月10日，蒙哥马利命令部队从诺曼底半岛向内地推进。与此同时，奥马尔·布莱德雷将军的美国第1集团军将向阿夫朗什发起进攻，而美国第3集团军的先头部队第8军也将随后进军布列塔尼。为了协同这次全面进攻行动，迈尔斯·登普西上将指挥的英国第2集团军将进逼卡昂。这次进攻定于7月18日开始，代号“古德伍德”行动。随后的第二天，布莱德雷指挥的“眼镜蛇”行动也将打响。然而，在没有攻下圣洛以前，此次行动无法开始。虽然美军于7月19日上午拿下了圣洛，但“眼镜蛇”行动却不得不推迟到7月24日。

7月19日下午，就在“古德伍德”行动似乎已经取得胜利的时候，其先头装甲部队遇到了敌人的顽强抵抗，被迫在布尔盖比山脊附近停止前进。第二天，大雨磅礴，进攻完全停止。虽然“古德伍德”行动从表面上看失败了，但它实际上已经实现了蒙哥马利确定的将德军装甲部队从美军方向引开的目标。这样一来，英军就要对付13个德国师，而美军只需要对付德军的9个师（其中只有2个装甲师）。因此，美军的优势非常明显。

虽然在时间上有所推迟，但是美军仍然按照原定计划发起了“眼镜蛇”行动。“眼镜蛇”行动计划的具体内容是：首先向美国第7军当面的德军发起地毯式轰炸；随后，第7军将向德军主防线挺进并伺机突破；在第一阶段结束时，突入布列塔尼，占领沿岸港口。

根据“眼镜蛇”行动计划，美军将于7月24日下午1时向德军发动空袭。但是，由于战场上空云层太厚，盟军的空袭行动被迫临时取消。这样做并没有能够避免因战场识别混乱所导致的误伤。许多轰炸机没有收到撤退信息，空投了300余枚炸弹，其中一架飞机意外地将炸弹投到了盟军第30师的阵地，造成25人死亡，100人受伤。布莱德雷将军雷霆大怒，他如此气愤的原因，

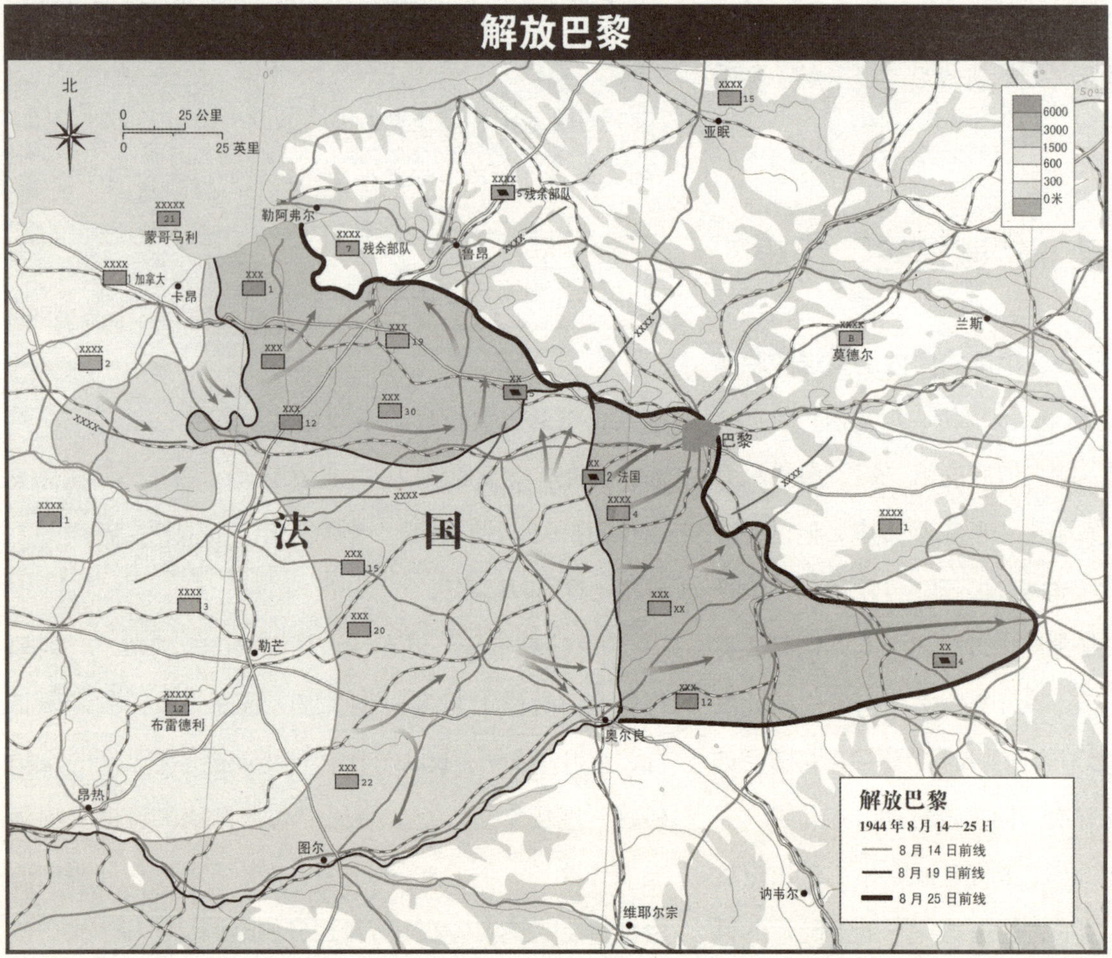

解放巴黎

解放巴黎
1944年8月14—25日
8月14日前线
8月19日前线
8月25日前线

左图：是否解放巴黎的问题在盟军内部引发了争议，原因在于它不是艾森豪威尔将军的首要目标。但是，在戴高乐将军的压力下，加上盟军的总体形势良好，艾森豪威尔同意分散部分兵力夺回这座城市。1944年8月底，巴黎解放。

并非上述人员伤亡，而是担心这种情况会引起德军对于进攻的警觉。值得庆幸的是，虽然事情发生了，但德军并没有改变自己的作战计划。当德国第7集团军司令保罗·豪泽尔上将向冯·克鲁格汇报当天战况时，并没有表现出特别的担忧。

第二次进攻

次日上午9时30分刚过，“眼镜蛇”行动正式开始。美军首先派出数架“雷电”战斗轰炸机，对德军阵地发起了猛烈空袭。随后，又派出将近1500架B-17和B-24轰炸机，共投下3000多吨炸弹。紧接着，另外380架B-26中程轰炸机又飞临德军上空，投下了1400吨烈性炸药。德军阵地被炸得面目全非，1000多人在空袭中丧生，另有1000多人或者被炸伤，或者被震得头晕眼花，无法继续参加战斗。虽然轰炸行动切断了德军的通信网络，但无法对德军构成全方位的打击。许多距离美军阵地最近的德军没有受伤，他们随着己方的坦克四处逃窜。此时，美军发起了第二轮空袭，炸死德军111人，炸伤490人。但极其不幸的是，美国陆军地面部队司令莱斯利·麦克奈尔中将在这次空袭中被己方火力误炸身亡，成为美军死于作战中的最高军衔的军官。

盟军的地面进攻从上午11时开始。在那些没有被轰炸造成较大破坏的地区，盟军遭到了敌人的顽固抵抗。这就意味着，第一天的进攻让美国人非常失望。他们原计划向前推进3英里，而实际上只推进了1英里。地面进攻仍在继续。就在此时，希特勒下达了反攻的命令。

莫尔坦反攻

德军的反攻在莫尔坦附近地区展开，主要目标是夺取阿夫朗什。该目标对于遏制美军的进攻至关重要，因为它是巴顿的第3集团军运输补给品的必经之地。希特勒认为，在这里发起进攻可以打乱美军整个作战计划，使德军能够有机会切断并消灭美军的先遣师。8月7日，德军进攻开始，突破美军防线10英里。当时，许多美军部队确实被德军切断，因此从表面上看，希特勒的计划产生了一定的效果。然而，上午9时到10时许，天空中到处都是盟军的战斗轰炸机。由于德军需要躲避飞机轰炸，前进被迫中止。在随后的3天里，他们只能在夜间发动袭击。接下来的战斗更为艰苦，德军没有取得任何重大进展，反攻失败。

8月8日，巴顿的第3集团军先头部队到达勒芒。艾森豪威尔命令其向北继续推进，进入英军战区。与此同时，加拿大第2军计划向南推进攻击法莱斯，尔后与美军会合，击败德军的进攻。8月8日黄昏后，1000多架重

型轰炸机轰炸了通往法莱斯的公路两侧。随后，加拿大军队开始沿着公路顺势而下，向着法莱斯进军，“合围”行动打响。

德军企图阻止加军的前进，在8月9日正午之前就开始发起反攻，但在下午2时以前被击退。正当加拿大和波兰军队准备继续前进时，头顶上却飞来了500架美国陆军航空队的B-17轰炸机。这些飞机准备像昨天一样，在夜间实施轰炸，结果却犯了灾难性的错误。由于炸弹落点离盟军部队太近，许多己方人员和坦克受到了很大损伤。第二天，一个加拿大战斗大队在前进中迷了路，误入两个德军装甲编队的包围圈。更糟糕的是，波兰军队正在与德军交战，加拿大军队也遭到了袭击。虽然加、波军队正在按照“合围”行动的目标向前推进，但缓慢的速度使其处于非常危险的境地，因为他们面对的敌人数量越来越多。美军的前进较为顺利，正抓紧时间向阿让唐开进。由于即将与美军会合，英军士气更加高涨。一场合围之战即将打响。

左图：在这张拍摄于1944年10月的照片上，三个疲惫不堪但心情愉快的美军士兵一边抽着香烟，一边等待着运输机将他们运回后方，享受寥寥数日的短暂休息。他们三人从1944年6月12日以来就一直在前线作战。诺曼底登陆期间的惨烈战斗使双方都付出了沉重的代价，很有必要给部队一些休息和恢复的时间。

法国抵抗组织成员在法国某个小镇的一张合影。他们手中的武器以英式步枪为主。在照片的右下方，我们可以看到一挺“布伦”式轻机枪。这些武器大多是盟军空投给抵抗组织的。

“驯服”行动

作为一项新计划，“驯服”行动的主要任务是，在致命性的炮兵火力准备之后，300多辆坦克和4个步兵旅将紧随其后向德军发起大规模进攻。但此时，灾难再一次降临。盟军800架重型轰炸机在提供空中火力支援时，向德军投下的炸弹落到了盟军部队的附近，炸弹和炮弹爆炸产生的巨大烟幕使得他们无法辨别前进方向。一时之间，盟军坦克和装甲车辆互相碰撞，挤在一起，前进队形混乱不堪。当装甲部队在前进途中遇到一条狭窄的小河时，情况更加复杂。小河虽然不是很宽，但堤岸非常陡峭，坦克无法穿过。工兵向河里抛入了大量成捆的树枝，装甲部队才最终得以通过，但前进速度却受到严重的影响。加拿大军队的前进速度非常缓慢，直到8月15日才最终抵达法莱斯。

> 法莱斯战场无疑是战争史上最“血腥”的战场之一。……在堵上突破口48小时后，我在别人的带领下走进战场，看到了令人惊骇万分的场景，这种场景也许只有通过伟大诗人但丁的如椽巨笔才能够描绘出来。毫不夸张地说，在数百码的行程中，我们几乎是踩着尸体走过来的。
>
> ——德怀特·D.艾森豪威尔将军

虽然盟军占据着非常明显的优势地位，希特勒仍然坚信通过装甲部队的一连串反击一定能够打败对方。他命令冯·克鲁格继续进攻阿夫朗什。这时候，冯·克鲁格不愿再对希特勒的每一个突发奇想都唯命是从。他认为希特勒的命令荒谬之极，根本无法执行，于是向柏林发出一份电报：“德军已经无力打败盟军。”没有等到回复，他就命令几乎被包围的德军部队开始全面撤退。

诺曼底战役结束

撤退的消息令希特勒暴跳如雷，他立即解除了冯·克鲁格的职务并命令他返回柏林。这位不幸的陆军元帅并没有长途跋涉去当面聆听希特勒的怒斥或宣判，而是选择了服毒自杀。希特勒知道陆军元帅瓦尔特·莫德尔是一名服从命令的忠实的纳粹党员，于是在8月17日让他取代了冯·克鲁格的职位。莫德尔可能非常忠诚，但他并非一个傻瓜。在上任之际，他就意识到，对于当前的战事，他也无力回天，唯一的明智选择就是继续撤退。但莫德尔非常狡猾，他一边准备撤退，一边命令残余的装甲部队向法莱斯和阿让唐发起进攻。他认为，即使不能取得突破，至少可以向希特勒证明，他已经全力以赴地执行命令了。到了8月19日，德军的处境已经是危如累卵。炮兵和空中力量的轰炸消灭了大部分正在撤退的德军部队；两天后，因为出口被盟军封死，那些被包围的德军被最终歼灭。戴高乐的“自由法国”部队迅速冲入巴黎，几天之内就占领了这座阔别已久的城市。8月29日，作为解放庆典的一部分，美军也参加了在巴黎香榭丽舍大道举行的庆祝游行。

“强迫”行动

在诺曼底战役继续进行的同时，盟军开始在法国南部登陆，积极开辟法国第二战场。尽管这项计划早在德黑兰会议上就已经确定，却没有确定行动（代号“铁砧”）的确切日期，因为当时诺曼底战役即将打响，盟军无力同时为两场登陆战役提供足够的舰船。艾森豪威尔坚决不同意两场登陆战役同时进行，但他保证，盟军将在“霸王”行动之后实施“铁砧”行动。6月11日，丘吉尔极力主张取消“铁砧”行动的登陆计划，建议盟军在巴尔干登陆。

罗斯福拒绝了丘吉尔的建议，提醒他说，在巴尔干登陆肯定会遭到美国人民的强烈反对。这个解释的含义非常清楚——美国正处在大选年，罗斯福很有礼貌地告诉首相先生，他不想做任何违背民意的事情。但丘吉尔仍不死心，又试图劝说艾森豪威尔修改计划，但是再次遭到了拒绝。因此，丘吉尔开了一个苦涩的玩笑：既然他是被迫接受这次登陆行动的，所以这个计划的代号应当改为“强迫”行动。有意思的是，盟军参谋人员却把丘吉尔的一个随意玩笑当了真，将行动代号改成了“铁砧—强迫”。

盟军登陆舰队集结在地中海上的各个港口。8月14日夜晚，突击部队率先登陆，标志着“铁砧—强迫”行动正式开始。随后，伞降和滑翔机部队开始空降入场，目标是占领勒米的交通枢纽。一些伞降兵未能落入预定的着陆区，反而恰巧落到了德军第62军司令部的上方。对于伞兵部队而言，被空降在目标区几千米以外的地方已是司空见惯的事情。因此，士兵们丝毫没有慌张，而是立即评估周围的情况，制订打击敌人的计划，并立即开始实施。他们袭击了德军的司令部，使其无法继续对海滩上的防御进行指挥。第二天，盟军攻克勒米。8月15日凌晨5时50分，主体登陆行动开始，进展非常顺利。8月17日，德军最高统帅部发布了放弃法国南部（港口除外）的命令。随后，那里的部队开始回撤。

美军在法国南部的进攻行动进展顺利。8月28日，驻马赛的德军投降；9月3日，卢西恩·K.特拉斯科特上将率领第6军进入里昂。市民们欢呼雀跃，庆祝解放。在特拉斯科特的部队到达里昂以前，法国北部的盟军部

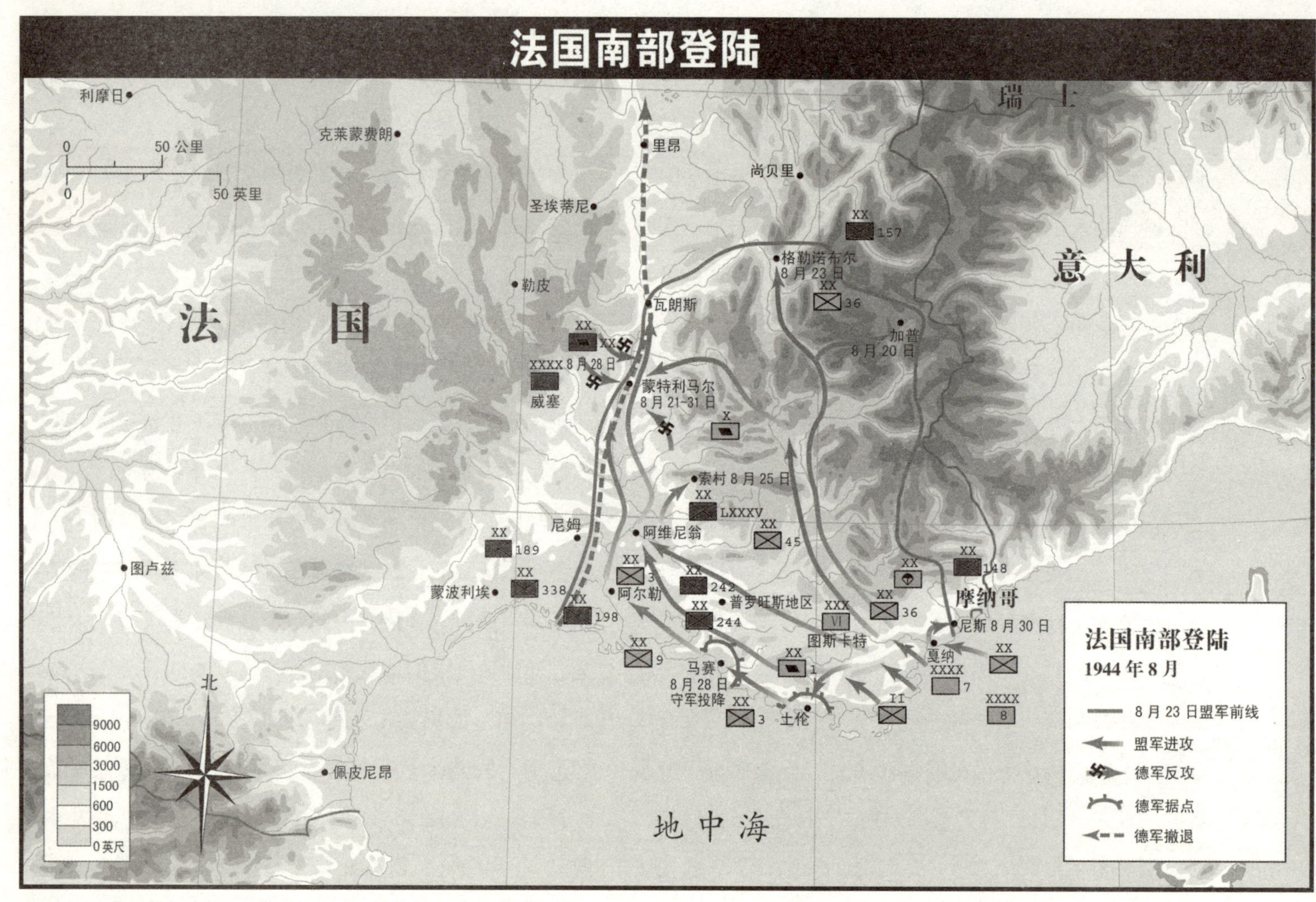

上图：尽管英国人反对，盟军还是实施了从法国南部登陆的“铁砧—强迫”行动。该行动的最初目标是分散德军兵力，但是，当德军已经开始向北撤退时，盟军仍然穷追不舍。

队已经取得了快速突破。8月16日，蒙哥马利发动了进军塞纳河的“小猫”行动。为了避免全军覆没，德军被迫渡过塞纳河，朝着比利时和德国边境方向退却。当德军撤退时，盟军乘胜追击。到了9月份的第一个星期，盟军的军需物资开始出现短缺，于是沿着默兹河至马斯特里赫特一线驻扎下来。随后，盟军又从亚琛南下，向瑞士边界前进。就在盟军最高司令部制订下一阶段的作战计划的同时，特拉斯科特的部队于9月11日实现了与巴顿的部队会合，将德军最后一支后卫部队包围，迫使20000名德军缴械投降。虽然在法国南部的行动增加了盟军的后勤保障困难，但是“铁砧—强迫”行动的成功确保了法国南部的政治稳定。当美国人不顾丘吉尔的反对坚持实施这次行动时，能否保证法国的稳定曾是他们担忧的关键问题之一。

1944年8月底，盟军已经成功实现了驱逐德军的目标，绝大部分法国领土被解放。一旦后勤系统得以恢复，盟军将向德国进军。德军虽然此时已经被迫撤退，但是他们的抵抗力量依然非常强大。随着同盟国和轴心国这两大军事力量最终较量的临近，欧洲战场的战线也被推进到德国边境。此时，对于盟军来说，德军仍是一个强大的敌人。

第8 章

西北欧战场

1944年8月—1945年4月

诺曼底登陆后仅80天，盟军就抵达了塞纳河畔。巴黎被解放后，盟军主力部队开始渡过塞纳河追击德军。盟军担心如果追击行动滞后，德军将会利用这段时间构筑起坚固的防御阵地，阻止盟军向德国本土的推进。盟军高级指挥官回想起第一次世界大战期间，德军沿着索姆河、马恩河、埃纳河和默兹河一线建立的纵深防线，他们中的许多人曾经亲身领略了这些阵地的威力。

美国第1集团军（考特尼·霍奇斯中将）是第一支渡过塞纳河的追击部队，经过一系列的激战，于8月底攻占了圣昆延，紧接着又拿下了蒙斯和图尔奈。巴顿将军率领第3集团军也快速推进到默兹河，但由于油料耗尽，不得不于8月31日停止前进。与此同时，在开进比利时之前，蒙哥马利的第21集团军群也积极做好了夺取勒阿弗尔、迪拜、布伦和加来等城市的准备。英国第2集团军麾下的第12军和第30军渡过塞纳河后，突破了德军的顽强抵抗，开始向亚眠推进，进攻势头越来越强。

对页图：一名美军士兵正在展示所缴获的各式德军武器。他左臂上挂着3支MP-40型冲锋枪，右手上拿着2支MG-42型机枪。此后，美军在MG-42型机枪的基础上研制出了M60型机枪。

8月31日拂晓，英军第11装甲师先头部队抵达亚眠，天亮之前控制了索姆河渡口。第二天，英国第30军推进到斯卡尔普河沿岸的阿拉斯和欧比尼，第三天推进至了杜埃和朗斯。虽然英军在前进中遇到了一些抵抗，但并不十分强烈。9月1日，盟军部队奉命休整，以便在霍奇斯将军的美国第1集团军抵达前，通过空降作战夺取图尔奈。事实上，美国第1集团军推进神速，尚未来得及实施空降作战，图尔奈就落入了美军之手。此时，英军部队奉命向布鲁塞尔推进，第11装甲师和警卫装甲师分别负责解放比利时首都布鲁塞尔和安特卫普的任务。9月3日傍晚，英军警卫装甲师进入布鲁塞尔，当地居民举行了庆祝活动。英军第11装甲师进入安特卫普时，也受到

上图：在实现了从诺曼底突破这项艰巨任务后，盟军的进军速度相当迅疾。8月底，盟军彻底肃清了法国境内的德军，随即向比利时进军。

了类似的欢迎。

勒阿弗尔

英国第1军夺取勒阿弗尔的作战任务，远比第12军和第30军向前推进困难得多。勒阿弗尔港的防御设施完备，德军防守部队指挥官埃伯哈特·怀尔德马斯上校陷入了两难境地。他一方面希望避免重大人员伤亡，但另一方面又不能简单投降了事，因为如果下令投降，将给自己的家庭带来严重后果。最终，英军不得不以武力攻克该城。英国皇家空军对该港口实施了连续10天的轰炸，英国皇家海军的舰炮也在炮火准备过程中发挥了巨大威力。9月10日黄昏，就在进攻发起前，第49师和第50师步兵团先实施了火力侦察，而后进入攻击阵地。

对勒阿弗尔的先期炮火准备的效果惊人，几乎可以与东线战场上苏军对德军阵地实施的大规模炮火准备相媲美。英国空军轰炸机向该港投下了多达5000吨的炸弹。当最后一架轰炸机飞离港口上空后，英军炮兵部队立即向德军阵地开火，装甲部队开始向前推进，陆军部队紧随其后，开始向城内突击。尽管实施了空中轰炸，英军还是经过了一个夜晚和第二天白天的战斗，才夺取了外围防御阵地。又过了24小时，英军攻入城市中心区，俘获了怀尔德马斯上校。勒阿弗尔最终落入英国人的手中。但是，若不是希特勒严令死守并威胁对投降军官的亲属严加处置的话，将不会有那么多人付出生命，也不会使港口设施受到如此严重的损坏。盟军不得不花费数周时间维修勒阿弗尔港，为盟军部队未来向纵深推进提供后勤支援。

总之，1944年8月的最后两周，英军和美军部队向前推进了大约500英里，途中俘获了成千上万名德国战俘。然而，随着盟军部队不断向前推进，后勤补给线日益趋于紧张。但是，J.C.H.李将军指挥的后勤机构中普遍存在的效率低下和腐败问题，大大加剧了这种情势。李将军是一位态度傲慢、不受欢迎的指挥官［批评者称他名字中的大写字母J.C.H的意思说自己是“耶稣基督”（Jesus Christ himself）］，他领导的后勤机构十分臃肿，把持着向部队提供补给的特权。上级要求他们在前线设立指挥部，李将军却肆意挥霍财物，将豪华的指挥部设在巴黎（大约占据290余间宾馆客房）。他的手下公然进行黑市交易，有10%的人员因为沉迷于黑市交易而开小差，他们在巴黎用非法谋取的军用物资从事个人生意。面对这种情况，前线盟军只有一个简单的解决办法，利用靠近前线的港口来实施补给。但是，有些港口（例如勒阿弗尔）需要花费几周的时间进行修复，这就极大地增加了后勤补给的难度。即便如此，仍然有一些港口无法很快投入使用，例如安特卫普港，因为德军仍控制着该港口外围的道路。上述所有因素都表明，盟军无法在广阔的战线持续向前推进，补给物资必须格外谨慎、节俭地使用。因此，对于艾森豪威尔来说，要想满足巴顿和蒙哥马利的需求是一件极其困难的任务。这两个手下都希望成为盟军前进的先锋，对于可能因补给问题而输给对手的局面，二人都强烈表示不能接受。

“市场花园”行动

蒙哥马利将军希望第21集团军群作为主攻部队，他为此拟定了一项大胆冒险的行动计划。如果计划获得成功，也许在年底之前，英军部队就将渡过莱茵河，对柏林构成强有力的重压之势。

这项空前冒险的计划与蒙哥马利以往进攻中的谨慎态度形成了鲜明对照。当他向最高指挥官艾森豪威尔阐述这项计划时，艾森豪威尔几乎被惊得目瞪口呆。

该计划主要内容是动用3万名盟军空降部队控制重

要河流上的桥梁，尔后，布赖恩·霍罗克斯将军指挥第30军沿着空降部队开辟的60英里长的走廊向北直逼荷兰。蒙哥马利指出，这次作战将加速德军的崩溃，摧毁其继续战斗的意志。他认为即使这一目标不能实现，盟军也将从中受益匪浅，至少可以夺取一个横渡莱茵河所需的桥头堡。同时，这一行动也将对德军主要防线"西墙"（或称齐格弗里德防线）构成翼侧包围之势。根据计划，盟军将要夺取的最远的一座桥梁位于阿纳姆河上，英军第1空降师负责夺取并据守该桥，一直坚持到第30军到达为止。这一行动代号为"市场花园"，其中的"市场"代表空降部队，"花园"代表地面部队。艾森豪威尔对于蒙哥马利的建议表示震惊，但他同时也认同计划中所包含的道理。最终，艾森豪威尔同意实施这项计划，发起日期定在1944年9月17日。

该项计划是一个公认的极其大胆的行动，同时也是一个非常困难的行动。其中，盟军第1空降集团军司令官刘易斯·布里尔顿将军和副手弗雷德里克·勃朗宁中将的关系很不融洽，使得这项行动备受困扰。自从1940年负责组建英军伞兵团以来，勃朗宁一直参与空降作战的事务，他曾十分渴望担任空降集团军司令官一职。然

左图：一名阵亡的党卫军士兵横尸法国某地的道路旁边。1944年8月底，这样的场景在法国境内随处可见。德军在被赶回本土之前，有成千上万的人员死去。

而，布里尔顿获得了这一职务，这让勃朗宁十分恼火。布里尔顿是美国陆军航空队的一名军官，他的专长是运输机方面的业务。由于盟军主要的空运力量由美方提供，因此，由布里尔顿担当这一职务也并非没有道理。

遗憾的是，勃朗宁和布里尔顿彼此之间极为不和，几乎从不进行交流，其后发生的一场闹剧使这种矛盾达到了顶点。人们发现，二人为9月7日的空降行动拟定了两份完全不同的方案。勃朗宁拒绝取消他的计划，并威胁说，如果布里尔顿驳回计划他将辞职。最后，盟国最高指挥部不得不将两个计划同时取消。两人的关系也因此下降到了最低点。但是，这种关系的破裂正值盟军需要强有力的、团结的领导班子之际，大多数参谋人员迫切需要得到上级的明确指示。同样备受关注的还有空运能力的问题。尽管美国陆军航空队和英国皇家空军集结了有史以来最大规模的运输编队，但是仍然不足以每次运送三分之一的部队，这使得补充空投显得格外重要。此外，在参与空降的部队中，有马修·李奇微中将指挥的第18空降军，主要由英空军第1空降师、美空军第82空降师和101空降师组成，1个波兰伞兵旅负责对其提供支援。

右图：参与“市场花园”行动的美军第82空降师官兵在C-47型运输机舱内待命起飞。当时，第82空降师受命夺取奈梅亨大桥，他们经过激战后顺利地占领了该座大桥。

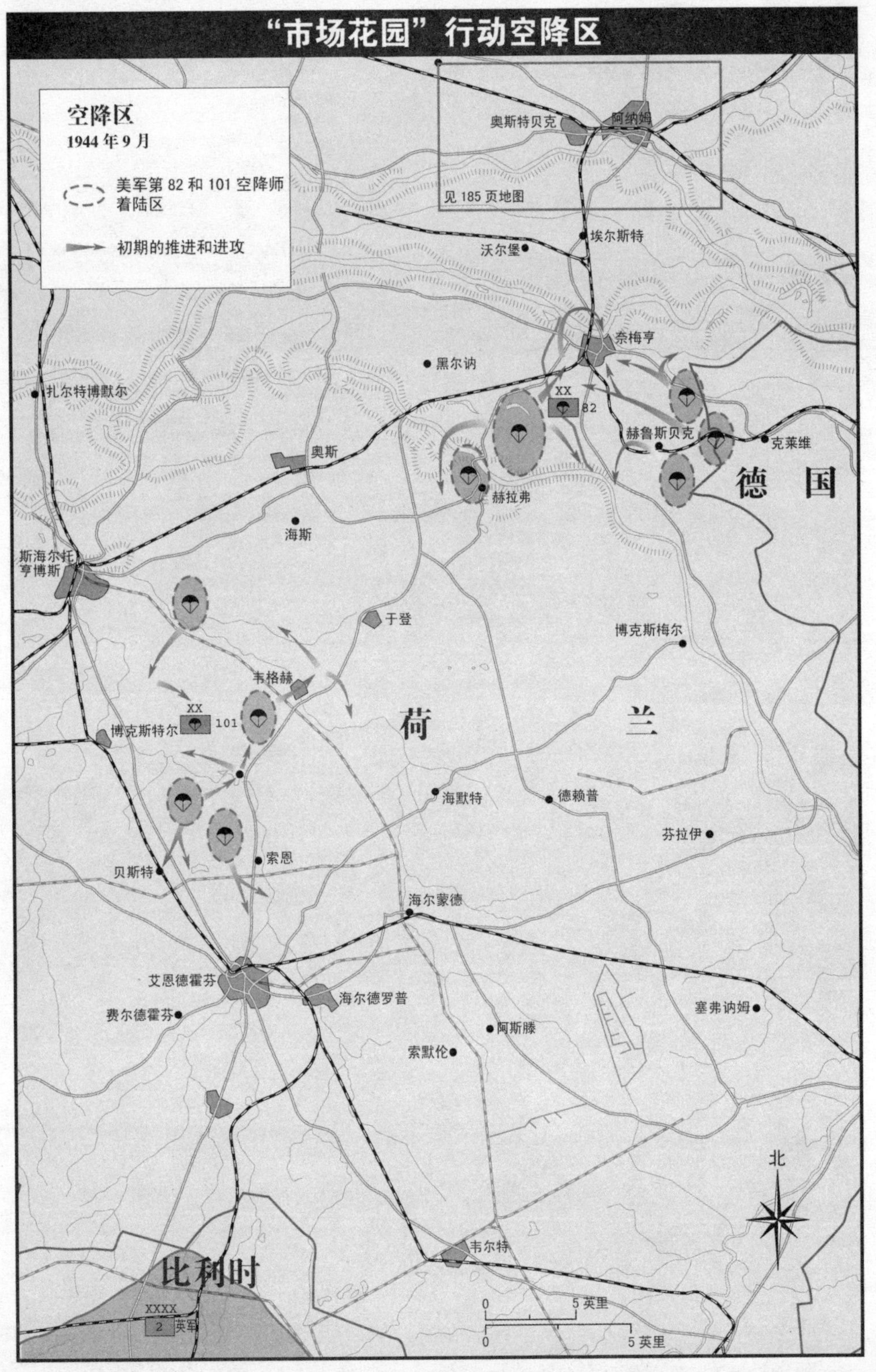

9月15日，“市场花园”行动的最终方案敲定，盟军计划夺取艾恩德霍芬、奈梅亨和阿纳姆河上的桥梁。对此，勃朗宁发表了一句非常有名的评论：“我想，我们可能踏上了一座过于遥远的大桥。”但此时修改计划显然为时已晚。在这次空降突击行动之前，盟军重型轰炸首先对位于荷兰的德国战斗机基地进行了轰炸。9月16日清晨，就在英国皇家空军轰炸机司令部实施预先轰炸之后，1000架美国轰炸机对一些探明位置的德军防空阵地进行了轰炸，以消除其对盟国运输机的威胁。

9月17日，几乎所有的英国

左图：“市场花园”行动的空运支援规模极其庞大。9月17日，就在行动开始的当天，大批运输机和滑翔机从英国本土起飞，机上搭载着大约2万名士兵和装备。截至当天下午14时，2万名空降部队顺利着陆，而后立即向预定目标前进。

空军基地都进入战斗状态，一波又一波的运输机和滑翔机编队起飞，搭载着2万名官兵及其装备，轰鸣着从英国南部上空飞过，朝着荷兰方向扑去。站在地面上观看的人群感到极度兴奋，但同时又被如此巨大的空运规模惊得瞠目结舌。盟军空降作战行动分为两条航线：北航线搭载的是美军第82空降师和英军第1空降师，目的地是奈梅亨和阿纳姆；南航线搭载的是美军第101空降师。南航线机群由于遭遇德军高射炮火的拦截，受到了一些损失，但大多数飞机还是抵达了空投区域，投下了7000人的空降部队。下午14时，第一阶段空投任务结束，2万伞兵成功着陆。

空降部队最初进展顺利，没有费太大的力气就夺取了大多数目标（虽然第101空降师眼睁睁地看着其中一座目标桥梁在他们抵近时被德军炸毁）。第82和101空降师夺取了各自的目标，开始等待英军第30军突破德军防线前来与自己会合。

与美军空降部队相比，英国空降部队遇到了较大的麻烦，驻守阿纳姆的德军部队比预想的要强大许多。更为不利的是，德国陆军元帅瓦尔特·莫德尔在获悉有关情况后，立即中断午餐向希特勒进行报告，纳粹党卫军

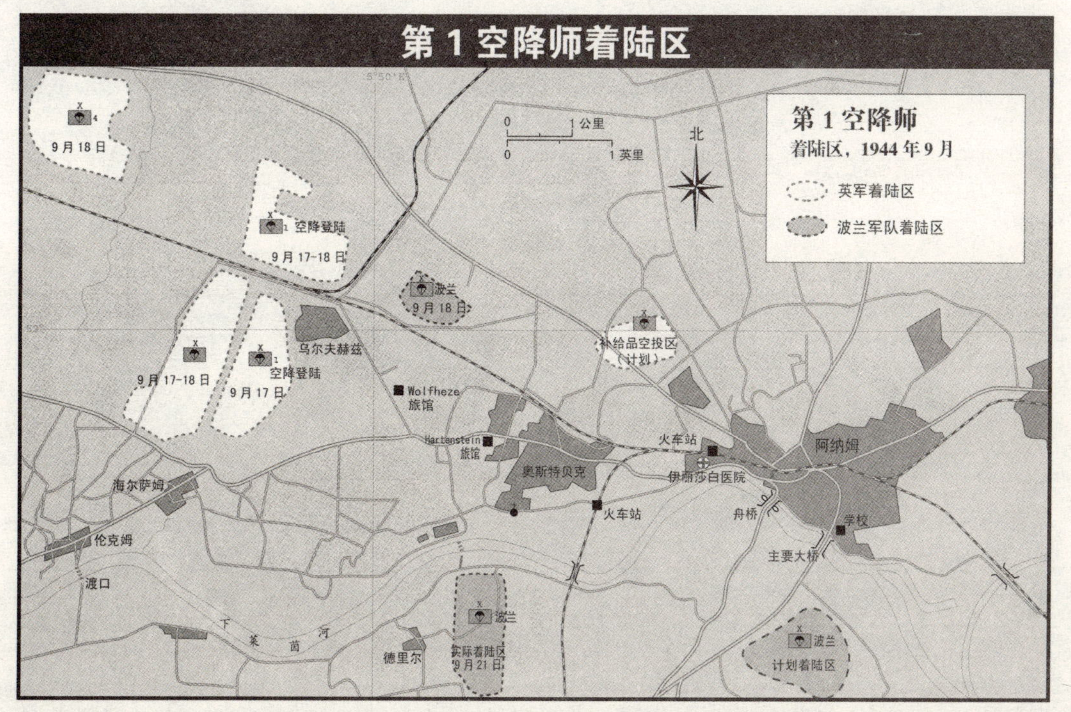

左图：英军第1空降师的实际着陆区距离目标阿纳姆较远，形势开始变得复杂起来。该师必须快速进入该小镇，确保完成夺取大桥的任务。然而，在占领了阿纳姆大桥后，由于重新补给方面的困难，第1空降师的阵地变得岌岌可危。更加糟糕的是，德国党卫军第9装甲师当时就驻扎在附近，随时可以投入战场与第1空降师交战。

第2装甲军立即进入战斗警戒。同时，纳粹党卫军第9装甲师被立即派往阿纳姆，纳粹党卫军第10装甲师受命立即向奈梅亨全速行进。

美军在成功夺取艾恩德霍芬河大桥后，不得不停下来等待英军第30军的到来。当时，英军第30军的坦克部队不得不沿着一条单行线前进，即使一小股德军也可以阻塞他们的道路，迟滞其向前推进。最终，英军第30军与德军狭路相逢，遭到德军反坦克炮火的攻击。随后，英军飞机和炮兵对德军阵地进行了攻击。这场小规模战斗延缓了第30军的行进速度。在突破第一个德军阵地后，第30军又多次闯入其他的德军阵地，又花费了不少时间。9月19日下午，第30军推进到奈梅亨，而后强渡了瓦尔河，抵达最终目标阿纳姆以南10英里的地方。但是，由于德军防守部队的顽强抵抗，第30军的地面进攻被迫完全停止，英军第1空降师因此陷入了德军团团包围之中。

英军第1空降师已经在阿纳姆战斗了整整3天，但形势依然没有任何好转的迹象。根据原订计划，英军准备用武装吉普车夺取城镇内的桥梁，但由于搭载吉普车的滑翔机没有安全抵达，这一计划化为泡影。在战斗中，第1伞兵旅第2营顺利抵达大桥北端，但他们的增援部队

左图：两名德国战俘在一名看守的监视下准备柴火，其中那名身着迷彩制服的德军战俘是党卫军伞兵。

未能按期抵达。其中一个重要原因是由于出现了以下情况，第1空降师指挥官罗伊·厄克特将军未能和指挥部会合，他花了36个小时躲避德军巡逻队并最终和指挥部会合。由于无人负责，厄克特将军的部下就如何采取行动发生了分歧，他们将重点放在夺取和巩固城外高地的阵地上面，未能及时向大桥方向派出增援部队，结果导致第2营被完全孤立。在击退了德军的一次进攻后，第2营又遭到了德军的大规模进攻，敌人试图将他们从阵地上清除干净。虽然第2伞兵营进行了英勇抵抗，但显然已经没有能力完成任务。9月21日，德军重新占领了大桥。

阿纳姆战斗进行期间，由于天气恶劣，盟军向该地区空投给养和增援部队的努力以失败而告终。英军第30军再次竭尽全力向阿纳姆推进，终于在9月23日突破德军阻击，推进至莱茵河南岸。其后，第30军的渡河行动未能成功。蒙哥马利最终得出结论认为，如今已经丧失了获胜的机会，因此必须将空降师撤回。最初，蒙哥马利在制订计划时，主要基于德军已经失去战斗意志的看法，盟军最高司令部对此也深信不疑。“市场花园”行动表明这完全是一种谬论。最终，9月25日到26日夜间，剩余的伞兵部队从阿拉姆撤退到莱茵河对岸。盟军事后宣称整个行动取得了90%的成功，这显然有点夸大其词，但夺取瓦尔河上的大桥的确有助于盟军在1945年发动新一轮的进攻。

> 我可以这样说，西线德军是一群被动挨打的敌人。
>
> ——艾森豪威尔在记者招待会上的讲话，1945年3月28日

新一轮消耗战

阿拉姆战斗失利清楚地表明，要想完全击溃西线德军，仍然需要经历很长一段过程。虽然德军被驱赶回了德国境内，但其撤退主要是为了构筑更加难以突破的防御阵地。此外，德军的运输线远比盟军的要短，盟军已经认识到后勤机构存在的问题。但是，在后勤补给情况好转之前，盟军的行动势必将被迫放慢，而战事的拖延则可能使盟军陷入消耗战的危险。如何改善补给问题已经成为盟军的当务之急，盟军开始把希望投向安特卫普港。

此时，安特卫普港已经落入盟军之手，却于事无补。德军第15集团军切断了进入该港的道路，他们的存在预示着在盟军消灭斯凯尔特河口一带的德军之前，将无法向该港口运送任何补给物资。“市场花园”行动期

间，蒙哥马利几乎无暇顾及安特卫普。于是，消除河口一带敌军的任务就落到了加拿大第1集团军的肩上。10月8日，西北欧战场海军总司令伯特伦·拉姆齐海军上将向艾森豪威尔报告称，由于加拿大部队遇到顽强抵抗，而且目前缺乏补给尤其是弹药补给，因此，至少在11月1日前无法清除斯凯尔特河口的敌军。这一报告提醒了艾森豪威尔，促使他命令蒙哥马利立即着手清除斯凯尔特河口的德军。他明确指出，除非安特卫普港投入运转，否则盟军的一切行动将被迫停顿。艾森豪威尔对蒙哥马利作出的最终解释是，他认为安特卫普已经成为盟军战争进程中的头等大事。不幸的是，蒙哥马利拒绝接受这一任务，他认为这一任务无非是将他们安排在不显眼的战场，让美国人“窃取”胜利的光荣，而这一光荣毫无疑问应当属于自己。根据蒙哥马利的个性，他根本无法将这些想法深藏内心，他还声称阿纳姆战役失利的唯一原因是艾森豪威尔未能制订出令人满意的作战计划。

艾森豪威尔认为有必要提醒蒙哥马利，无论蒙哥马利高兴与否，自己才是欧洲战场上盟军的最高指挥官而非蒙哥马利。为了防止蒙哥马利自行其是，艾森豪威尔向蒙哥马利指出，如果对自己处理事务的能力缺乏信心，他可以提请更高层的领导人来裁定。蒙哥马利清楚地认识到这种情况将对自己非常不利，罗斯福总统不可

德国陆军元帅莫德尔

沃尔特·莫德尔1909年进入德军服役，第一次世界大战期间任参谋。战后，根据《凡尔赛条约》，德军规模被压缩。但是，莫德尔继续在德国国防军任职。受到希特勒（作为政治家，而非军事指挥官）的感召，莫德尔加入了纳粹党，随后终身追随希特勒。他曾先后指挥驻波兰德军第4军、驻法国德军第3装甲师以及德军第41装甲军对苏联的早期进攻。1942—1944年期间升任驻乌克兰的第9集团军司令，1944年6月曾短期指挥德军中央集团军群，8月调任B集团军群司令。希特勒非常器重莫德尔，时常调遣他到各地处理复杂情况，例如诺曼底和后来的阿纳姆，使得莫德尔获得了“元首救火队员”的绰号。

莫德尔认识到，与元首就一些不理智的决定争论毫无意义，因此在执行元首指示时，他尽可能用最宽松的方式来解释元首的命令，这意味着他能在希特勒的意志和现实情况之间做一些折中。尽管莫德尔反对进行阿登反击战役，却尽自己最大的能力执行了这一命令，指挥集团军群一直在鲁尔包围圈里坚守到1945年。莫德尔下令允许部署投降，但他自己却绝不投降。1945年4月21日，莫德尔自杀身亡。

能支持他并解除艾森豪威尔的职务。这一年是美国的大选年，虽然罗斯福已经连续三届入主白宫，但是，让这位雄心勃勃的现任总统支持一位外国将军、反对一位美国英雄，在政治上是行不通的。同样可以确定的是，无论丘吉尔本人的态度如何，他将毫无疑问地与罗斯福保持一致。这样一来，蒙哥马利将成为美英双方保护联盟关系的牺牲品。在此情况下，蒙哥马利小心翼翼地将自己从目前的困境中解脱出来，明确指示英军部队将肃清斯凯尔特河口地带的德军作为首要任务。

斯凯尔特河战役

在蒙哥马利态度转变之前，盟军肃清斯凯尔特河沿岸敌军的行动进展顺利。加拿大部队在波兰装甲师的支援下，已经消灭了南岸20英里沿线的德国守军，但是，至少还有一多半的德军需要清除。另一方面，德国守军也已认识到了斯凯尔特河对于盟军的重要意义，他们在河口建立起了极其坚固的防御工事，尤其是瓦尔赫伦岛加强阵地，由1.2万德军扼守，并得到了德军的重炮支

右图：美军M-24“霞飞”坦克严阵以待，准备执行新一天的任务。M-24型坦克是一种轻型坦克，用来替代M3和M5系列坦克。该型坦克火力强劲，装备一门75毫米主炮。“霞飞”坦克于1944年后期加入现役，第二次世界大战结束后仍然在美军服役。

援。弗拉兴镇已经变成了一座要塞，每座单独的建筑物都被改造成了坚固的支撑点。

英军和加拿大军队在恶劣的气象条件下对德军发起了进攻。但是，由于天气原因，突击不能呼叫空军部队提供支援。加拿大部队沿着斯凯尔特河向前突击，他们用两栖装甲车辆将部队投送到目标地带。10月2日，盟军终于攻克了德军在那里的最后一座坚固支撑点。加拿大第2装甲师沿着贝沃兰德半岛向前推进；英军第52师渡过斯凯尔特河，计划将德军赶进加拿大部队的包围圈内。10月底，德军被压缩到瓦尔赫伦岛。如今，盟军必须开始考虑如何攻克该岛。

考虑到该岛强大的防御工事，盟军最终决定破坏韦斯特卡佩勒堤坝，利用洪水淹没德军阵地。10月3日、7日、11日和17日，英国皇家空军"蚊"式轰炸机对大坝进行轮番轰炸。

轰炸行动结束时，除了弗拉兴、米德伯格镇和沿岸的砾丘外，岛上大部分地区已经被洪水淹没。紧接着，

> 阿登战役失败后，希特勒开始了一场"下士战争"。德军再也没有进行过大的作战行动，仅是一些零零星星的战斗。
>
> ——冯·哈斯·曼陀菲尔将军

英国皇家空军轰炸机和海军舰艇对该岛又进行了两天的轰炸，进一步削弱了残余的德军防御力量。11月1日，英军突击队在弗拉兴和韦斯特卡佩勒地区登陆。

加拿大部队对防波堤的进攻被德军击退。其后48小时内，盟军和德军发生了激战，战场主动权不断地在双方之间互换。英军突击队比较顺利地完成了任务，洪水将德军工事变成了一连串被洪水包围的小岛，突击队随后非常容易地将这些拦路石逐个攻克。攻克弗拉兴的战斗相对比较困难，但经过紧张激烈的战斗之后，德军于11月4日被劝降。当天，英国皇家海军开始清除斯凯尔特河上的水雷，整个扫雷工作历时3个星期。11月28日，第一批海上运输船队安全抵达港口。从12月初开始，整个港口全面运转。盟军的后勤补给形势因此得到了极大改观：过去，港口吞吐量连续数月严重不足，如今还略显剩余。在接下来的战斗中，盟军将更容易地获得支援。

美军挺进行动

当英军忙于肃清斯凯尔特河地区的德军之际，美国第1集团军于9月12日对德国城市亚琛发起了进攻，双方随即发生了激战。当时，驻守这座城市的德国守军决定听从希特勒的命令，战斗至最后一人。10月22日，经过

6天的激烈巷战，德军防线收缩到城市中心区。美军继续向前推进。最后，德国守军仅依托一幢四层防空掩体进行抵抗，经过12小时的炮击，饱受炮火折磨、几乎完全丧失听力的德军向美军投降。亚琛之战极其血腥，但是，其程度还远远赶不上随后发生的许特根森林战斗。

许特根森林绵延约12英里，一些地段与德军的“西墙”防线重叠。9—11月，美军对该地区发起一连串的进攻，付出了大约3.3万人的伤亡代价。11月8日，美军推进至了罗尔河。与此同时，美国第1集团军也突破了许特根森林防线。巴顿将军率领第3集团军向梅兹发起进攻，11月21日，守城德军投降。12月初，美国第3集团军开始进攻整个“西墙”防线，这一过程中美军已经付出55188人的伤亡。经过前两个月的艰苦战斗，进入12月份后，盟军的进攻势头已经明显减弱，开始担心陷入消耗战之中。由于英军后备力量不足，蒙哥马利将军对此尤为关注，他试图说服艾森豪威尔设法再次迫使德军进入运动战之中。正当艾森豪威尔开始思考这个问题时，希特勒却为他提供了一个解决办法：德军决定在阿登发动一场大规模反攻。

突出部战役

对于盟军在1944年夏季初期获得的胜利，希特勒的反应就是筹划一场大规模的反攻行动，以便重新夺取西线的主动权。希特勒决定将安特卫普作为反攻目标，除了该港口对于盟军后勤补给至关重要之外，还有其他一些重要原因：譬如，占领这座城市将切断英军、加拿大部队与美军之间的联系，然后可以伺机将其各个歼灭。然而，夺取安特卫普面临着许多困难，但希特勒却视而不见。

通往安特卫普最短的道路是沿着北部美军和英军交界处向前进攻，但是城外的地形却不利于部队快速前进。密布的河流和沟渠非常不利于坦克机动，德军必须穿越盟军阵地才可能夺取胜利。对于希特勒而言，他必须面对阿登地区这些现实条件，但由于1940年德军曾在这里赢得过胜利，这位元首对此并不担心。阿登地区的另外一些特性也促使德军决定在该地区发动反击，例如，德国埃菲尔地区的森林可以为进攻部队进行集结提供必要的掩护，避免部队被盟军侦察机发现，且该地区距离安特卫普仅有100多英里；同时，如果进攻获得成功，德军将切断英军和加拿大部队之间的联系，并可以将美军合围于亚琛地区。希特勒断定德军将赢得这场决定性胜利，美英两国部队将被迫向德军求和；进攻行动将使盟军一半以上的兵力陷入包围，并能解除德国鲁尔工业区所面临的威胁；反击行动成功后，还可以从西线抽调部队重新投入东线战场。最后，希特勒要求所有目

标应当在一周内实现。

然而，整个计划存在着重大的失误，德军最高统帅部中的每一个人（当他们参与这一秘密计划时）几乎都清楚地认识到了这一点：计划完全没有考虑到现实情况。

希特勒拒不承认当前形势已经与1940年大不相同：德军已不再拥有空中优势；要想组建突击部队，必须从东线战场抽调坦克部队，但东线战场对坦克也极其需要。当时，为了使进攻行动能够顺利进行，希特勒计划动用会讲英语的德军突击队，让他们身穿美军制服深入敌后，采取误导交通、散播谣言、实施破坏行动等手段制造混乱。同时，他还打算利用伞兵部队为进攻行动提供支援。然而，即便是这些想法也未能考虑到现实状况。在1941年后，德军伞兵部队再也没有执行过空降作战任务，许多伞兵甚至不会使用降落伞。德军在东线战场上损失了大量的运输机机组人员，这意味着大多数即将执行空运伞兵任务的飞行员，此前从未执行过此类任务。更为可笑的是，德军甚至未对飞行员进行过任何必要的飞行训练，以避免空投行动变成一场灾难。

动用秘密突击队的想法同样存在很大困难：一方面，德军缺乏会讲英语的志愿人员来执行这项神秘任务，很多能讲流利英语的人员带有明显的英国口音，而不是所要求的美国口音；另一方面，突击队也无法获得足够的被缴获的美军装备。

对页图：突出部战役期间，一名德国纳粹党卫军士官向部下发出前进的指令。这是一幅专门拍摄的宣传照片。这位德军士官身旁是一支燃烧着的美军车队，在摄影师到来之前，幸存者已被转运到其他地方。

获悉这一计划之后，德国将军们都对这个不可实现的目标表示震惊。该项计划看起来十分荒谬，德军缺少油料、人员和投送能力，缺少坦克和其他装备，与盟军力量相差悬殊。但是，希特勒听不进去任何忠告。在赢得战役胜利方面，德军拥有的唯一有利因素是达成了战役突然性。

1944年12月16日，德军反击行动正式打响。起初，美军在德军的猛烈进攻面前被迫退却，但是当战斗进行至第3天日终时，德军的推进速度已经无法实现攻占安特卫普的目标。美军在许多地段进行了激烈抵抗。德军的推进步伐在圣维特等许多地方遭到有力阻击。同时，德军还发现，要想攻克巴斯托涅尤其困难。驻守该城的美军第101空降师拒绝了德军要求其投降的最后通牒，代理师长安东尼·麦考利夫对此的反应是吐出了一句话——“哦，见鬼去吧。”随后，美军翻译人员向困惑不解的德军信使解释了这句话所蕴涵的感情色彩。

盟军从最初的慌乱中恢复过来后，艾森豪威尔将军立即下令实施反击。德军的进攻势头随即被遏制住，并在巴顿将军强有力的突击之下被迫后退。当时，驻守

登陆低地国家

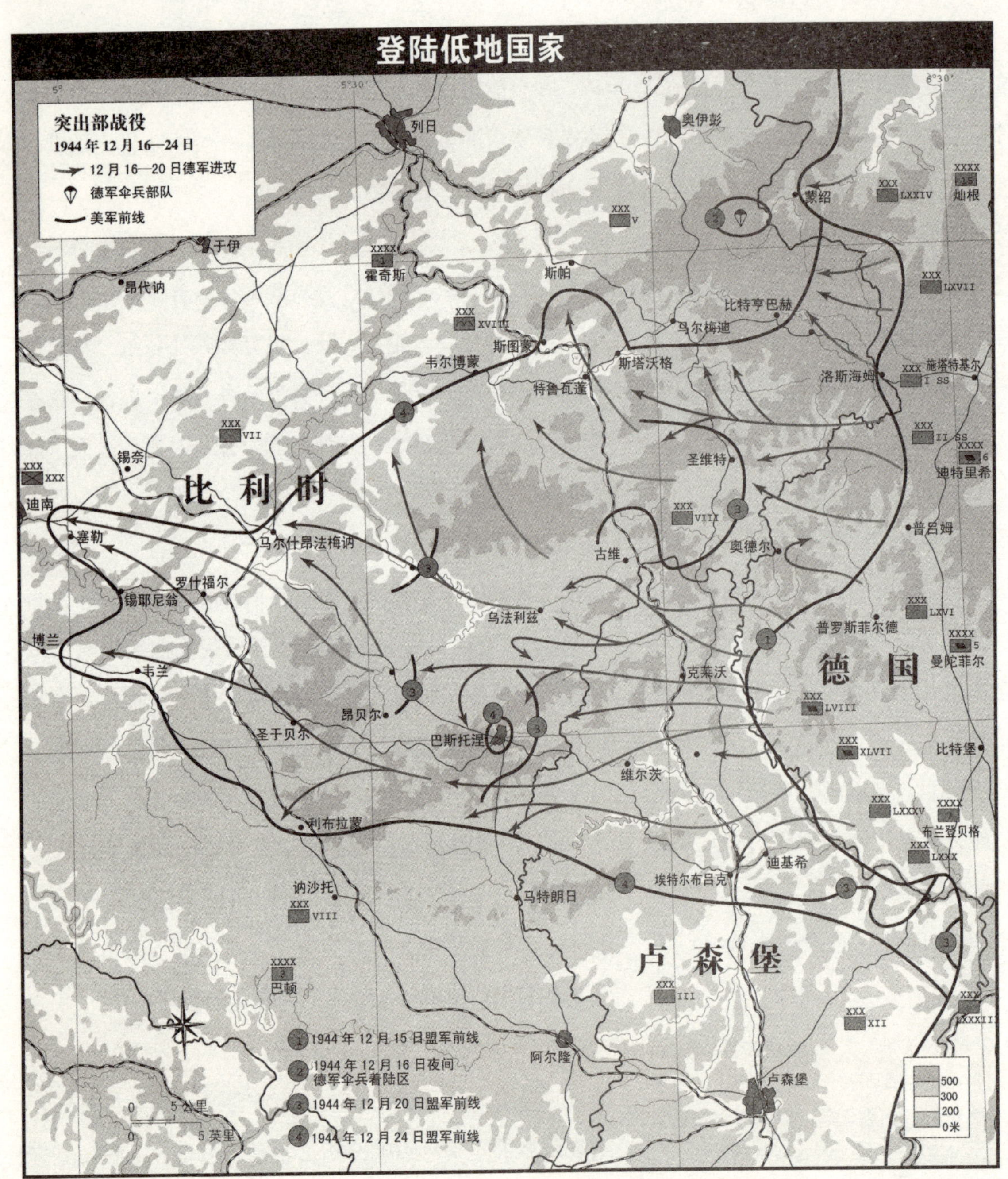

左图：德军发起阿登反击战的主要目的在于改变西线战场的形势。希特勒计划夺取安特卫普港，在英军和美军之间插入一个楔子。然后，利用这一优势与西方盟国谋求单方面和平。整个计划显然有些盲目乐观，但在初期阶段进展顺利。德军击退了美军部队并包围了巴斯托涅。然而，随着1944年圣诞节的临近，德军显然已经无法实现其作战意图，盟军开始逐渐展开反击行动。

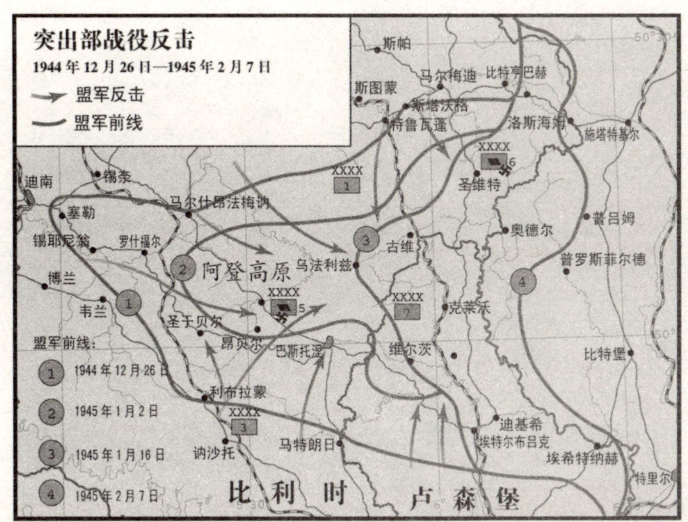

上图：1944年12月23日，盟军开始在阿登地区发起反攻并将德军击退。1945年1月底，德军发动的阿登战役的失败已成定局。在战役期间，德军共损失装甲车辆600余部，伤亡1.2万余人，极大地削弱了莱茵河地区德国守军的力量。这种局面与希特勒最初的梦想背道而驰，德军陷入了更加不利的境地。

巴斯托涅的盟军一直依赖空运维持补给（当天气条件允许时）。12月26日，盟军终于突破了德军的围困，这也成为整个战役的转折点。突出部战役一直持续至1945年1月，在此期间，德军还向阿尔萨斯地区的美军发动了另一场反击，但盟军最终还是在新年到来之际取得了突出部战役的胜利。如今，在阿登地区的美军部队已经达到了26个师，他们将在接下来的战斗中彻底歼灭德军残部。

距离战役发起整整6个星期后，美国人再次打回了他们最初立脚的地方，德国人在损兵折将之后几乎一无所获，部队士气遭到重挫。临近战役结束时，乐观和自信再次回到了盟军身上，他们开始考虑在1945年春季发起最后阶段的冲刺，目标直指纳粹德国的心脏。

第9 章

红色风暴

1944—1945年

德国人认为，由于苏军已经疲惫不堪，1943年的攻势必将于12月结束。但是，他们的幻想破灭了。苏军不但没有停止进攻的势头，相反还打算在年底之前重新夺回乌克兰西部地区。

结果，1943年12月24日清晨，苏联红军乌克兰第1方面军向位于基辅西部的德国南方集团军群的阵地发起了猛烈炮击。随后，进攻部队开进战场，很快粉碎了德军的抵抗。12月24日临近日终时，苏军已经突破德军阵地20英里，德军阵脚大乱。但是，上天帮了他们一个大忙。就在圣诞节那天，下起了大雨，一连持续数日，道路变得泥泞不堪，行军非常困难，有的地方根本无法通过。

尽管如此，苏军并没有停止进攻，只是放慢了前进速度。德军被迫撤退。1944年1月5日，连接中央集团军群和南方集团军群的铁路线也被苏军切断。在苏军的进攻下，德军防线出现了一个宽150英里、纵深50英里的巨大豁口。随后，苏军攻势开始逐渐减弱。但是，乌克兰第2方面军紧接着又发起了进攻，已经到达基洛夫格勒，德军几乎毫无喘息之机。经过2个星期的准备之后，乌克兰第1和第2方面军同时展开了攻势，将50000名德军包围在科尔孙-舍甫琴柯夫斯基突出部。

虽然被围德军已经濒临绝境，但希特勒坚决不允许撤退，反倒命令部队发起反攻。刚开始，反攻取得了成功，但就在这时，天气开始与德军作对。让德国人感到不可思议的是，天气突然变得温暖起来，融化的冰雪将地面变得一片泥泞，德军装甲部队被迫停止进攻。

最后，希特勒终于下达了允许德军从科尔孙-舍甫琴柯夫斯基“包围圈”撤退的命令。撤退开始时非常顺利，但当苏军发现德军的意图时，立即动用炮兵力量对撤退部队发起了猛烈轰炸。指挥官们有的被炸死，有的

对页图：一名党卫军士兵正坐在散兵坑里，等待着苏军的最终到来。他手里握着的是Kar98型枪栓式步枪。

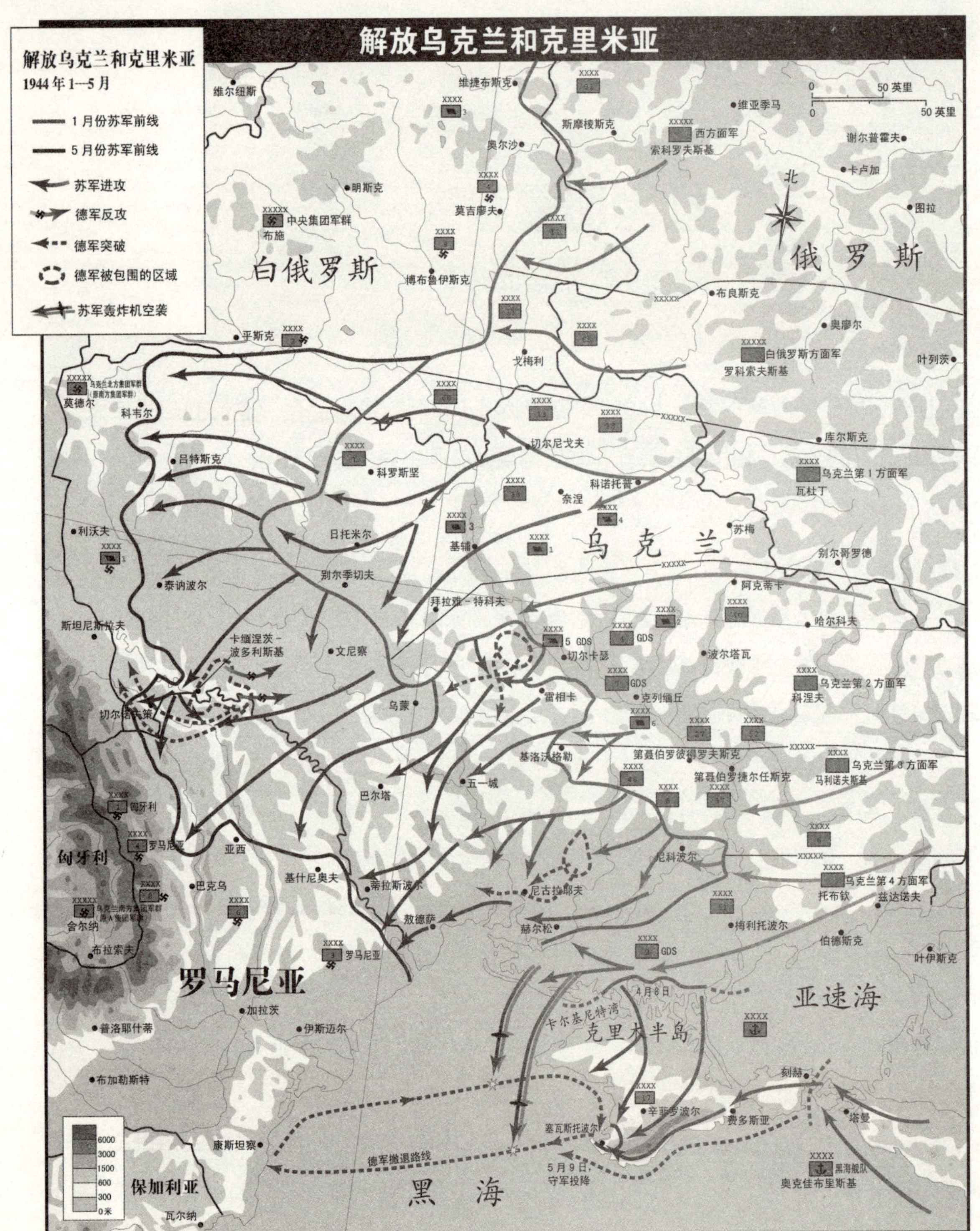

左图：1944年1月24日，苏联发起了解放乌克兰的战役，将德军包围在科尔孙—舍甫琴柯夫斯基突出部。德军在试图突围时遭受了重大的人员伤亡。克里米亚半岛的情况也大抵相同。1944年4月16日，德军被迫撤退到塞瓦斯托波尔。5月10日，这座城市也被苏军攻破。在驻守克里米亚半岛的15万德军中，只有不到4万人逃脱。

被炸伤，还有的与自己的部队失去联系，整个德军失去了控制，最终溃不成军。格尼罗伊—蒂基斯克河由于解冻而猛涨，几千名德军在试图渡河时溺水身亡。尽管如此，在50000名被困德军中，仍然有30000人最终突围。但是在短时间内，他们将很难重返战场。如此多的德军得以成功逃脱，这让斯大林非常气愤。然而，当他得知俄罗斯英雄亚历山大·内夫斯基的部队在1200年与条顿骑士团的战争中有过同样的败笔后，他的怒火才逐渐平息下来。

苏军的攻势并没有减弱。3月4日，他们又发起了一次新的进攻，迫使德军退到了德涅斯特河沿岸。通过一系列的战斗，苏军夺回了切尔诺夫策，彻底切断了波兰境内德军和苏联南部德军的联系。随后，马利诺夫斯基将军的乌克兰第3方面军和托尔布欣将军的乌克兰第4方面军也发起了各自的进攻，都取得了非凡的战绩。乌克兰第3方面军成功地夺回了敖德萨；与此同时，第4方面军也从锡卡西−彼列科普向德军发起了进攻。普里莫尔斯克独立集团军也从刻赤半岛出发，加入了战斗，将德国第17集团军逼入绝境。4月12日，德军开始从克里米亚半岛撤退，苏军穷追不舍。4天后，德军已经被迫撤到了塞瓦斯托波尔，在那里收到了希特勒的命令："绝不能撤离克里米亚半岛。"

6月6日，苏军开始进攻塞瓦斯托波尔。虽然德军进行了顽强抵抗，但形势已经非常明朗，他们将很难守住这座城市。当初，德军花了250多天才从苏军手里拿下塞瓦斯托波尔。然而，苏军最高统帅部宣布，苏军将很快——也许在几个小时内——重新夺回这座城市。两天的血战标志着战役的开始。5月7日，苏军打开了一条进入塞瓦斯托波尔的通道。德军开始向市中心撤退，苏军步步进逼，于5月9日晚完全占领了这座城市。斯大林命令苏军尽快在24小时以内，将德军从克里米亚半岛全部清除出去。苏军没有让最高统帅失望。在苏军大规模的进攻之下，德军被迫撤到了弹丸之地赫尔松，随后又冒着苏军炮火和空中轰炸的危险继续撤退。战斗很快就结束了。5月12日正午，德国第17集团军的残余部队投降，一个11万人规模的集团军最终只剩下2.5万人。

解放列宁格勒

在克里米亚战役如火如荼地进行的同时，苏联人开始解决列宁格勒突围问题。这座城市已经被德军包围了将近3年之久，打破敌人的封锁是苏联最高统帅部的一个重要目标。虽然苏军在1943年已经打通了一条通往列宁格勒的通道，但是这条通道仍在德军火炮的射程之内，不能从根本上解决列宁格勒的困境。另外，斯大林也急于解决来自芬兰的威胁。当时，芬兰正在以德国战时盟国的身份与德军并肩作战，试图推翻苏芬两国冬季战争后签署的和平协议。对于苏联来说，1944年年初是实现列宁格勒解围的最好时机。一方面，南路德军已经屡遭惨败；另一方面，为了应付苏军可能发起的进攻，德军北方集团军群的注意力转向了白俄罗斯方向。

苏军最高统帅部命令戈沃罗夫将军的列宁格勒方面军和梅列茨科夫将军的沃尔霍夫方面军从1944年1月14日起在诺夫哥罗德—卢加地区展开联合行动。在地面进攻开始前，苏军重型轰炸机首先对位于别扎波特尼的德军炮兵阵地进行了一整夜的空袭。次日上午9时35分，

下图：身穿冬季伪装服的苏军正向德军阵地前进，一辆轻型坦克从旁边经过。1941年，“温特将军”（Winter，指苏联的冬天）在拯救苏联的过程中发挥了重大的作用。在东线战场上，冬季特殊的环境（雪、冰和解冻）对于战斗进程产生了巨大的影响。

苏军开始使用火炮猛烈攻击德军阵地。炮击整整持续了1小时零5分钟，数以千计的炮弹排山倒海般地飞往德军阵地。轰炸刚一结束，第2突击集团军立即向前突进，以5英里的进攻正面向前推进了3000码，有的部队还突进到德军第2防线。

虽然第一天的进攻非常顺利，但后来由于苏军第42集团军的进攻区域先后遭遇雾雪天气，进攻一度受阻。虽然第42集团军取得了一定的进展，但是速度很慢。戈沃罗夫派出他的参谋长前往前线，调查进度缓慢的原因。通过实地调查，参谋长发现步兵在前进中根本得不到火炮和坦克的支援。造成这种局面的一个主要原因是，坦克陷进了厚厚的积雪中，前进非常困难。尽管如此，苏军的前进并没有因此而停止。到了1月19日，第2突击集团军和第42集团军在罗普莎附近顺利会合。在两军会合的途中，苏军攻占了德军用来炮击列宁格勒的重炮阵地，缴获了100多门重型火炮。

1月20—21日，德军几乎完好无损地撤出了姆加地区，这让戈沃罗夫大为光火。但是，形势非常明显，他们对列宁格勒构成威胁的时间已经不会很长。1月20日，苏军实现了突破，开始转入反攻阶段，猛烈追击撤退中的德军。但是，和姆加地区一样，苏军的反攻速度太慢，主要原因是编队指挥官的战术指挥效率太低下。由于在整个战争期间，这些高级指挥官大部分的时间都被困在列宁格勒，不像其他战区的指挥官那样，经历了一个学习的过程。因此，在列宁格勒战役中，苏军一个最明显的倾向是全程使用步兵部队，装甲和炮兵部队坐了“冷板凳”，根本没有任务可以执行。到了1月23日，戈沃罗夫再也无法忍受这种错误的战术，决定起用炮兵和装甲力量。他命令各兵种指挥官联合作战，最大限度地发挥手中重型武器的作用。

但是，由于这些命令来得太晚，德军得以成功逃脱。1月26日，苏军全部清除了莫斯科—列宁格勒铁路线周围的德军，重新控制了这条铁路。德军对于列宁格勒的围困最终被打破了。尽管一座又一座的城镇相继落入苏军之手，但德军仍然一边继续战斗，一边有序地撤退。苏军追击速度过于缓慢，最终使得德军再次避免了全军覆没的命运。尽管这让苏军非常失望，但他们毕竟实现了自己的目标。到了1月30日，在苏军的进攻下，德军向后撤退了50～60英里。到了2月份，战斗仍在进行，但是弹药的短缺使得苏军的进攻遇到了前所未有的困难。苏军尽管在1月底就赢得了这场战役，但是直到8月份才将列宁格勒地区的德军全部清除出去。苏军实现了解放列宁格勒的主要目标，同时清除了列宁格勒和加里宁周边绝大部分地区的德军。曾经在苏联国土上所向披靡的德国北方集团军群遭到极大削弱，许多作战编队遭受了致命打击。

接下来，苏军的主要任务就是将芬兰部队从1941年侵占的苏联国土上驱逐出去。这时，芬兰政府已经清醒过来，意识到德军北方集团军群的失败将使自己的处境越来越困难，于是开始考虑通过外交途径与苏联方面进行斡旋。1944年2月，随着列宁格勒战役临近尾声，苏军解散了梅列茨科夫将军指挥的沃尔霍夫方面军，任命他为加里宁方面军司令。6月10日，梅列茨科夫指挥部队向斯维里-彼得罗扎沃茨克发起了进攻。与此同时，列宁格勒方面军也开始进攻维堡附近的卡累利阿地峡。战斗一直持续到8月9日，芬兰部队被赶回到1939年的芬苏边界线。芬兰政府看到大势已去，急忙求和，于9月4日与苏联签订了停战协议。

“巴格拉季昂”行动

在1944年的春季攻势即将结束前，苏联最高统帅部就已经开始考虑下一阶段的进攻计划。为了确定进攻目标，统帅部的成员们对于各种目标进行了广泛分析。他们曾经考虑进攻巴尔干半岛，但考虑到不利的地形条件可能使补给线拉得太长，于是很快否决了这个计划。随

左图：一名手持PPSh41型冲锋枪的苏军士兵押解着一支长长的德军战俘纵队向前行进。在长期关押的过程中，很多德军战俘悲惨地死去，直到20世纪50年代，最后一批战俘才被释放。

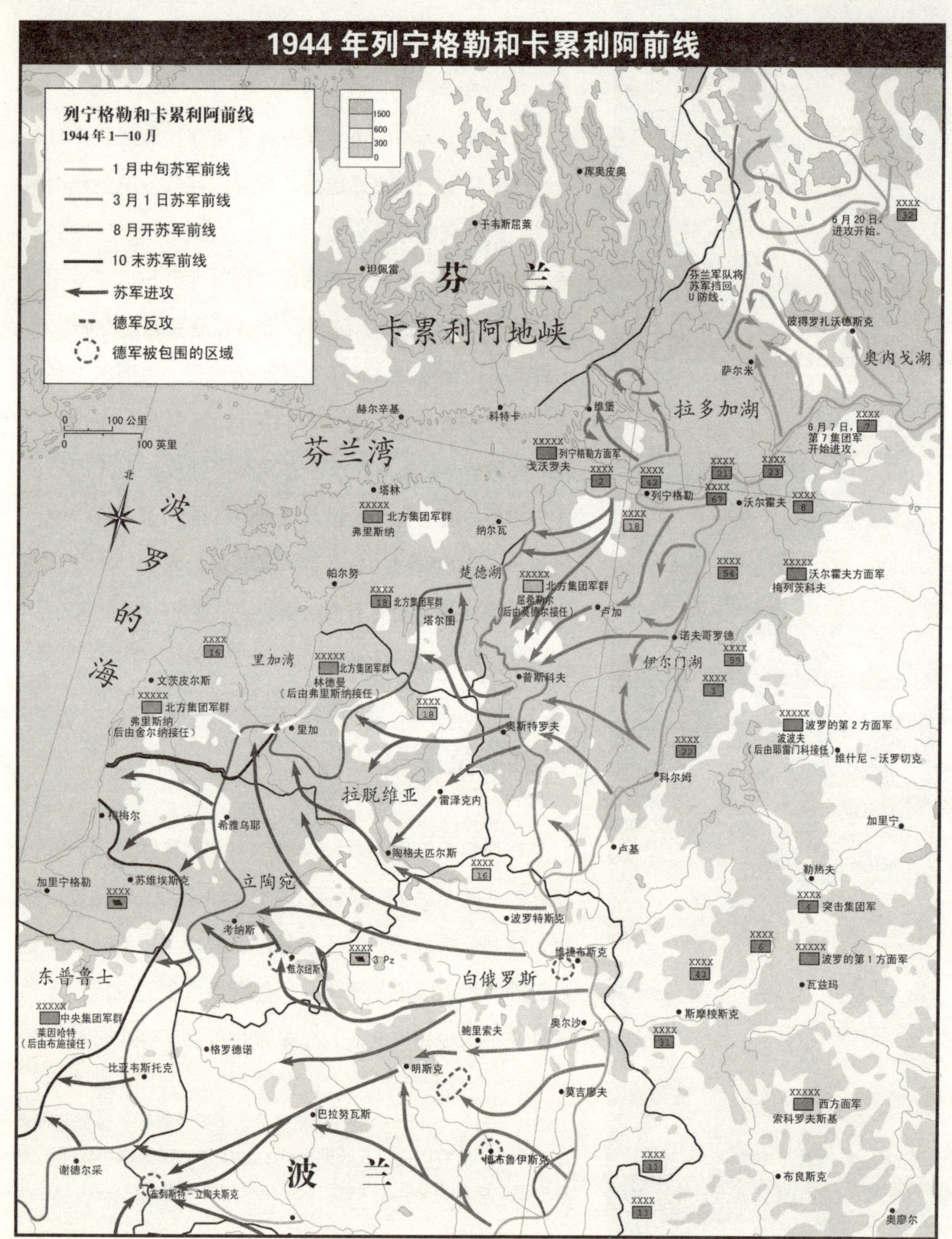

左图：1944年1月14日，苏军发起了旨在打破列宁格勒之围的进攻战役。由于该方向的苏军指挥官不熟悉最新的战术，因此，战役的进展不像乌克兰和克里米亚方向那样顺利。1月底，德军对于列宁格勒长达3年之久的封锁被打破，但最后一支德军直到1944年夏季才被从列宁格勒周边地区彻底地驱逐出去。

后，他们又对其他选择进行了讨论，最终一致认为，最好的进攻是针对白俄罗斯境内的德军中央集团军群，首先夺回明斯克。这次行动以俄国19世纪著名的军事统帅巴格拉季昂的名字命名。按照计划，苏军首先包围驻守在明斯克—维捷布斯克—罗加乔夫三角地带的德军，将他们彻底歼灭。

苏军拥有绝对的空中优势，这就意味着进攻不会受到德国空军的威胁。此外，在人力方面，苏军也拥有相当大的优势，因为尽管在持续数年的战争中伤亡惨重，但苏维埃政府能够在全苏联范围内号召人民参军入伍，奔赴前线。这一点德军无法与之相比。苏军拥有19个诸兵种合成集团军和2个坦克集团军，总共140万人，另有5200辆坦克和自行火炮以及31000门各型火炮。德军当时有120万人，虽然在数量上与苏军相当，但是仅拥有9500门火炮、900辆坦克和自行火炮。

消灭德军中央集团军的目标是苏军在1944年5月

左图：为了结束与芬兰的战事，苏联发动了卡累利阿地峡战役。与冬季战争中被击败的芬兰军队相比，苏军在人员和实战经验上占据了绝对的优势。因此，当苏军发动进攻，夺回1941年以来被芬兰侵占的国土时，芬兰军队只能望风而逃。随后，两国签订了停战协议，苏军从而得以集中力量将德军彻底逐出苏联领土。

23—24日召开的一次会议上制定的。为了实现这一目标，苏军计划从6个方向上发起进攻，命令3个白俄罗斯方面军合力进攻第一个目标——明斯克。

德军对于即将到来的进攻也有所觉察：无线电侦察获取的情报显示，苏军已经指示各个游击队组织尽可能多地破坏德军后方的后勤系统；另外，苏联空军对于德国空军基地和铁路线的空袭也预示着进攻即将开始。

1944年6月23日，“巴格拉季昂”行动正式开始。白俄罗斯第1方面军在三天之内就突破了德军在博布鲁伊斯克附近的防线；白俄罗斯第3方面军也到达德军位于维捷布斯克和奥尔沙之间的防区。苏军进攻势如破竹，先后包围了德军第53军和第4集团军。事实上，以上两支德军如果能够及时撤退，就可以免遭苏军的包围。然而，他们在请示撤退时，遭到了希特勒的拒绝。希特勒仍然顽固地认为，从某种程度上讲，坚持防守到最后要比将大批部队安全撤退更可取。

希特勒只有在发现目标确实不可能实现时，才会命令部队撤退。结果，德军的灾难就接踵而至。首先，希特勒准许第9军撤退时，他们已经无路可逃，被消灭在维捷布斯克。接下来，第9集团军的70000名官

左图：三名德军士兵横尸路旁，士兵和平民们对于这种场面几乎视而不见。在战争后期，死亡和毁灭对于苏联和德国平民而言已是司空见惯，照片中的这三具尸体根本不能让他们感到惊奇。

兵被包围在博布鲁伊斯克。6月29日，苏军向这座城市发起了暴风骤雨般的猛攻，将残余德军全部消灭。该军司令官在两天前被解职，已经返回德国。虽然这使他免遭一死，却使他的部队失去了指挥。这样一来，在整个战役的最后阶段，第9集团军一直处于群龙无首的混乱状态。

下图：德国士兵准备跃出战壕，冲向附近的一个苏军阵地。最左边的那名士兵手里拿着一支带有刺刀的步枪，随时准备与敌人展开近距离格斗。此外，他的面前还摆放着一枚手榴弹。

灾难还远远没有结束。苏军在奥尔沙的突破使得德国第4集团军的防线岌岌可危。然而，希特勒再一次向他们下达了死命令，绝不允许撤退半步，必须战斗到最后一刻。蒂佩尔斯基希上将认为这道命令过于残酷，自己无法承受，于是违背希特勒的旨意，命令部队撤退。蒂佩尔斯基希开始采取一种当时在德军将领中相当盛行的做法，精心编造一些战况报告呈交德军最高统帅部。他伪造了数道命令，在其中一道提交给希特勒过目的命令中，显示出希特勒的指示得到了不折不扣的执行；但是，他下发给部队的真正命令却是指导部队如何进行撤退。即便如此，到了6月30日，蒂佩尔斯基希的主力部队还是在别列兹纳河以东被苏军包围，在那里，他们不是被歼灭就是被活

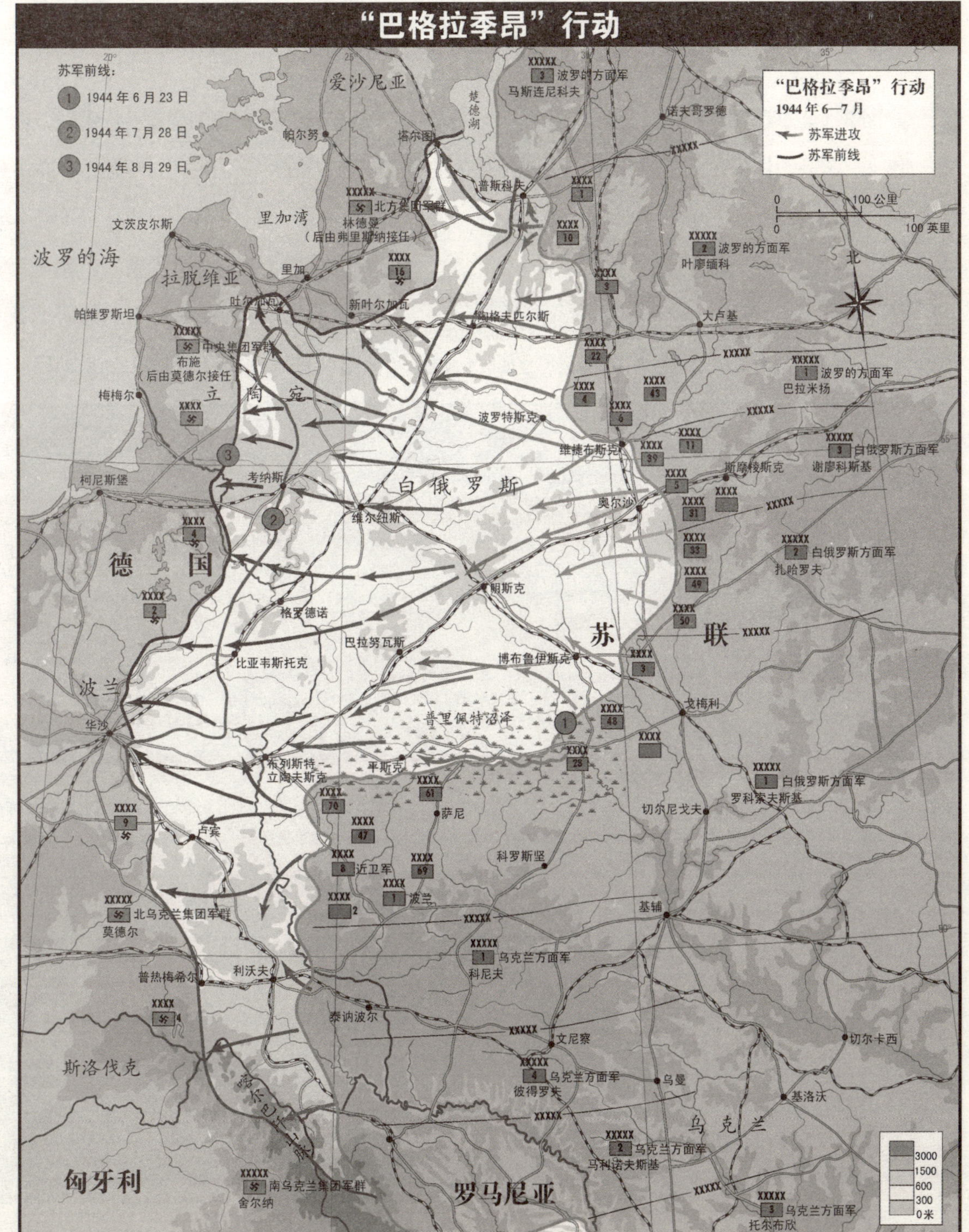

右图：在盟军诺曼底登陆成功后不久，为了将德军彻底赶出苏联国土，苏军发动了"巴格拉季昂"行动。1944年6月23日，苏军4个方面军向德军中央集团军群发起了进攻。截至8月份，苏军已经推进到波罗的海诸国和波兰，随后又向罗马尼亚边界开进。此次战役使德军遭受了一次最惨重的失败，伤亡近50万人。至此，苏军进入德国本土已经指日可待。

捉，整个部队全军覆没。

此时，形势的发展已经非常明显，中央集团军群倘若再不撤退必将被歼。然而，希特勒所做出的唯一荒唐可笑的反应却是竭力阻止军队及时撤退，并且下令撤除了布施陆军元帅担任的集团军群司令官的职务。

无独有偶，在不断推进的苏军部队面前，北方集团军群的处境同样举步维艰。截至7月3日，苏军已经成功地将德军包围在明斯克，随时准备将其歼灭。7月4日，明斯克城破，在随后几个星期内，双方进行了一场你死

下图：这是一幅苏联的宣传画，说明希特勒已经被苏军进攻的铁钳牢牢夹住，难以挣脱。这是关于1944年东线战场上德军处境的最准确的描绘。但是，希特勒似乎没有意识到他所面临的巨大灾难。

我活的激战，4.3万名绝望的德军在企图突围时丧命。拿下明斯克后，苏军乘胜攻入立陶宛，直逼维尔纽斯。7月8日，苏军兵临维尔纽斯城下，将其团团包围。随后，白俄罗斯第2方面军突入东普鲁士境内50英里，白俄罗斯第1方面军一路杀到波兰，渡过维斯瓦河。经过68天的战斗后，“巴格拉季昂”战役于8月29日以苏军的大获全胜而告结束。苏军已经以700英里的宽大正面向前推进了340～375英里，重创了德国中央集团军群，同时也打击了阻碍苏军步伐的其他德军作战编队。此次行动为苏军向德国本土开进创造了有利的条件。

进军奥得河

1944年6月，美英盟军已经开进法国，使得德军在东线的处境更加恶化。经历了6月、7月和8月初的惨重打击后，德军似乎已经不堪一击。盟军开始向低地国家开进。到了9月份，他们逐渐逼近莱茵河，预示着进攻德国本土的战斗即将打响。直到此时，德国已经陷入四面楚歌，但希特勒仍然拒绝承认这个现实。在逃过了7月20日的暗杀之后，元首确信有一种超自然的神秘力量正在保护着他。另外，在许多高级军官（包括隆美尔）陆续被牵连到密谋事件中以后，他对自己的将军们也越来越不信任了。

因此，1944年年末，希特勒开始将注意力从东线转移到西线，妄想在比利时的阿登地区发动一次大胆的反攻，再现1940年敦刻尔克那样的胜利。希特勒企图将美

斯图尔莫维克IL-2型强击机

第二次世界大战期间，生产数量最高的一款飞机不是战斗机或重型轰炸机，而是一款机体坚固却相当粗糙的对地攻击机——斯图尔莫维克IL-2型强击机（装甲攻击机）。第一架IL-2型强击机是单座设计，配备了火炮、机关枪、炸弹和火箭弹，但是，其作战性能不是很理想。随后，苏军对其进行了改进，增加了一名机组人员，负责用机枪为飞机提供尾部防御；另外，将原先的20毫米翼炮替换为23毫米高速火炮。1942年，新型的IL-2型强击机以全新的面孔开始进入现役。在坚固装甲的保护下，敌人地面火力很难对其构成严重的损伤。看到IL-2取得的丰硕战绩后，苏军开始大量生产。随后，苏军又对IL-2进行了不断的改进，为其配备了威力更大的火炮和更多的炸弹、火箭弹。在对付IL-2上，德军一筹莫展。实践证明，无论是IL-2的飞行员还是受其支援的地面部队，都非常喜欢这款飞机。到第二次世界大战结束不久IL-2飞机停止生产时，苏军至少生产了36183架此款飞机。与其他类型的飞机相比，其生产数量可谓空前绝后。

军和英军拦腰斩断，进而占领安特卫普港，获得有利的战略态势，从而迫使美英与其和谈。实际上，这种想法错误地估计了盟国的决心，但希特勒却固执己见。当时，德国许多将军对此坚决反对，认为从东线抽调力量支援阿登地区的做法非常危险，一旦苏军发动新一轮进攻，德军将无力抵抗。但是，希特勒对这些观点置若罔闻。他坚持认为，在经历了4个月的连续作战后，苏军在近期内不可能再发动新一轮进攻。正如德国将军们担心的那样，阿登反击战确实对苏军有利，将一些德军部队调往西线意味着东线德军在对付苏军进攻时没有了预备队。为了应对正在匈牙利出现的危机形势，希特勒已经被迫将驻守维斯瓦河的部队调往那里，与苏军作战。这无疑又帮了苏军一个大忙。1944年10月，苏军就已经开始计划1945年的进攻行动。但希特勒此时却自以为是地认为：为了恢复元气，苏军必将在未来几个月内保持防御的态势。

左图：军械兵们正在给苏联空军的一架水上飞机装载炸弹。通常情况下，世界各国空军都习惯于在炸弹上涂写各种各样的标语。但是，除非投下去的炸弹没有爆炸，否则敌人是看不到具体内容的。

进攻

1月初，220万苏军已经集结在维斯瓦河对岸，随时准备发起进攻。这种情况预示着希特勒的期望将再次落空。斯大林答应了罗斯福和丘吉尔的请求，将进攻日期定在1945年1月12日，比计划提前了8天。这样一来，苏军的行动就能够与阿登战役的最后阶段遥相呼应，为英美联军在阿登地区打败德军创造有利条件。凌晨4时30分，苏军开始进攻，首先对德军阵地发起了一次大规模的火力准备。在对德国第4装甲集团军及其侧翼部队——第17集团军进行了长达30分钟的轰炸后，苏军开始向德军阵地突进，一口气向德军纵深推进了2英里，这才放慢了脚步。

右图：1944年8月末，“巴格拉季昂”行动临近结束时，苏军已经推进到波罗的海诸国和波兰，并开始向罗马尼亚边境开进。白俄罗斯第1方面军迅速进入波兰，渡过维斯瓦河，随时准备从波兰向德军发起进攻。“巴格拉季昂”行动结束后，苏军进行了休整，这才使得德军能够腾出手来镇压华沙起义。

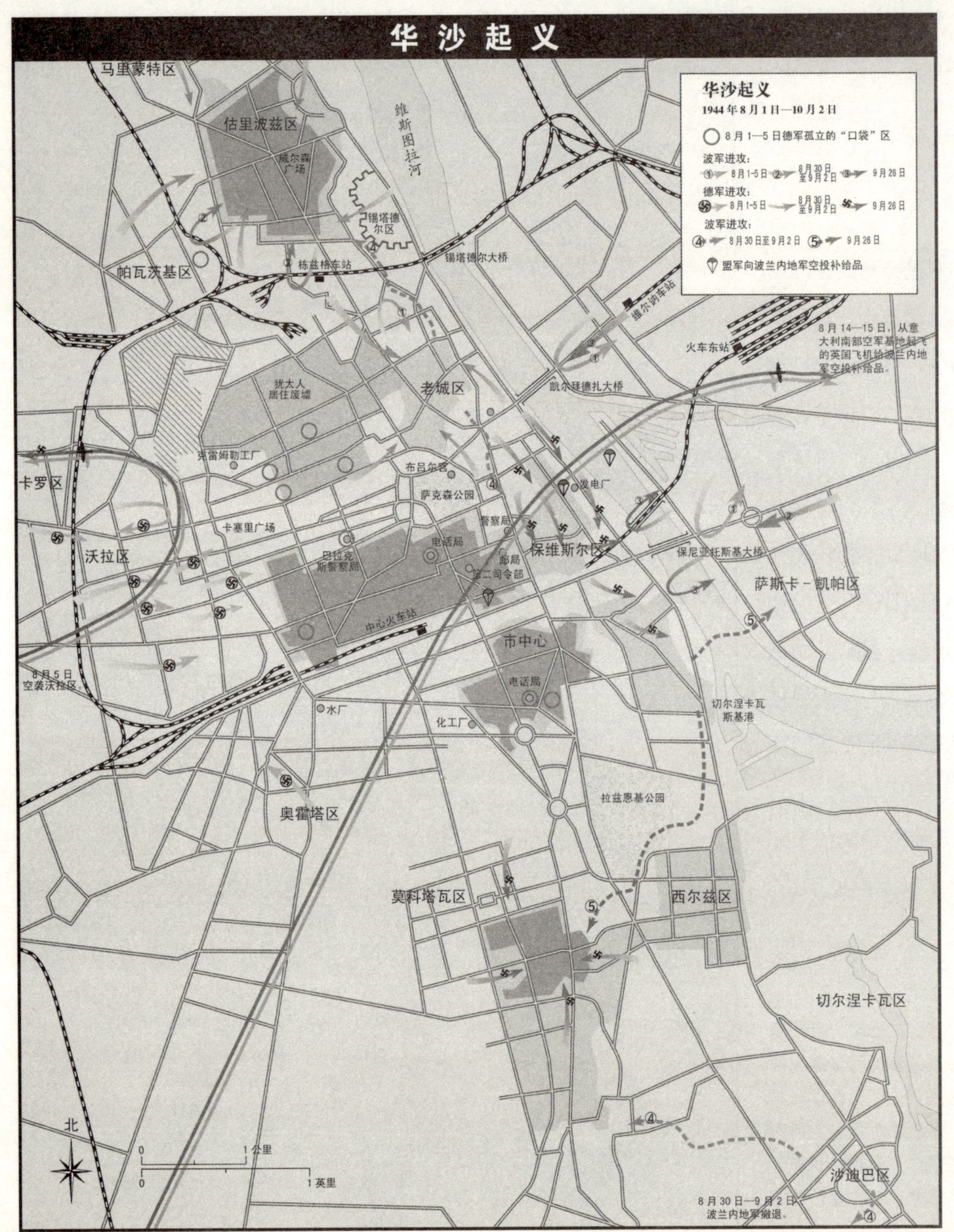

左图：由于缺乏已经近在咫尺的苏军部队的支持，波兰本土军举行的华沙起义被德军残酷镇压。为了确保波兰流亡政府无法重新掌权，在德军镇压起义时，斯大林采取了漠视不管的态度。10月2日战斗结束时，华沙城内至少70%（或许超过了90%）的建筑物被摧毁，15万～20万的波兰人和17000名德军在战斗中丧生。

上午10时，苏军又向德军防线发起了新一轮长达1小时45分钟的炮火准备。第4装甲集团军司令部被完全摧毁，部队陷入混乱，失去了战斗能力。有些德军趴在战壕里不敢动弹，战斗意志已经被大规模炮击摧毁，还有一些德军在苏军的进攻下仓皇逃跑。大规模的火力准备结束后，苏军主力部队开始向前推进，清除了前进道路上的所有德军。当科涅夫通过报告得知，他的坦克部队已经消灭了位于集结区的德军第16装甲师时，认为扩大战果的时机已经成熟，决定派扩张战果的部队迅速出击。后来陆续收到的报告显示，德军已经完全溃败，这就更加坚定了他的决心。

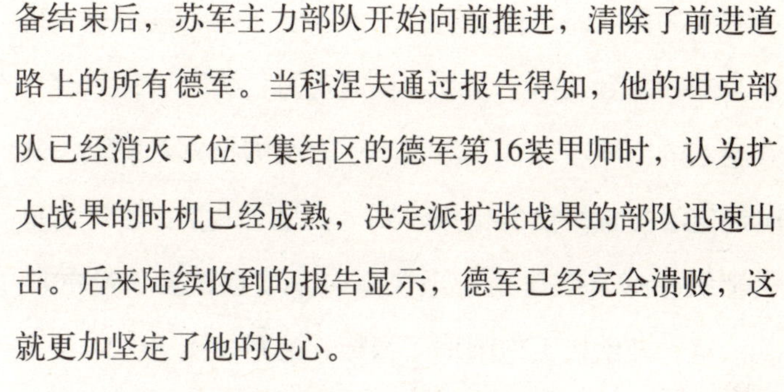

扩张战果的苏军部队迅速突破德军防线，在1945年1月12日夜幕降临前，他们已经沿着25英里的正面向前推进了14英里。第二天，2000多辆苏军坦克快速穿过了冰雪覆盖的乡村地带，切断了连接华沙和克拉科夫的交通线。德军被迫从华沙撤军，从而使克拉科夫和西里西亚孤立起来，完全暴露在苏军的进攻之下。

在更北的方向，朱可夫也于1月14日命令部队向德国第9集团军发起进攻。在初战告捷后，朱可夫又命令近卫坦克第1和第2集团军开赴战场，一路势如破竹，最终抵达第9集团军防区的中心地带。在强大的攻势之下，第9集团军开始节节败退。苏联近卫第2集团军趁机挥师西北，直逼华沙。1月16日晚，德军最高统帅部清醒地意识到，继续驻守华沙无异于坐以待毙，于是命令第46装甲军撤出华沙。这些命令的下达并没有征得希特

左图：1944年某个时候，一名身挎StG44型突击步枪的德军士兵步履沉重地向西部某处阵地走去。虽然德军装备了威力更大的新式自动化步枪，但在数量上远远不能满足作战的需要。

勒本人的同意。当他发现驻华沙的德军没有按照他一贯要求的战斗到最后一刻就弃城而逃时，顿时暴跳如雷，置当前的困境不顾，立即将下达命令的指挥官解职，同时制定了更加严格的指挥体制。根据新的指挥体制，每个师级指挥官在作出每项决定时都要征得希特勒的同意。这种做法极大地削弱了指挥官的指挥能力，使其无法对各种突发事件作出灵活及时的反应。当希特勒对德军的指挥体制进行调整时，朱可夫已经下令麾下的波兰第1集团军向华沙进军。

克拉科夫和西里西亚

1月17日，作为进攻德国城市布雷斯劳的先遣行动，苏军最高统帅部命令科涅夫元帅的乌克兰第1方面军攻占克拉科夫和西里西亚。第59和第60集团军慷慨受命，率先从北面、西面和东面向克拉科夫发动了进攻。

下图：一辆ISU-152自行火炮在乌克兰境内的一片麦田里行驶。从士兵们轻松的表情可以看出，这是一次普通的行军，并且远离前线。ISU-152自行火炮的152毫米口径火炮是清除德军坚固支撑点的有力武器，在城市作战中更是如此。

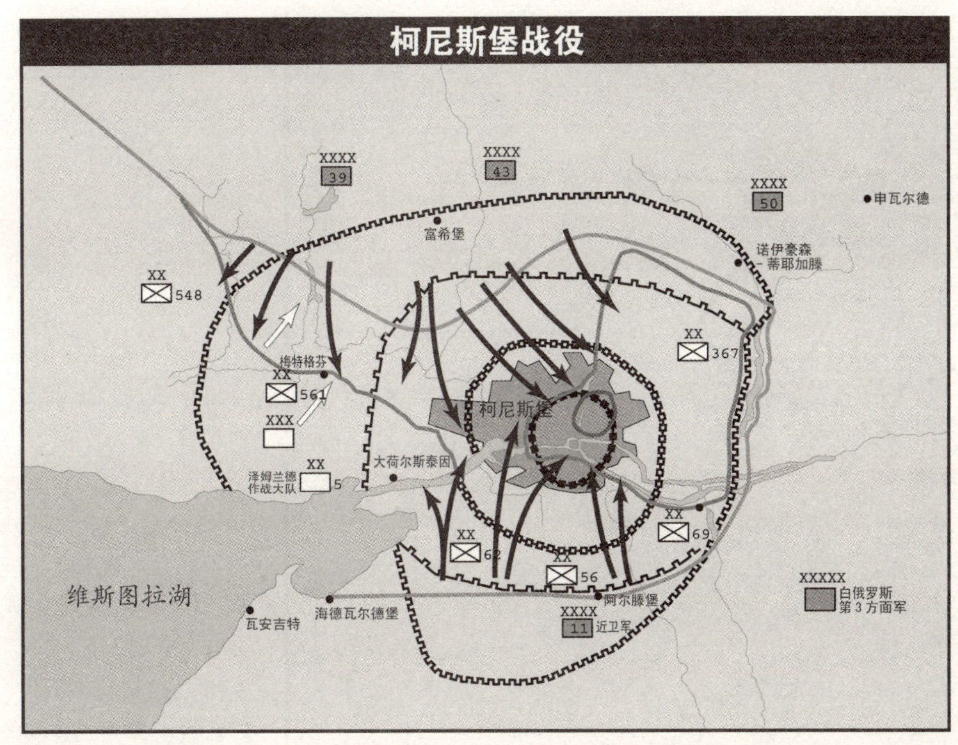

左图：苏军穿过波罗的海诸国后，继续向柯尼斯堡开进。1945年3月13—28日，苏军经过激烈的战斗包围了这座城市，全歼德国第4集团军。驻柯尼斯堡的德军司令官奥托·拉什上将在市内19世纪建造的古老防御工事的基础上构筑了防御阵地，但是这些防御工事根本经不起苏军炮火的猛烈轰击。1945年4月10日，拉什向苏军投降。

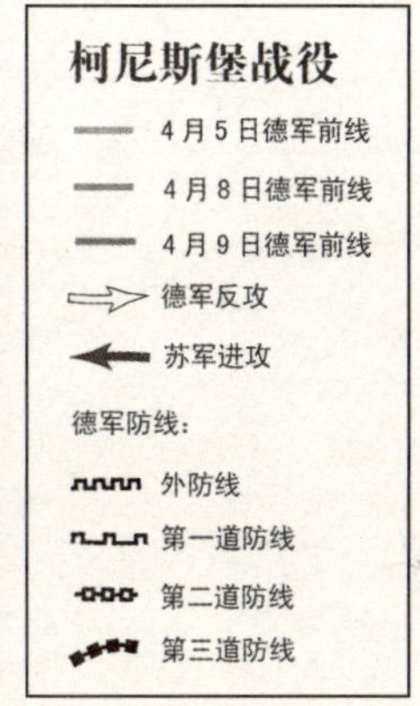

在敌众我寡的情况下，德军为了避免被包围，开始撤退。苏军长驱直入，顺利占领了这座城市。

西里西亚是一座工业城市，进攻起来较为困难。和斯大林格勒一样，市区内部到处是大型工厂和居民区，为防御方提供了许多有利条件。在意识到问题的严重性后，科涅夫决定采取一种富于创新性的战术，命令近卫坦克第3集团军向前开进。1月20日，近卫坦克第3集团军越过德国边界。但是，在到达奥得河后，科涅夫命令部队做了90度的大转弯，沿着奥得河右岸前进。近卫坦克第3集团军沉着地完成了这次战术上较为笨拙的机动，成功地突袭了德军防线。随着近卫坦克第3集团军和第59、60集团军分别从西面和东面奔袭而来，西里西亚即将陷入苏军包围圈的势头愈加明朗。德军被迫向喀尔巴阡山脉地区撤退，将西里西亚“拱手”让给了苏军。

到达奥得河

随后，朱可夫命令白俄罗斯第1方面军向德国边界和奥得河前面的最后一座波兰城市波兹南开进。和西里西亚战役一样，苏军决定避开城市作战。他们首先快

左图：1945年1月12日，维斯瓦河—奥得河战役开始。在苏军大规模的炮击之下，德军被打得落花流水。阵地失守后，他们开始撤出华沙。克拉科夫和西里西亚也很快陷落。到了月末，苏军已经抵达了奥得河岸。苏军取得了巨大的胜利，在2周之内向前推进了300英里，并在前进过程中消灭了德国中央集团军群。

速向波兰中部前进，然后于1月26日机动至波兹南南部地区，包围了那里的6万名德军。随后，朱可夫命令部队开进奥得河。在此以前，近卫坦克第2集团军和第5突击集团军的先头部队已于1月份的最后一天先期抵达这里。第5突击集团军越过奥得河，攻占了对岸的基尼茨小镇。但就在此时，接到了斯大林要求停止进攻的命令。由于斯大林于2月2日下达了停止进攻的命令，从而使此战成为此次进攻中的最后一场战斗。

斯大林之所以下达停止进攻的命令，主要基于以下两个非常合理的现实原因。首先，由于春天的到来，结冰的河面已经开始融化，在河水退下去以前渡河是不可能的。希特勒将解冻看做神灵的恩赐，因此兴致勃勃地预测自己的命运将很快发生转机。但是，事实再一次证明，希特勒在把握时局方面充满了幻想——实际上，德军已经根本无法东山再起，打败苏军的进攻。斯大林停止进攻的第二个原因源于他的现实主义思维方式，而这一点正是希特勒所缺少的。他认为，为了向最终目标柏林发起进攻，苏军需要一段时间进行准备。与先前发生的血腥战役行动相比，维斯瓦河—奥得河战役的人员伤亡较少，有1.5万人在战斗中阵亡，6万人受伤。但是，德国中央集团军群全军覆没。更为重要的是，苏军距离柏林已经不到50英里。对于苏军而言，清除波罗的海沿岸的德军的行动也势在必行。虽然他们已是强弩之末，但忽略他们的力量将会十分危险。

进军波罗的海

苏军之所以产生这样的忧虑，是因为波罗的海仍然处在德军的控制之下，使得波罗的海诸国境内的德军很快就能够得到补给。一旦他们的力量得到恢复，当苏军穿越奥得河时，他们就有可能从波罗的海地区出发，进入苏军的侧翼。因此，苏军要想成功攻克柏林，必须首先清除北部侧翼的德军。虽然德军在梅梅尔和库尔兰的桥头堡已经岌岌可危，但是苏军最高统帅部丝毫不敢放松警惕。

1945年1月13日，白俄罗斯第3方面军开始进军柯尼斯堡。由于德军顽强抵抗，进攻步履维艰，一度面临停滞不前的危险。在对部队重新进行部署后，切尔尼亚霍夫斯基元帅指挥部队发起了另一次进攻，最终于1月20日突破了德军防线，尔后挺进柯尼斯堡。在一个星期之内，苏军就已经几乎包围了这座城市。正当苏军坦克即将进入柯尼斯堡时，德军6辆自行火炮及时赶到，击退了他们的进攻，挽救了德军的阵地。苏军失去了快速攻占这座城市的机会。1月29—30日，他们才完全包围了柯尼斯堡，随后开始了攻坚战。

德军驻柯尼斯堡司令奥托·拉什上将在修建各条防

左图：在柏林附近一处森林里，苏军T-34/85型坦克原地待命，时刻准备向目标开进。与其他型号的坦克相比，T-34/85型坦克车体较重，速度较慢，但其85毫米口径火炮几乎可与德军所有的装甲车辆相抗衡。

线时可谓用心良苦，在阵地上使用了19世纪建造的防御工事。外部防线以12座修建于1874—1882年的大型堡垒为主；内部防线由一排同时代的内堡构成。虽然防御工事修建地非常坚固，但很难抵御苏军火炮的猛烈轰击。柯尼斯堡岌岌可危，德军开始寻求增援。2月中旬，增援部队陆续赶来。2月19日，当德军第5装甲师和第1步兵师突破苏军防线，与正在珊兰登外围作战的第28军会合后，苏军对柯尼斯堡的包围被解除。德军通过这次进攻打开了一条通往皮劳的狭窄通道，用于疏散城内的平民。后来，由于切尔尼亚霍夫斯基在德军突围当天不幸牺牲，苏军在一段时间内“群龙无首”，被迫停止了进攻。随后，苏军最高统帅部派出华西列夫斯基上将接替切尔尼亚霍夫斯基，同时将波罗的海第1方面军置于他的指挥之下。华西列夫斯基走马上任后，对所属部队作了必要的调整，随后立即准备重新发起进攻。拉什上将也充分利用这一间歇，努力加强城市周围的防御工事。他先前曾一直认为，这些防御工事根本无法抵挡苏军的进攻。拉什向希特勒请示撤退，随后，希特勒允许德军从城市局部地区撤军。但是，在撤退完成之前，苏军又于4月2日发动了新的攻势。作为先头部队的近卫第11集团军一路冲锋陷阵，4月6日以前就突破了德军防线。两天后，他们与第43集团军顺利会合，切断了柯尼斯堡与东普鲁士其他地区的联系。拉什看到大势已去，于4月10日投降。

西普鲁士

西普鲁士是苏军最高统帅部的最后一个心腹大患，因为驻守在此的德军可能会从侧翼进攻前进中的苏军。虽然白俄罗斯第2方面军在西普鲁士地区的进攻已经取得了一定的进展，但是由于冰雪融化，泥泞的地面给行军带来了巨大的困难，因此，1945年2月19日罗科索夫斯基被迫停止进攻。然而，对于即将开赴柏林的苏军来说，西普鲁士的德军始终是一个威胁，因此必须将他们清除。1945年3月初，白俄罗斯第1和第2方面军再次发动进攻，切断了通往库塞林东部的铁路线，切断了这座城市与德军第2集团军的交通联系。随后，苏军逐渐逼近作为柯尼斯堡和库兰德两地主要补给基地的但泽和格丁尼亚，使得这两个地区的防御形势变得更加严峻。在苏军的猛烈进攻下，德军遭到严重削弱，被迫在西普鲁士境内的一些飞地内垂死挣扎。3月18日，科尔贝格陷落；3月28日和30日，格丁尼亚和但泽相继被苏军攻克。

因此，到了1945年3月底，苏军已经到达向柏林发动最后冲击的有利位置，柏林即将成为他们的“战利品”。与此同时，英美盟军也正在向柏林西部逼近。

第10 章

第三帝国灭亡

1945年年初，第三帝国已经摇摇欲坠。阿登反击战未能帮助实现希特勒的梦想，盟军部队随后继续向德国本土逼近。在东线战场，苏军一路势如破竹，横扫一切阻挡之敌。虽然德军仍在垂死挣扎，但是第三帝国的最终覆亡已经指日可待了。

在意大利，德军的处境相对较好。但在几个星期后，盟军就发起了新的进攻。很明显，德军阵地的陷落只是时间早晚的问题。在巴尔干半岛，德军一败涂地，先后被逐出希腊、南斯拉夫、匈牙利和罗马尼亚。大西洋海战也以德军的失败而告终。虽然德国空军还具备一定的防御能力，但是盟军的轰炸机编队能够随心所欲地轰炸德国境内的任何地方。在大型战斗机护航编队的支援下，他们可以发起全天候的轰炸，使得德军的空防设施形同虚设。尽管如此，希特勒仍然保持着盲目乐观的心态。当战火烧到第三帝国的心脏柏林时，他才最终承认，他的千年帝国美梦已经破灭。但是，在这一时刻最终到来之前，双方仍然进行了大量的战斗。

左图：1945年4月25日，美苏军队在德国境内的托尔高小镇胜利会师。不久后，两国关系开始恶化。在接下来的45年内，这两个战时的盟友在德国境内一直保持着紧张的对峙状态。

西线战事

在阿登反击战带来的震惊逐渐消失后，美英盟军开始制订穿越莱茵河、进入德国本土的计划。莱茵河是德军的一道防御天堑，同时还有“西墙”的保护。在开始进入德国之前，盟军必须首先征服这条河流。1945年年初的恶劣天气致使莱茵河附近的低地被水淹没，根本无法通过，增加了盟军进攻的困难。但是，对于盟军来说，这种情况至少有一个好处：正好可以利用这段时间对进攻计划进行修改和完善。

艾森豪威尔的穿越莱茵河的计划分为两个阶段。在第一阶段——“真实”行动中，蒙哥马利的第21集团

军群将肃清通往莱茵河对面城镇韦瑟尔的通道；与此同时，第30军将从奈梅亨出发，前往赖希斯瓦尔德。随后，第二阶段计划——“掷弹兵”行动开始。在这一阶段中，威廉·H.辛普森上将的美国第9集团军群将穿过门兴格拉德巴赫，与蒙哥马利的剩余部队会合。在下一阶段的行动开始前，他们将停下来进行休整，增强部队的战斗力。一旦休整完毕，第21集团军群将强渡莱茵河，从北部侧翼包抄鲁尔区，然后进入北德意志平原。平原地区特别适于坦克作战，如果上述行动能够取得成功，蒙哥马利将率部向柏林开进。

在蒙哥马利北面的美军战区，布莱德雷的第12集团军群将发起“伐木工”行动。按照行动计划，美军将首先肃清科隆至科布伦茨之间通往莱茵河的通道；随后，巴顿的第3集团军将前往美因茨和曼海姆，与从萨尔州出发参加“低调”行动的第6集团军群会合。这些计划顺利完成后，盟军将在莱茵河上建立桥头堡。

艾森豪威尔的意图是，这些桥头堡将把德军的注意力从蒙哥马利的进攻方向上引开。但是，这种做法引起了布莱德雷和巴顿的不满，他们认为美军应当在战争中发挥更大的作用，觉得艾森豪威尔的计划令人难以接

左图：美军的高射炮正在保卫着盟军占领的第一个莱茵河渡口——雷马根大桥。安装在这辆M3型半履带式车辆后座上的是一挺四联装0.5英寸口径“勃朗宁”高射机枪。

受。事实上，蒙哥马利自从1942年以来就一直保持着咄咄逼人的态度，令美军指挥官们非常恼火。倘若没有这种原因，巴顿和布莱德雷的不满情绪也不会如此强烈。和正常人一样，艾森豪威尔当然也不能忽视感情的力量。虽然计划的第一部分没有任何改变，但是艾森豪威尔决定，他将重新考虑在穿过莱茵河、完成第一阶段的目标后，是否允许蒙哥马利的部队担负主攻任务。

所有这些计划都是针对突破“西墙”和穿越鲁尔河前面的开阔地带而制定的。对于盟军来说，这块空地充满了不确定因素，因为德军随时都可以通过炸坝放水将其淹没。一旦德军炸坝放水，盟军将无法继续前进，这样一来，计划中的4个行动将无法相互配合。

“真实”行动和“掷弹兵”行动

为了不致损害自己的名望，蒙哥马利制订了全面而又系统的“真实”行动和“掷弹兵”行动计划，几乎将行动中可能发生的每一个细节都列入了计划。这种做法完全符合当时环境的需要，因为德军的防御力量非常强大。为了抵抗英军的进攻，德军做了充分准备，部署兵力12000人。防御者位于高地，占据有利的地势，而进攻者却要冒着大部分地区可能被淹没的危险，通过一些羊肠小道穿越赖希斯瓦尔德大森林。如果敌人防御得当，盟军的进攻将非常艰难。

2月8日凌晨5点，加拿大第1集团军打响了“真实”行动的第一枪。他们首先进行了两个半小时的炮火准备，德军炮火随后予以了反击。接下来，英军炮兵又发起了3个多小时的弹幕射击，将无数炮弹倾泻到德军阵地上。大规模的炮火准备结束后，步兵部队立即向前突进。

被洪水浸透的地面使得前进非常困难，盟军部队被迫在火炮和空中力量的掩护下一点点向前挪动。前进速度比预想的要慢得多，他们花了2月份最后一个星期的时间，而不是原计划的3～4天，才实现了所有的行军目

“水牛”式两栖装甲运兵车

“水牛”式两栖装甲运兵车（LVT）是英军强渡莱茵河的主要工具之一。这种车辆可以“游”到对岸，然后浮出水面，上岸后作为装甲运兵车使用。被英军称为“水牛”的两栖装甲运兵车为英军成功渡过莱茵河立下了汗马功劳。改型车辆有3名驾驶员，另外可以搭载7人。

两栖装甲运兵车上配有各种武器。许多参加强渡莱茵河行动的该型运兵车除了原有的机枪外，还配备了1门20毫米火炮。一旦需要，它们将用这门火炮轰炸河对岸的德军阵地。

标。德军趁机炸毁了莱茵河上所有的桥头堡，并打开了鲁尔大坝的水闸。这使得“掷弹兵”行动暂时搁浅，被迫推迟到洪水退去后的2月23日。但是，当第9集团军开始前进时，他们发现德军的防御力量相当薄弱。3月3日，英加联军在盖尔登会合，肃清了奈梅亨和杜塞尔多夫通往莱茵河的通道。至此，蒙哥马利开始考虑强渡莱茵河，最终将日期定在3月23日和24日。

由于德军已将莱茵河上的大桥全部炸毁，第21集团军群已经无桥可用，只能涉水强渡莱茵河。

美军战区

当蒙哥马利的部队在进攻中受挫时，布莱德雷的进攻却非常顺利。当时，德军被迫调遣大量部队对付蒙哥马利，使得美军开始阶段的进攻相

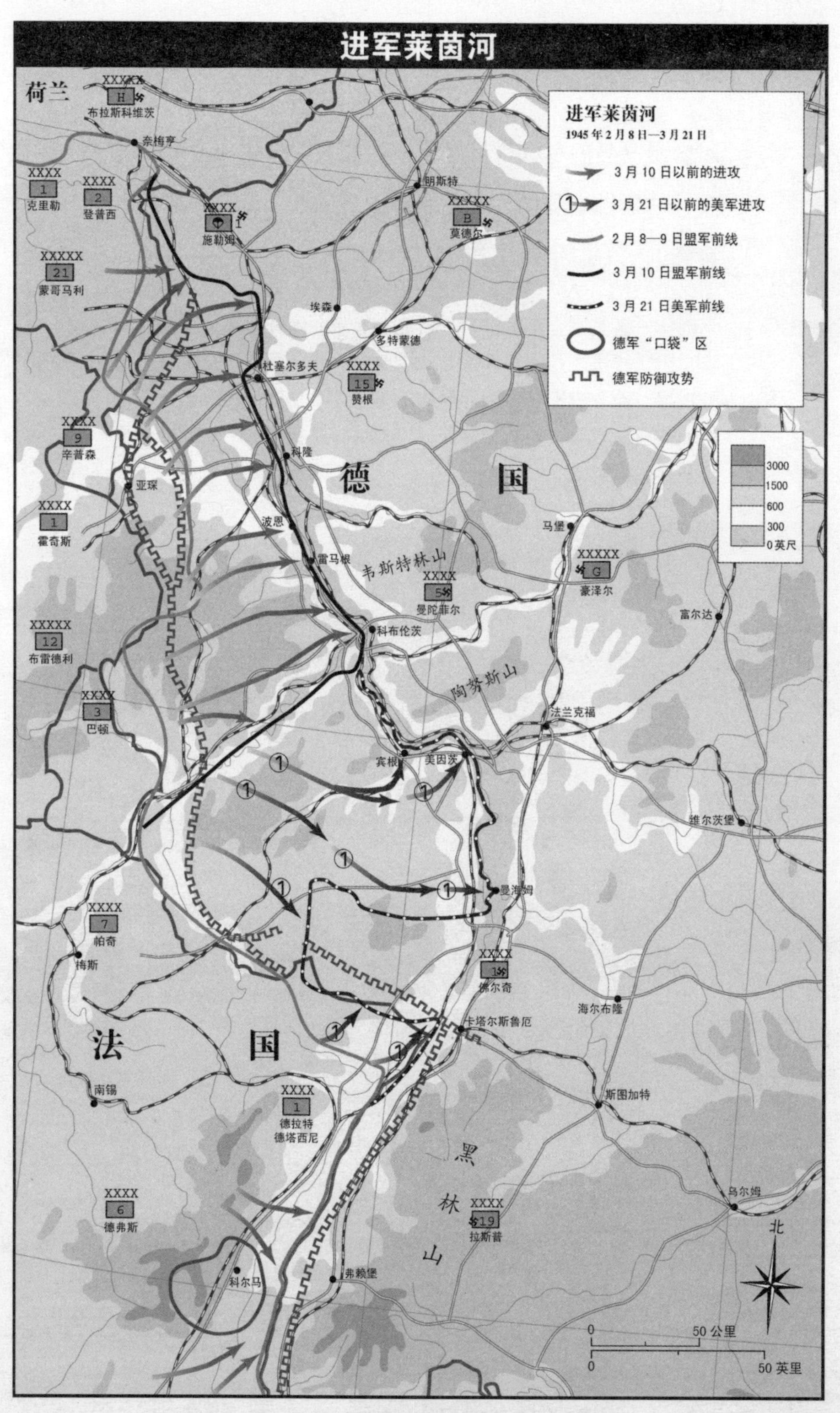

右图：艾森豪威尔穿越莱茵河的计划包括两个阶段。在第一阶段，蒙哥马利的第21集团军群将肃清通往莱茵河对面城镇韦瑟尔的通道，为其向柏林进军做好准备。布雷德利的第12集团军群将向蒙哥马利的南部前进，肃清科隆至科布伦茨之间通往莱茵河的通道。巴顿的第3集团军将调转方向，前往美因茨和曼海姆，与从萨尔州出发的美军会合。这些计划顺利完成后，盟军在莱茵河上的桥头堡也就建立起来了。

对容易（虽然可以这样解释，但如果因此认为美军的进攻异常轻松也是极不客观的）。3月6日，美军一举拿下科隆。第1集团军的其他部队向波恩开进。与此同时，第9装甲师也在辛齐格与巴顿的部队实现了会合。3月6日晚，该装甲师到达梅肯海姆。为了保证第9装甲师能够顺利到达阿尔河谷，B作战群奉命前往莱茵河上的雷马根大桥。第一批到达大桥的美军惊奇地发现，这座大桥居然完好无损。

3月7日下午4时，美军通过雷马根大桥，到达莱茵河东岸。美军穿越莱茵河的消息迅速传开。艾森豪威尔

下图：一名美军士兵看守着一群在马丁塞尔附近投降的“希特勒青年团”成员。西方盟军认为，“希特勒青年团”成员是被逼迫或诱导、而非出于狂热的“纳粹”信念才参加战斗的，因此通常把他们当做孩子看待。但苏军并没有这样进行区分，将他们和成年士兵一样对待。

命令美军立即趁机扩大战果，虽然这样做需要改变整个作战计划。实际上，艾森豪威尔并没有因为占领雷马根大桥而改变蒙哥马利部队的主攻地位，因为雷马根大桥附近的地形决定了在此实现突破的机会非常有限。巴顿的第3集团军完成了“伐木工”行动中的任务，一直打到科布伦茨，肃清了通往莱茵河通道上的德军。但是，巴顿对此并不满足。第1集团军在雷马根大桥的胜利令他妒火中烧，命令部队必须在3月22日乘坐小船渡河。第11步兵团成功完成了渡河任务。随后，巴顿发布了一条听起来异常刺耳的新闻，宣布他的部队已经成功渡河。为了贬低蒙哥马利，他还在报道中大肆宣称，美军的成功渡河是在没有空中轰炸、烟雾掩护、炮火以及空中支援的情况下完成的。但是，他却丝毫没有提到自己之所以能够如此顺利，主要是因为德军在尼尔施泰因渡口的防御力量非常薄弱。

英军强渡莱茵河

蒙哥马利对巴顿的报道不予理睬，而是继续对他的渡河计划——“掠夺”行动进行最后的修改和完善。渡河行动的时间安排在3月23日晚至24日黎明。在渡河开始前，英军将首先向对面德军发动一次大规模的炮击，随后再发动空中袭击。蒙哥马利的谨慎是不无道理的，因为德军对于第21集团军群的进攻已经做好了充分准备。这就决定了他只能发起一场常规进攻，而不能像巴顿那样使用小船运送步兵渡河。

3月23日晚上6时许，英军首先发射了烟幕弹，在莱茵河上制造了一道厚厚的烟幕。随后，5000门火炮向莱茵河对岸开炮齐射。与此同时，突击部队迅速登上各种登陆艇和两栖攻击舰船，包括在诺曼底登陆行动后声名鹊起的“谢尔曼”两栖双驱动坦克，向对岸冲去。

蒙哥马利经过精心策划和准备所获得的火力和人力优势产生了立竿见影的效果。英军很快就在对岸获得了一个立足点，准备等事先安排好的轰炸机对韦瑟尔实施轰炸后，立即突入这座城镇。晚上10时30分，200多架轰炸机发动了空袭，将韦瑟尔炸得面目全非。随后，第1突击旅进入韦瑟尔，经过激烈的战斗，控制了这座城镇。到了3月24日黎明时分，英军已经在莱茵河对岸建立了5个桥头堡，标志着渡河已经取得了成功。

随后，美军第17空降师和英军第6空降师又发动了代号“大学运动队”的大规模空降突击行动，从而使攻势得以继续。空降部队的突击行动将巩固已经取得的战果，使桥头堡能够继续向纵深地带迅速延伸。为了获得空中火力的掩护，空降行动在白天展开。与在阿纳姆实施的空降行动不同的是，在此次空降作战中，所有部队将通过一次空降完成着陆。他们将在目标正上方或在已方火炮射程内实施空降（这一点又与“市场花园”行动有所不同）。3月24日上午10时，空降行动开始。空降行动并不是很理想，很多伞兵未能在目标区着陆，滑翔机也未能在预定的时间起飞，这就给德军的抵抗行动带来了可乘之机。盟军伞降部队和飞机蒙受了巨大伤亡，总共有100多架飞机和滑翔机被击落。尽管遭受了如此惨重的损失，伞兵部队最终还是完成了他们的任务。“大学运动队”行动取得了巨大的胜利，伞降部队占领了哈明克恩村和伊瑟尔河上的3座桥梁。在3月24日结束以前，第21集团军群在莱茵河对面的阵地已经固若金汤。随后，英军开始制订下一阶段的突入计划。

西线战事的最后阶段

就在此时，由于以下两点原因，艾森豪威尔改变了他的战略。一方面，布莱德雷和巴顿对于原先的计划不断地表示不满；另一方面，战略态势发生了变化，柏林已经不再是英美盟军的进攻目标。于是，当蒙哥马利开始计划穿过北德意志平原进军柏林时，艾森豪威尔决定将作战重心转向第12集团军群。随着作战重心的转移，第12集团军群将进军易北河和穆尔德河，力争在与苏军会合前将德军一分为二；第21集团军群将前往波罗的海沿岸，争取在苏军到达以前先期抵达，随后解放荷兰并占领德国北部港口；在第12集团军群的南部，美国第6集团军将开进奥地利，消灭那里的残余德军。

根据新的计划，3月28日，英军第2集团军从桥头堡出发，越过了威悉河，尽管他们在汉诺威遇到了德军的誓死抵抗，但还是在3个星期内向前推进了20英里。截至4月18日，第21集团军群的进攻已经取得了巨大的进展：第1军已经到达须得海；第12军逼近汉堡；第30军到达不来梅；而第8军也已经攻占吕内堡，正向易北河挺进。与此同时，第12集团军群也包围了鲁尔区，准备向城内德军发起致命的攻击。4月1日，美军第9集团军和第1集团军在利普施塔特会合。4月12日，美军进入埃森。至此，对于德军而言，盟军的进攻已经势不可挡。

大批德军纷纷投降，使得盟军在处理战俘问题上暂时遇到了严重困难。在美军战区内，德军有组织的抵抗已经彻底结束。英军战区的情况也是如此。

第21集团军群在占领荷兰后继续向波罗的海沿岸开进，一路进展顺利，基本没有遇到德军有组织的抵抗。1945年4月18日，第21集团军群到达不来梅郊区，距汉堡也只有一步之遥。在它的南部，美国第7集团军和法国第1集团军分别在维尔茨堡和卡尔斯鲁厄遇到了德军较为有力的抵抗，但是盟军的进攻并没有受到严重的影响。到了4月18日，西线的战事已经接近尾声，第三帝国的灭亡也即将到来。现在，让我们再把目光转向东线

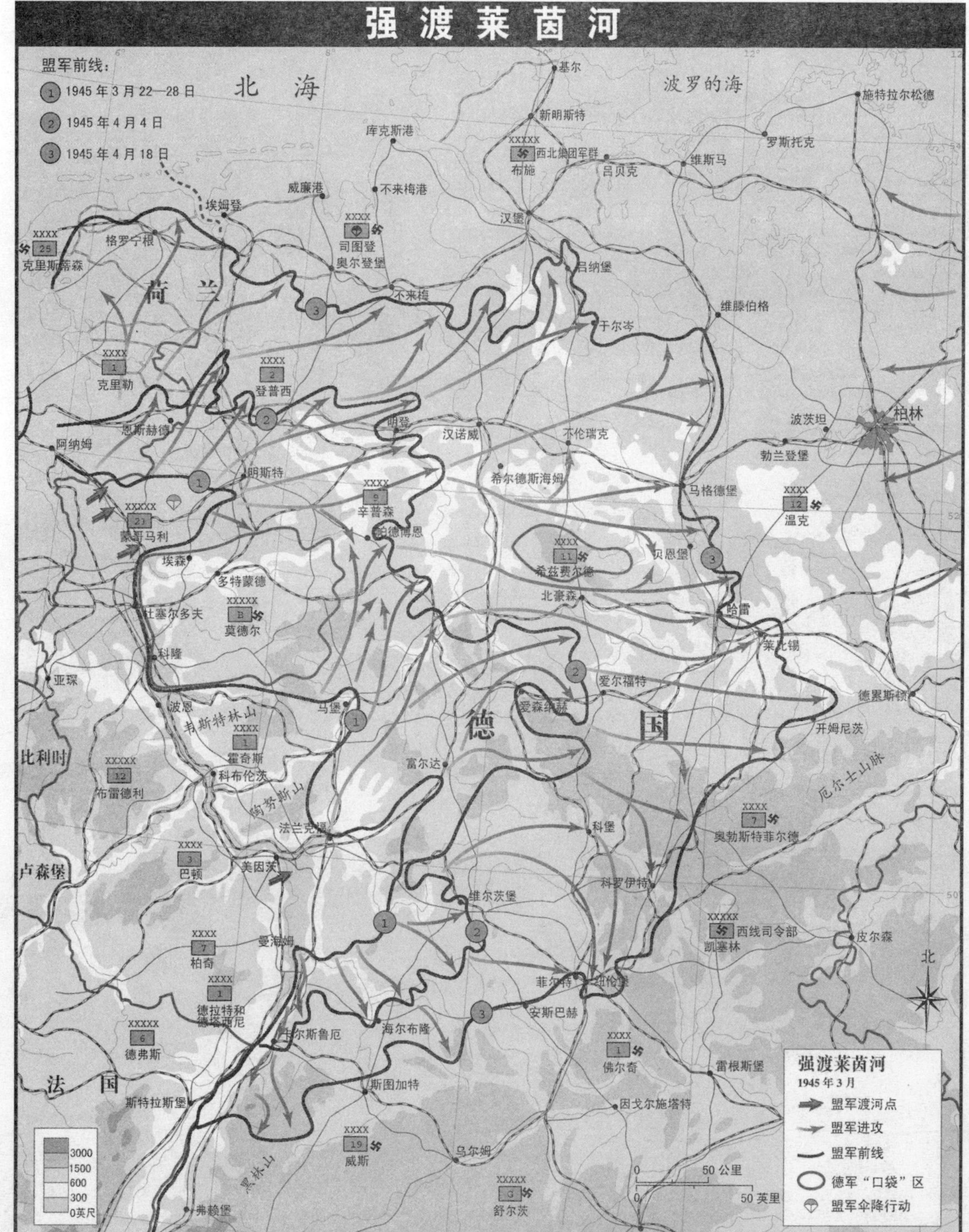

右图：虽然盟军通过占领雷马根大桥获得了莱茵河上的第一个渡口，但第一次联合渡河行动直到3月22日才开始进行。当天，巴顿的部队在尼尔施泰因和奥彭海姆成功渡河。蒙哥马利制订的代号“掠夺”行动的渡河计划于3月23日开始实施，取得了巨大的成功。3月25日，第21集团军群在莱茵河东岸建立了一处稳固的桥头堡，3天后又对阵地进行了巩固。英美军队成功渡过莱茵河之后，开始把注意力转向战争的最后阶段。

Saugstelle

战场，那里的苏军已经兵临柏林城下。

苏军进军柏林

1945年3月，形势非常明显，苏军很快将会把柏林变成一个战场。希特勒发布了保卫首都的命令，但在这些命令中，充满了大量带有强烈意识形态色彩的空洞言词和对德国人民的训导，缺乏怎样保卫柏林的具体措施。更为糟糕的是，希特勒认为，德国最终必将转危为安。这种盲目的自信意味着，由于缺乏足够的压力，德国人很难竭尽全力将柏林变成一个坚顾的堡垒。这就使得柏林保卫战呈现出一个显著的特点：在城市的许多地方，连最起码的防御阵地都没有。

尽管存在这些问题，到了4月的最后一个星期，一份柏林保卫战计划最终还是出炉了。但是，对于德国人而言，形势已经非常明朗。在检查各个防区的战备情况时，德军最高统帅部发现，所到之处部队无一例外地缺乏弹药，其中尤其以炮兵部队的情况最为严重。由于燃料短缺，坦克无法行驶，部队的机动受到极大牵制。同时，德军由于缺乏运输车辆，补给品也无法运抵目的

左图：1945年4月底，苏军一门榴弹炮的炮手们正准备攻击国会大厦附近地区的目标。苏军在进攻中充分利用炮兵火力，对数百码开外的可以目视的目标进行轰击，给德军以致命的打击。

地。此外，德国空军已经名存实亡，飞机因为缺乏燃油而无法起飞。最后，虽然令希特勒兴奋的是，柏林尚有100万人的守备部队，但其中许多都是未到服役年龄的孩子和老弱病残，他们连最起码的军事训练都没有接受过。只有那些参加过第一次世界大战的老兵稍微具备一点指挥方面的经验。但是，由于听说苏军在占领区肆意虐待和杀戮平民，柏林人感到极为恐惧，进而激发了他们誓死保卫首都、抗击苏军进攻的决心。

这时，希特勒虽然已经搬进了总理府地下坚固的水泥掩体内，但他仍在忙于制订过于乐观的计划，妄想击退苏军的进攻。4月12日，美国总统罗斯福逝世的消息传来，希特勒顿时精神大振，好像抓到了一根救命稻草。他将罗斯福的死亡看做一个积极的征兆，认为这是他期盼已久的一个机遇。在希特勒看来，既然主张德国无条件投降的最主要人物已经死去，自己就可以有机会与盟军进

左图：一名手持PPSh43型冲锋枪的苏军士兵正向市区前进。

右图：虽然柏林是苏军主要的作战目标，但最终的目标则是彻底打败法西斯德国，为此，苏军必须与西方盟军进行合作。在英美军队向易北河进军的同时，苏军通过几次战术机动包围了柏林，然后继续向前开进与西方盟军会合。在苏军和盟军的两面夹击下，德军根本没有任何机会突围。1945年4月25日，苏军和美军在易北河附近的托尔高实现了首次会师。

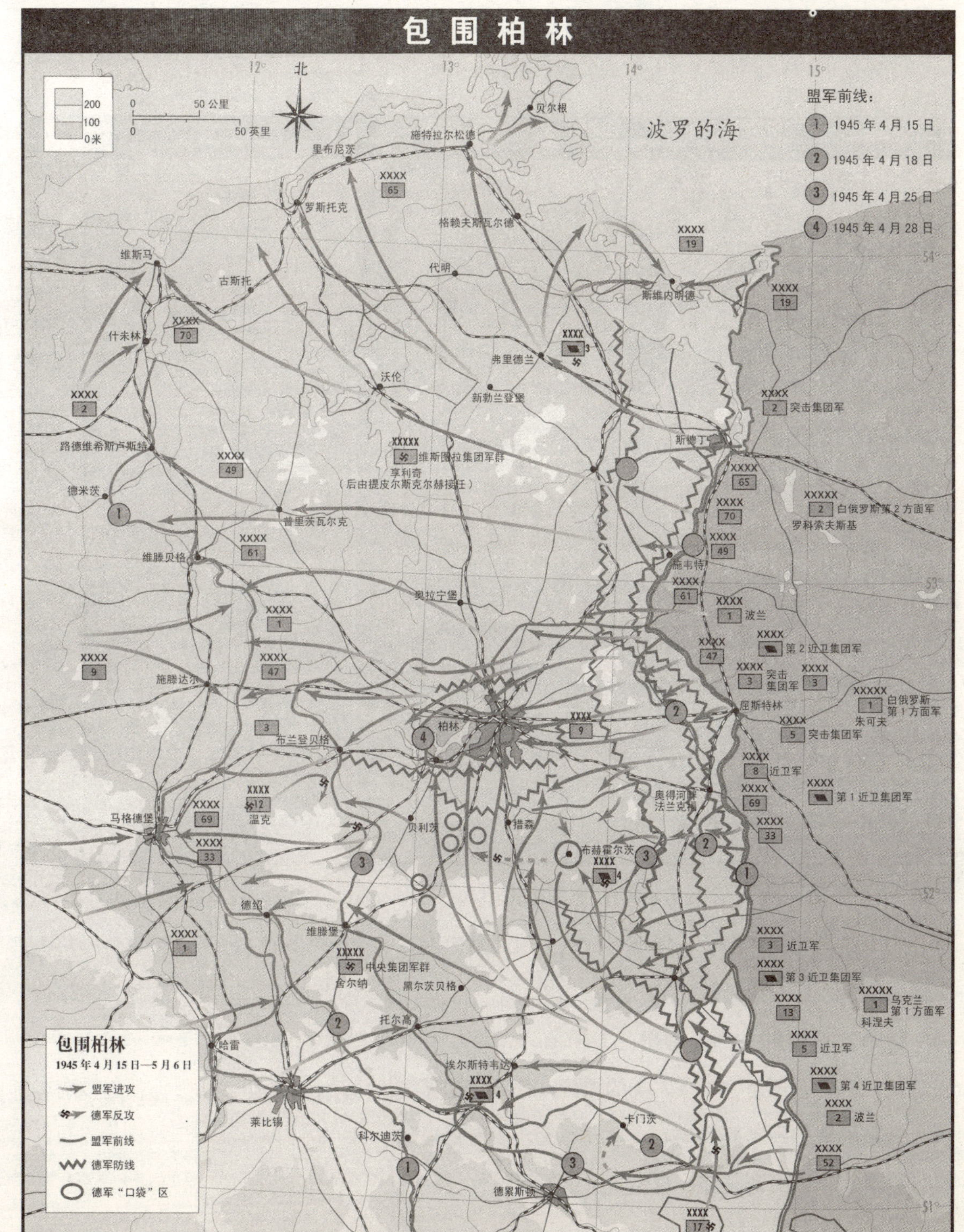

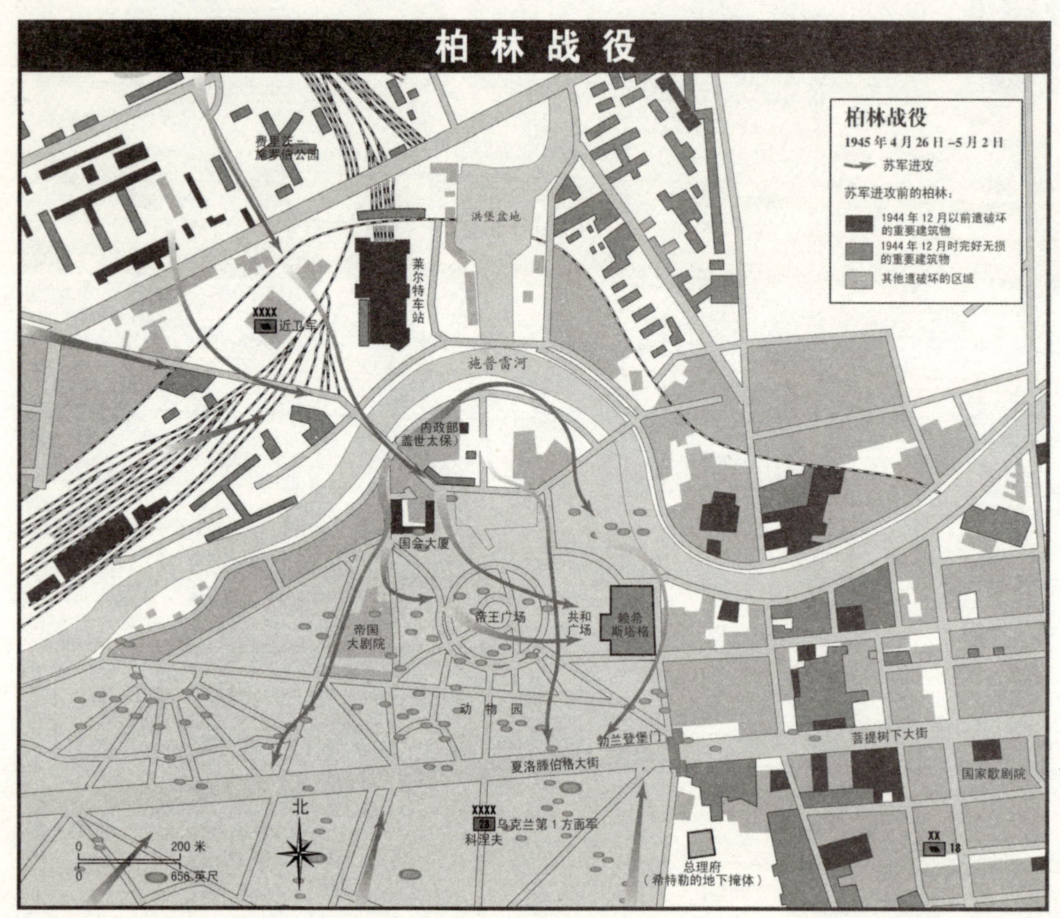

左图：在与柏林城外的苏军相持数天之后，形势变得对德军愈发不利。4月18日，德军防线出现缺口。第二天，苏军就实现了突破。4月30日，第三帝国国会大厦被攻陷，但是地下室内的战斗一直持续到5月2日德军投降为止。

行停战谈判了。两天后，希特勒获悉，在德军的进攻下，美军在易北河上的桥头堡被迫后退，他开始感到飘飘然，认为胜利的希望仍然存在。

但是，这纯粹是痴心幻想。实际上，无论是罗斯福总统的去世，还是一次战术上的挫折，都不会动摇美国人民将战争进行到底的决心。可以想象，罗斯福总统在世之日，绝不可能任命一位不赞同德军无条件投降政策的副总统。另外，斯大林和丘吉尔也绝不可能突然改变他们的立场。更为重要的是，希特勒有关与英美签订和平协议的幻想忽略了这样一个现实：苏军马上就要对柏林发起进攻，即使西方盟国愿意帮助希特勒实现他的狂想，苏联方面也不会等闲视之。苏军从2月份以来就开始集结兵力，进行了历史上规模最大、最为复杂的一次兵力部署，已经占据了向德国首都发起进攻的最有利的阵位。4月中旬，250多万军队、6000辆坦克和装甲战斗车辆、45000门火炮和火箭发射器以及包括食物和炮弹的各种补给品陆续运抵指定地点。

4月16日，柏林战役打响了。苏军的作战方案非常简单——从非常宽阔的正面上发起进攻，包围并歼灭德军。朱可夫的白俄罗斯第1方面军将从位于奥得河西岸的屈斯特林桥头堡出发，直接向柏林进军。科涅夫将率领乌克兰第1方面军渡过尼斯河，进攻柏林的西南部。与此同时，罗科索夫斯基指挥白俄罗斯第2方面军进攻斯德丁地区，牵制德军第3装甲集团军，使其无法向柏林城内的被困部队实施增援。这项计划让科涅夫大为恼火。当时，科涅夫与朱可夫之间的竞争十分紧张。从表面上看，斯大林将主攻柏林的任务交给自己的副最高统帅也是人之常情，但是，科涅夫仍然为自己未能得到攻

下图：德军战俘正在吉森附近的一条高速公路上行进，开往前线的美军坦克从他们身边呼啸而过。1945年5月底，德军部队纷纷向英军和美军投降，他们已经意识到战争已经结束，继续抵抗没有任何意义。

克柏林的主要机会而耿耿于怀。这种由个人主义引发的矛盾对于后来的战斗产生了一定的影响。但是，斯大林在激励他的两位重要下属夺取德国首都时，非常巧妙地利用了这种矛盾，产生了非常显著的效果。

4月16日凌晨3时，朱可夫的部队开始向泽洛高地发起进攻。在大规模空袭的伴随下，苏军首先向德军阵地发起了猛烈的炮击。在维斯瓦河—奥得河战役中，这种猛烈的火力曾迫使敌人放弃抵抗，但在本次战役中却未能产生这样的效果。主要原因是苏军在对待德国平民的问题上“名声”不佳，激发了德国人保家卫国的斗志。朱可夫的部队在当天没有取得突破，而科涅夫的部队却取得了一定的进展。在第二天的战斗中，科涅夫的部队取得了更加丰硕的战果。斯大林开始向朱可夫施加压力，他告诉朱可夫，如果他的部队再拿不下泽洛高地，他将把主攻柏林的任务交给乌克兰第1方面军。

这个“威胁”的确对朱可夫产生了巨大的压力，他根本无法忍受将最后的胜利果实拱手让给别人。他开始鼓励甚至明确警告他的下属：如果仍然不能取得突破，他们将被解职、剥夺特殊待遇或在下一次进攻中被派往第一梯队。4月18日，虽然朱可夫的部队几乎没有取得什么进展，却对德军阵地造成了巨大的压力。

左图：1945年5月4日，德国代表在吕内堡灌木林签署关于位于荷兰、丹麦和德国北部的德军部队无条件投降的文件，站在右侧观看的是蒙哥马利元帅。盟国和德国之间共举行了三次大型投降仪式，这只是其中的第一次。5月7日，德军向艾森豪威尔投降。第二天，德国向三个主要盟国投降，签署了最后的无条件投降书。

4月21日，朱可夫的第3和第5突击集团军进入柏林郊区，随后向市中心开进。4月22日晚，科涅夫的部队到达泰德罗运河，开始向朱可夫部队的前进方向推进。4月24日，乌克兰第1方面军和白俄罗斯第1方面军在哈弗尔运河会合，包围了柏林。随后，苏军开始了有条不紊的巷战，使用坦克和火炮逐个突破德军阵地。德军节节败退，防御阵地不断收缩。

截至4月27日，德军控制区只剩下一个长约10英里、宽不到3英里的狭长地带。4月28日，德军环形防线崩溃，大规模的抵抗行动结束，只剩下一些零星的小规模遭遇战。两天后，希特勒自杀。第三帝国国会大厦也于当天被苏军攻占。当时，仍然有许多德军躲在地下室里，企图继续顽抗下去。5月2日，柏林全城投降。随后，苏军又进行了数日的扫尾行动。

在苏军开进柏林城内的同时，城市周边的战斗仍在继续。在西线战场，盟军发动了最后一战，迅速瓦解了德军的抵抗。在第21集团军群战区，英军于4月27日攻克不来梅；5月2日，他们又攻占了吕贝克和汉堡。4月19日，美国第12集团军群攻占哈雷和莱比锡；3天后，又攻占了德绍。4月24日，美国第1集团军群到达位于穆德河附近的停止进攻线。没有参加柏林战役的苏军已经开始向他们的西方盟军开进，最终于4月25日在易北河附近与他们实现了第一次会师。

美国第3集团军也于当天渡过了多瑙河，攻占了雷根斯堡。随后，巴顿率部进入奥地利，并于5月5日攻占了林茨。在他的右方，美国第7集团军经过5天的血战，最终于4月20日攻克了纽伦堡，随后与法国第1集团军一起渡过了多瑙河。他们最终击垮了德军G集团军群的抵抗，为法军向瑞士边界进军扫平了道路。这时，希特勒自杀的消息传出，战争临近结束。5月4日，德军几乎全部停止抵抗。在位于吕内堡灌木林的蒙哥马利的司令部，德军代表同意德军在荷兰、丹麦和德国北部的部队全部无条件投降。第二天，德国特使到达艾森豪威尔的司令部，协商德国无条件投降事宜。他们试图再次拖延投降的时间，但是遭到了拒绝。5月7日2时40分，德国代表在投降书上签了字。片刻之后，艾森豪威尔就向伦敦和华盛顿发了一份电报：

> 当地时间1945年5月7日2时41分，盟军光荣地完成了使命。艾森豪威尔。

这种说法并不完全准确，因为艾森豪威尔和他的一些代表们还有一项使命需要履行。5月8日凌晨，在柏林苏军占领区举行的签字仪式上，德国代表和战胜国的代表们共同签署了一份德国无条件投降的最后议定书。

欧洲战争结束。希特勒的“千年帝国”仅仅持续了12个年头。